社会運動史研究 2

「1968」を編みなおす

大野光明・小杉亮子・松井隆志 編

山本崇記
嶋田美子
阿部小涼
山本義隆
古賀 暹
富田 武
徐 翠珍
大槻和也
加藤一夫
天野恵一
黒川伊織
伊藤綾香
平野 泉
松尾隆司
大畑 凜
牧野良成
柴垣顕郎

新曜社

目次

書　評

装幀　川邉　雄
装画　A3BC

特集「1968」を編みなおす

一九六八年は世界同時多発的に社会運動の高揚が見られた年であり、日本でも、大学闘争やベトナム反戦運動をはじめとして、社会運動史にとって重要だと思われる出来事がさまざまに起こった。当時のグローバルな現象は、「1968」と象徴的に呼ばれる。

しかし、「1968」のラベルには曖昧さがつきまとう。「運動」に限っても、学生運動や反戦運動のみならず、マイノリティの当事者運動からカウンターカルチャーまで、多様な裾野が広がっている。また、一九六八年の一年間に光を当てるだけでは済まない。どのような時間幅で取りだすかでも「1968」はその姿を変える。立ち止まって考えるべきポイントはいくつもあるはずだが、近年「1968」という言葉がその枠組みを十分掘り下げられることなく、ひとり歩きしてきた印象がある。

たとえば、ヘルメットとバリケードまたは「革命」というイメージで、「1968」をその尖鋭性において評価したり、逆に批判する議論がある。あるいは、「新しい社会運動」論を援用するなど「1968」の画期性や予見性を強調する議論もある。もちろん、それぞれの指摘に妥当な側面はあろう。しかし、尖鋭性を言うならば、何が尖端であるかの問い直しを深めていく必要がある。また画期性の強調には、歴史を過剰に切断してしまう危険性があり、社会運動論の「理論」で実際の運動の歴史を安易に囲いこむことになりかねない。

「1968」の言葉が指し示そうとする出来事は、確かに歴史的・社会的に重要である。しかし、いささか粗雑な「1968」のイメージは、その重要性を理解するためにこそ、いったんほどいてみるべきだ。運動史のディティールに立ち返って再検証し、これまでのイメージや理論を書き換えていくことが、一九六八年から半世紀以上が経過した今だからこそ、必要だと私たちは考えた。

本特集は、五本の論考と一本のインタビュー記録および資料から構成されている。それぞれの視座から、前述の問いかけに熱のこもった論考と語りで応えてもらった。

山本崇記さんの論考は、京都東九条地域におけるマイノリティの運動史から、その歴史やアクターのつながりを描き出し、既存の「１９６８」論の一面性を衝き崩す。嶋田美子さんは、切り離されて論じられがちな「美術」と「政治」の二つの運動が一九六〇年代には未分化に絡みあっていた様相を、「現代思潮社・美学校」に至る歴史を事例に、オーラル・ヒストリーにも依拠しながら豊かに示す。阿部小涼さんは、沖縄闘争でのとある「事件」をめぐる新宿べ平連・古屋能子の今はもうない声を、アーカイブズの一次史料など錯綜するテクストの断片を読み抜くことで、蘇らせるとともに、運動史における「ジェンダー・イシュー」の重要性を鋭く提起する。小杉亮子は、この一〇年ほどで出された東大闘争論を幅広く取り上げ位置づけることで、特に学生運動をめぐる「１９６８」の論点を探っている。山本義隆さんは、『東大闘争資料集』作成や「10・8山﨑博昭プロジェクト」といった自らの運動史の営みを紹介する。同論考は「１９６８」自体の解説としても読めるが、ガリ版印刷機を含む運動の原資料を記録として残していくことの意義を強調し、「１９６８」を現在に開くためのメッセージとなっている。古賀暹さんへの松井隆志によるインタビューは、雑誌『情況』を一九六八年に創刊するまでの運動史を聞いている。「１９６８」が、一九六〇年代全体の運動の蓄積の上で形作られていることが浮かび上がる。

これらの論考や語りの対象や立脚点はさまざまであり、本特集はひとつの「１９６８」像を提示するものではない。むしろ、歴史の具体性と向き合い続けながら、これまで希薄だった視角からの多様な「１９６８」論を読者に提示することで、既存の議論を相対化・豊穣化したいというのが編者の意図だ。すなわち本特集は、「１９６８」像をより豊かなものへと編みなおす試みである。（編者）

【特集「１９６８」を編みなおす】

運動的想像力のために——１９６８言説批判と〈総括〉のゆくえ

山本 崇記

１　運動的想像力とは何か——経験史に降り立つ

運動的想像力とは何であろうか。ありていに言えば、それは、現在の社会運動を実践するうえでの思想的、方法論的ヒントを、これまでの運動史のなかに見出すということである。そのツールとして〈総括〉という作業があり、その模索として本稿が書かれている。運動史を過剰に意味づけたり、貶めたりする態度は、慎重に排されなければならない。その意味で、「１９６８」や「１９６９」とその周辺には、生き証人や、現在から遡る者にとって、過剰に意味づけてしまう磁場が存在する。

この運動的想像力を喚起し、また、得るために必要な作業を、私は〈総括〉と捉えている。この言葉に、執着はしていないが、手あかにまみれた〈総括〉の作業をどのようにポジティブに展開できるのか、ということに関しては、一九七〇年代の住民運動研究の成果を継承したいと考えてきたが（山本 2009b）、その試論としても、本稿を展開していく。

「１９６８」周辺に散見されるよくある結論とは、学生運動の盛り上がりが全共闘を経て、「あさま山荘（連合赤軍）事件」(1)で終止符を打つという考え方だ。しかし、本稿の趣旨からすると、まずこのような考え方を排さなければならないだろう。

たとえば、この傾向は報道番組やドキュメンタリーなど映像作品に見られる。たとえば、一〇年以上前に撮られた若松孝二の『実録・連合赤軍　あさま山荘への道程』（2008）は、ベルリン国際映画祭で二つの賞をとり、「１９６８」から四〇年が経った当時を彩った。しかし、この作品の特徴は、まさに「切断の思想」というものだった。あさま山荘事件が起きた一九七二年であらゆる流れが終わった、という思想がそこにはあり、運動的想像力とは対極にあるものであった（山本 2009c）。

一方で、ＮＨＫ（ＥＴＶ特集）「連合赤軍　終わりなき旅」

（2019）は、連合赤軍当事者たちの〈反省しない反省〉〈総括しない総括〉の分岐を、一九七二年以降の個人史を経由して描いた興味深いドキュメンタリーであった。同ドキュメンタリーは、一九七二年のあさま山荘事件をクライマックスに、一九六八年周辺からの流れを切断させようとする映像作品が多いなかで、このトレンドに抵抗しようとした作品となった。たとえば、連合赤軍の兵士であった植垣康博の次のような「無反省ぶり」を描く。

無反省無反省と言われるけど、反省すればいいってもんじゃないだろうとね。頭を下げれば済む問題ではない。むしろ、自分たちのやった行為が、いったい何だったのか。ということが生き残ってしまった自分に課せられた課題だという思いを同時に持っている。だから、植垣は反省していないと言うけれど、むしろ、自分たちがやった行為がどういったものだったのかを考えることの方がはるかに重要だということだね。そういうことで無反省を通すことになったんだけど。［傍点引用者、以下同］

〈総括〉は、反省とは異なるし、自己批判でもない。一方で、当時一九歳であさま山荘に立てこもり、機動隊との銃撃戦を繰り広げた加藤倫教の語りを次のように描いている。

当時、私たちが政府を倒そうとしてまで目指していたものが間違っていたのかというと、間違っていません。それは断言します。今でも。だから、考えが変わっていないことが、結局は、当時の社会を肯定していた人たちから見れば、やっぱり反省していないというふうにうつるんですよね。……例えばベトナム戦争ですよ。じゃあ、あなたたちは、ベトナム戦争に対してどう責任を取ったのか。私たちは反対した。反対するために武器まで取った。じゃあ、あなたたちはどうしましたか？　政府に賛成だったでしょ。……じゃあ、それ反省していますか？　ということが言いたい。

とはいえ、このドキュメンタリーから運動的想像力は喚起されない。植垣も加藤も、連合赤軍がした行いを肯定はしていない。しかし、安易な反省は口にしない。むしろ、それに抵抗さえしている。この二人以外にも、ドキュメンタリーは、連合赤軍に参加した前澤忠彦（仮名）や岩田平治の「その後」を追っている。運動的想像力がひらめかない前澤と、自分たちがした行いは「幻想」だったと断言する岩田。好対照である。連合赤軍による一連の行為の正否や有効性を問うことが問題なのではない。一九七二年以降に複線化するそれぞれの生活史と思い。それは多様である。同番組の冒頭に描かれた「連合赤軍の全体像を残す会」は、生活史から〈総括〉を切り拓く重要な場としても機能し得たはずだが、運動的想像力とは必ずしも接続しない〈不器用さ〉をより感じさせる場でもあった。

本稿は、運動的想像力を喚起するための方法論としての〈総括〉の具体像を示してみようとする試みである。その対極にある1968言説を批判的に検討したうえで、マイノリティの運動史にフォーカスし、〈総括〉の一例を対置してみようと思う。

2　1968言説の問題性——切断の思想

「新しい社会運動論」という段階論的な発想がある（道場2006）。特に、一九六〇年代後半に起こったマイノリティの運動を、それまでの運動と分けて考える発想だ。しかし、本当にこの認識は正確なのだろうか。この傾向は評論世界にも見られる。上述の若松の映画と同様に、「1968」周辺をめぐる切断の思想の典型は、絓秀実の議論であるだろう。歴史（思想史）を語っているようで、運動的想像力を喚起しないそれを、研究者は賢明にも一様にスルーしている。野上元は、「1968」の特権性を避けつつも、「革命的な」という「視線」を提起するものとして絓を評価する（北田・野上・水溜 2005）。

作品社の『1968』の編者であり、「1968」周辺に関する議論を牽引してきたのも絓である。特に、被差別部落をはじめとしたマイノリティと絡めた言説は重要であり、また、問題がある。そうであるからこそ、俎上に載せる必要がある。それが、「7・7華青闘史観」の問題性である（山本 2008）。確かに、この時期の社会運動史のなかで、「華青闘」[2]や入管体制の問題は十分に言及されていない。それ自体は不十分なことであるだろう。絓の議論の底本になっているのは、津村喬の『われらの内なる差別』（1970）である。津村の議論は、佐藤内閣の出入国管理法案・外国人学校法案に抗議した華僑青年の服毒自殺に端を発している。民族的責任や戦争責任を重視した津村の議論は、当時の学生運動のなかでは稀有な位置を占めていた。その津村がインパクトを受けたのが「7・7華青闘告発」でもあった[3]。

たとえば、絓は、これを「決定的な切断」とし、次のように言う。

> 7・7集会は、日本のニューレフトのなかにマイノリティ運動の視点が公然と導入された濫觴であり、運動の決定的なパラダイム転換を印すものとなった。（絓 2003: 316）

さらに、それは、マイノリティと関連づけられて、次のように論じられる。

> （華青闘告発によって）多種多様なマイノリティあるいはサバルタンと呼ぶべき、不可視だった存在が「歴史」の「主体」として浮上してきた。日本という狭い領域に限っても、「在日」中国人・台湾人、「在日」韓国・朝鮮人は言うに及ば

ず、アイヌ、琉球人、被差別部落民、障害者、性的マイノリティ等々、そして何より女性が、それである。彼ら／彼女らが、7・7を契機として、一挙に歴史の「主体」として浮上してきたのだ。（絓 2006: 193）［括弧引用者、以下同］

日本の六八年は、一九七〇年の「7・7華青闘告発」を直接の契機として、在日朝鮮・韓国人や在日中国人、さらには、障害者や被差別部落出身者等々、そして、いうまでもなく女性といった、無として排除されてきたマイノリティを見出していくのである。（絓 2006: 87）

これらの言説の特徴は、第一に、切断の思想の典型であるという点である。そして、第二に、セクト（新左翼）主義的な歴史観であるということである。新左翼（「日本の六八年」）が、「マイノリティを見出していく」という点で、7・7の華青闘告発のインパクトはあったと言えるのかもしれない。しかし、マイノリティが「7・7を契機として、一挙に歴史の「主体」として浮上してきた」ということは考えにくいことであり、これまで「不可視だった存在」でもなかった。たとえば、絓がたびたび言及する部落解放運動に関しては、戦後の運動の歴史のなかで最も重要な出来事と言える「オール・ロマンス闘争」(4)が起きたのは、一九五一年一〇月から翌一九五二年にかけてである。また、この事件を戦後の一大闘争に位置づけてきた歴史観も、すでに相対化されている。戦前の融和事業十ヶ年計画から続く、同和行政の模索という前史があり、また、戦時中に弾圧された京都市の左翼職員たちが戦後にイニシアティブを握るかたちで、同和行政が再開されるのが戦後直後から、という具合にである（山本 2006）。

これは、在日朝鮮人についても言える。絓の議論には、在日朝鮮人に関する議論が非常に欠けている。日本人左翼のナショナリズムを戦前・戦後と連続的に問うてきたのは在日朝鮮人運動である。その歴史の画期をなす出来事も様々に起きている。たとえば、7・7と同じ一九七〇年であれば、在日二世が、母国（大韓民国・朝鮮民主主義人民共和国）への帰国を前提とせず、日本社会のなかに「同化」されずに市民として生活していく権利を求めた「日立就職差別裁判闘争」(5)がある。それだけでなく、その後も、闘いのあった川崎・桜本では、在日大韓基督教会や青丘社、さらに、ふれあい館による多文化共生事業から、現在の反ヘイトスピーチをめぐる闘いなど、ダイナミックな展開が存在する。河川敷上にあった戸手地域や未開発のままきた池上町、さらに、池上新田に位置する朝鮮学校なども、それぞれ、川崎という空間のなかで別様な歴史を歩んできた。在日朝鮮人という属性や川崎という空間性にこだわってみても、単一的な淵源を求めることができない多様な運動史があるということが容易に見出される。

改めて、日本社会におけるマイノリティ運動を、一九七〇年の7・7華青闘告発に還元させるような言説は、まさに、切断の思想の典型と言え、運動的想像力を喚起するという目的からすれば、徹底して排さなければならないものと言うべきである。そして、さらに有害とさえ言えるのは、「7・7「華青闘告発」の核心が、日本のニューレフトのナショナリズムへの批判であったとすれば、部落問題へのシフトは、そのナショナリズムを温存する傾向を内包するものだった」（絓 2003: 332）、「マイノリティの闘いは、さしあたり別個のものたらざるをえないはずである」（絓 2003: 322）、「自らの報酬配分のためには、部落の側から在日朝鮮人やアイヌへの排除・差別さえおこなわれた形跡が、歴然と存在している」（絓 2003: 326）といった指摘である。

ここには第三の問題点として、社会運動の単一史観がある。部落解放運動や在日朝鮮人運動などを、単一的であり「別個のもの」と捉え、さらに、部落解放運動（＝部落解放同盟）が、同和行政（「報酬配分」）の利益を得るために、在日朝鮮人を排除（民族差別）したと断定的に述べ、加えて、新左翼によるナショナリズム批判の不徹底と重ねて議論しているのである。

絓の認識の背景には、部落解放運動に民族差別批判を突き付けた金静美の議論がある（金 1994）。絓は、金静美の議論を受けて、「これまで差別問題を日本において代表してきた解同（部落解放同盟）との生産的な議論を開始するうえで、決定的なものだと思うのです」（絓 1994: 192）とし、「一つの運動体によっては代表＝代行しえぬさまざまな反差別闘争があるにもかかわらず、それらを代表＝代行すると僭称したところに、部落解放運動（水平運動）の歴史の捏造と神話化が行われ、闘争とは無縁な「正当性」（＝正統性）意識が生まれる」（絓 1994: 130）とも言った。しかし、「一つの運動体によっては代表＝代行しえぬ」と言いながら、一つの運動体（部落解放同盟）を運動史のアクターとして措定し絶対化している。そして、新左翼の運動だけから、日本のナショナリズム批判の推移を評価することはできないだろう。まさに、セクト（新左翼）主義的歴史観（第二の問題点）でもある。

さらに、絓の金静美理解は一面的である。金静美は、部落解放同盟（水平社）の運動を民族差別の視点から厳しく批判する一方で、「在日朝鮮人の歴史と部落解放運動の歴史を、地域史あるいは個人史の領域でたんねんに追及するならば、わたしたちは、地域社会において共同した労働とたたかいの日々を生きていた朝鮮人と被差別部落民とに出会うかもしれない」（金 1994: 649）とも述べていた。つまり、絓の議論には同じ運動のなかに別様な可能性（運動史→運動的想像力）があったことを等閑視する危険な特徴があると言える。

それは、戦後の部落解放運動の震源地の一つであり、上述の「オール・ロマンス闘争」の舞台となった京都市において、同時代史的（現代史的＝社会運動史的）に辿り直すことができるのである。それを運動的想像力へとつなぐ作業こそが重要ではないかと考える。以下では、その作業を試みてみたい。

3　五十年目の復刻——自主映画『東九条』が喚起するもの

五十年ぶりの上映

この作業を進めるうえで、二〇一八年に復刻された自主映画『東九条』を読み解くところから始めてみたいと思う。この映画は、一九六八年、京都市内最大の被差別部落である崇仁地域の南に隣接する東九条地域（在日朝鮮人集住地域）の部落青年たちが中心となり撮影、製作されたものである。東九条地域は被差別部落、同和地区ではない。もっと言えば、同和地区の扱いを受けず、十分な施策の対象となっていなかった地域として存在した。とはいえ、「部落から排除された在日」という典型的な語りも正確ではない。

その地域にも、同和地区（崇仁地域）における住宅地区改良事業で移転してきた住民や、すでに引っ越し等で移動してきた住民が暮らしていた。同時に、戦前から、在日朝鮮人集住地域でもあった東九条地域では、部落と在日の青年の接触が日常的に存在していた。もちろんそれは、既存の部落解放運動に収斂・包摂されるものではなかった。このような文脈のなかで、『東九条』という自主映画が製作されたのである。

「この映画は東九条を少しでも良くするようにと思い、がんばっている東九条の青年とセツルの学生が、東九条の皆さんをはじめとする多くの人人の協力で作りあげた」というオープニングの字幕から始まる。「復刻」というのは、無音声と化していた同映画の音源が発見され、上映運動が展開されていた当時と同様にナレーション付きの作品として五十年ぶりに日の目を見たことを指す。

この作品の製作には、地域青年（前進会）とセツルメントだけでなく、東九条生活と健康を守る会（生健会）、九条診療所（民医連系）、民主青年同盟東九条班、日本共産党東九条支部、部落解放同盟七条支部も名を連ねている。すでに、京都市においては、部落解放同盟と日本共産党の激烈な対立の発端となった「文化厚生会館事件」(6)が起こっていた。映画製作後、生健会の一部から、当時の部落解放同盟の中央委員長であり京都府連合会の委員長でもあった朝田善之助の影響（朝田理論）を指摘され、ナレーションは封印され、無声化されるのがこの映画の顛末である。しかし、製作過程から初期の上映運動までは、上述のような陣容が可能になっていたことは非常に興味深い。その後、上映運動も挫折し、映画は本格的に封印されてしまう（山本 2013）。

『東九条』を読み解く

二〇一八年三月、崇仁地域に位置する柳原銀行記念資料館の主催で、かつて、地域青年たちが追い出された東九条地域の「希望の家」（カトリックの地域福祉施設）を会場に、復刻版の上映会が開催された。この場自体が、重要なコミュニケーションの場でもあり、〈総括〉の機会となった。私自身がここで提示した〈総括〉とは次のようなものであった（山本 2018a）。

第一に、境界線を越えるという点である。地域青年たち（前進会）は、この映画のなかで、同和地区／スラム／「不法占拠地域」といったかたちで分断されていた崇仁地域・東九条地域全体を視野に捉えていた。特に、差別と貧困が厳しく、崇仁地域や東九条地域の人たちからも厳しいまなざしにさらされていた「不法占拠地域」（鴨川・高瀬川の河川敷上）、いわゆる「ゼロ番地」を重点的に取り上げている。それは、行政的かつ運動的に属性やメンバーシップで住民を分断させようとする動きに対する抗いである。絓の言う、「マイノリティの闘いは、さしあたり別個のものたらざるをえない」（絓 2003: 322）という姿はここにはない。

第二に、古典的な意味でも成立していた共同戦線の構築である。これはある意味では、瞬間的なものではあったが、当時の部落解放運動や左翼セクトの対立が熾烈を極めていたなかで、『東九条』の製作に関わった、部落解放同盟七条支部、日本共産党九条支部、民主青年同盟東九条班、九条診療所、セツルメントといった並びは奇跡的ですらあった。地域の課題を通じて、立場の違う人や組織がまとまることができたことを示唆している。そして、その核には地域青年が存在した。もちろん、この戦線は直後に雲散霧消してしまう。とはいえ、この流れは、当時すでに出会っていた前進会の青年と民主青年同盟の青年との関係性を通じて、今度は、崇仁地域で斬新なかたちで再現される。それは、「崇仁地区のまちづくりに関する協定書」調印（1996）を指し、大きな対立を繰り返してきた自治連合会、全国部落解放運動連合会七条支部、部落解放同盟七条支部の連携が確認されたのである。きわめて珍しい事例である。絓のように、部落解放同盟ありきの視点では見えてこないし、セクト的な視点からセクト主義的な視点を相対化することができることも意味している。

第三に、共同性・集団性の構築である。第一の点とも関わるが、ここでは、部落、朝鮮、それ以外の日本人の共同性・集団性が存在した。ある意味での属性（本質）主義に縛られつつも、それを越えるような関係性は、「住民であること」をもって実践されようとしていた。そして、それがまた、反差別闘争にもかたちを変える柔軟性を内包していたのである。東九条地域にとって「よそ者」である部落民、日本社会にとって「よそ者」である朝鮮人、地域社会にとって「よそ者」であるセツルメントや、その後、中心的な調整機能を果たす若手クリスチャンたち。ある意味で、「住民であること」が持つ保守性を打破しつつ、差別に抗う住民運動を成立させていこうとしたところに、大きな特徴がある（山本 2018b）。ここには、絓の言う部落の側からの在日朝鮮人の排除という見方とは別様な共同性が見出せる。

運動史のなかに、運動の展望を切り拓く可能性を見出すこと。それが、ここで言う〈総括〉の作業であり、〈総括〉たらしめるコミュニケーションの場でもある。

4　天よ、我に仕事を与えよ？

続けて、この節では、あえて、セクト的要素を挿入し、京都での五十年前の実践の意味をさらに考えてみたい。

地域青年とセクト

『東九条』の映画監督であり、前進会の活動に参加していた山内政夫は、日本赤軍の活動に参加する直前にこの地で働いていた奥平剛士と出会っている。奥平の遺稿集『天よ、我に仕事を与えよ』は、京大全共闘からリッダ闘争に至るまでの奥平の足跡を綴ったものであるが、実際は、一九六〇年代半ばの東九条運動史の一断面を知る内容を含んでいる。それは、奥平が、京大入学直後からセツルメントの活動に携わっていたときに記した日記が、著作の中心的な内容を占めているからである。

奥平がセツルメントに関わったのは実質的には一年半くらいである。「卒業論文」（後述）を記し、セツルメントから離れる奥平が、全共闘に一直線に向かったのではなく、民青に入ったり、研究室にこもったり、教員と一緒に全共闘系の学生を放逐する側にまわっていたのである。それだけではない。東九条地域でほぼ同年代の地域青年の集まりである「よろづ屋会」の会長である「大杉」という人物と意気投合し、彼の紹介で土方仕事を始め、それは、セツルメント時代からパレスチナに向かう直前まで続くのである。この「大杉」という人物は、『東九条』の製作の中心的存在でもあり、上述の山内に監督をさせた人物でもある。

一九五九年に崇仁地域に開所した希望の家とセツルメントは、東九条地域に施設が移った後に関係が悪化し、セツルメントは施設を利用できなくなる。その代わりに、地域の家庭に入り、子どもたちの面倒をみるなかから、親たちとの関係を形成し、スラム地域の変革を企てようとする。よろづ屋会から前進会（第一次）の結成期に、希望の家から放り出されたセツルメントと地域青年たちとの対話が生まれている。その過程で、『東九条』が製作される。その後、「大杉」らの後輩にあたる山内らにより再建された第二次前進会は、一九七〇年代の東九条地域における住民運動の中核を担っていく。崇仁地域から東九条地域に流入してきた部落民と在日朝鮮人の混成グループである第二次前進会は、学生が成長するために「地域をモルモットにしている」という批判をセツルメントに投げかけ、いったん、彼らを地域から物理的に追い出す。

その後、龍谷大学のセツルメントを中心に全国組織から離脱したグループとともに、前進会は「東九条青年会」と名称変更し、度重なる火災のなかで、地域公共施設である「生活館」

（準隣保館）の占拠闘争からスラム（東九条地域）の町内会の再編強化を目指して、地域ボスに対抗し住民運動を展開する。中学時代から、喫煙、シンナー、窃盗行為、恐喝など、悪さに明け暮れる彼ら／彼女たちが、もう片方の手でマルクス『賃労働と資本』を読み、レーニン『何をなすべきか』を読む。生きる術に左翼というものがなかった青年たちは、詩作や作文を通じて字を書くことを覚え、セツラーとの葛藤のなかから学習する姿勢を身につけ、自らを主体化していく。東九条地域の青年にとって最も熱い季節は一九七〇年代以降だったとも言える（高英三記念誌編集委員会 2009: 118-23）。「１９６８」周辺に規定されながらも、その枠組では決して括れない住民運動が、東九条地域では躍動していたのである。

奥平剛士にとっての東九条

ところで、奥平は東九条地域をどのように見ていたのだろうか。彼は、セツルメントをやめて昏迷に落ち込んでいた際に次のような詩を残している。

奥平剛士
これが俺の名だ
まだ何もしていない
何もせずに　生きるために
多くの代価を支払った
思想的な健全さのために
別な健全さを浪費しつつあるのだ
時間との競争にきわどい差をつけつつ
生にしがみついている
天よ、我に仕事を与えよ

（奥平剛士遺稿編集委員会 1978: 290）［傍点引用者］

一方で、一九六六年二月、東九条（東岩本町）で三人の死傷者、罹災者二百人以上を出した大火災を描き、セツルメントに決別する「卒業論文」の冒頭で、次のように記している。

みんな、東岩本町が燃えた！
さあ！　わくわくと「大事件」にはずんでいる心を
うまくおしかくして地域へ入れ！
チャンスだ！
君の心が躍るのもむりではない
きのう東九条にあがったすさまじい火柱は
すべての頽廃となれあいとあきらめを切りさいて
地の底から噴きあがった
人々の憤怒の炎ではなかったか
あのまい狂った火の粉は
三畳のくされだたみと
あかまみれのせんべいぶとんと
なまぐさい粘液のはぜる火花ではなかったか
ああ　あの鮮烈な火災は
売血にむしばまれた数千人の血に誓った

アルコールにくさった
一万人の肉体の上に復讐を誓った
天をつく火柱のまわりに
わをつないで踊り狂う無数の影が見えないか
ツルハシと棍棒と酒の中に
三畳の奴隷部屋の中に
空しくすりへらされた子供や大人の無数のいのちが
今　炎の中にまい狂う　その必死の叫びをきけ
「見ろ　これこそがぬすまれた俺たちの血潮だ！
見ろ　これこそがふみつぶされた俺たちの心だ！」
セツラーよ　その声が君らにも聞えるか
彼らの叫びをむだにするな
もし君に彼らと同じ血潮があるならば！

東九条におどり狂ったすさまじい火柱は
空しくすりへらされた
底辺何百万の生命をつぐなうにはあまりに小さい
だがセツラーよ
のろしはあげられた
復讐の時は来たのだ
野火よ　かぎりなく燃え広がれ
ひそひそと燃える鬼火どもよ
さあ集まって　天をこがす赤い火の玉となれ
セツラーよ　その篝火の前で酒をくもう

（奥平剛士遺稿編集委員会 1978: 13-5）［傍点引用者］

奥平はセツラーたちに二つの「神話」を破壊しなければならないと提起する。一つは、「地域の人々はすばらしい。九条の青年はすばらしい」という神話である。そしてもう一つは、「セツルの人はみんないい人」という神話である。そのA（C）［エエカッコシー］は、「彼らがまさに最底辺に、堕落のぎりぎりの境界線上にいることが、彼らに唯一の変革の展望を与えうるのだ」ということを理解することによって、払拭されねばならない。この住民に肉薄していくという姿勢を持っていないという点において、奥平はセツルメントに満足できなかった。

しかし、この大火災と同じ月日に奥平は、変革の根拠地としての東九条地域から離れてしまった。彼が東九条地域から距離を置き始めたまさにそのときから、再び、地域青年たちが胎動し始めていたのであり、そのエネルギーを受け止めきれなかったセツルメントは、上述のように全セツ大会の壇上を占拠され、モルモット批判を通じて、地域から（いったん）追い出されてしまったのである。

地域青年にとっての東九条

一方で、東九条地域の青年たちの活動は、『九条思潮』という全6号の冊子によってその一端を知ることができる（山本 2009a）。ここでは、第一次前進会時代に『東九条』を、住民からのカンパを募って製作した山内政夫の詩集『抵抗《ママ》』から、地域青年が潜ってきた「東九条」という経験の中身に迫りたい。

山内は、崇仁地域から東九条地域に流入してきた両親の長男として一九五〇年に生まれている。自宅が火災に遭い、「不法占拠地域」（ゼロ番地／40番地）として東九条地域内でも最も虐げられた者たちが集まる河川敷上のバラックに住居を移している。十人の兄弟姉妹がごった返す家のなかの風景を描いた「南京虫の唄」という詩を見てみたい（以下の詩は、すべて山内 1975）。

南京虫の唄

南京虫が同居する俺の家
南京虫が家族の一人が俺の家
寒い空の片すみの俺の家
冷たい国の暖かい心の町の強い俺の家
奴らは知っている俺の苦しみや悲しみを
血を分けた兄弟だから
南京虫が同居する俺の家
おばの血を吸った奴も
おじの血を吸った奴も言っていた
エッタの血も町の奴の血も　皆同じだって
　だけどこうも言っていた…………

未完

「エッタの血も町の奴の血も、皆同じだって」と「南京虫（奴）」が言っていたのである。南京虫が発生するほど劣悪な住環境のなかで、血を吸う南京虫は人の区別をしない。そのような束の間の「平等」を南京虫に見出すという被差別に刻印された日常性が描かれている。「まだ何もしていない」学生（奥平）が、「地域へ入れ！」「チャンスだ！」と「わくわく」しているのとは温度差がある。それは次の詩にも窺える。

小学校から丁稚として働き出し、鉄工所や土方、また、家の借金のかたにやくざな仕事にも就かざるを得ないなかで（山内 2008）、必死に生きてきた苦しさが「ふきだまりの唄」という詩に見られる。

ふきだまりの唄

何を信用するんや、何を生かすんや
きばっても、きばっても、少しも楽にならん
ただ体を弱くし、命がちぢまるだけや
わしらはまだ若いんや、しかし、腕も足も肩も
もう老人の様にガタガタや
体が年をとってるん、心が年をとってるんや
酒のんで顔だけ笑ろうとるだけや
ああ——しんどいわい
あけてもくれても……
へとへとになって、又、酒ぐらいだけや
何とかならんか
世の中のどん底に生きとるんや
世の中のふきだまりに住んどるんや

世の中のドヤにあぐらかいて空気吸っとるんや
世の中から、指が一つ足らん、言われとるんや
世の中から、犬くろてと馬鹿にされとるんや
それでも、それでも、
子だけは同じ目に合わせとないんや
人間が作って利用してるだけや！
なんぼ酒のんでも知ってる
人間の手でなくせるはずや、この苦を！
なんぼ酒のんでも知ってる
人間である限りへとへとになっても生きている
人間である限り知っているはずや
人間の手で作られた、この苦を！
それを一番知っている
わしらの手でなくせる事を
何んぼ酒のんでも知っている

この詩では、「人間の手で作られた、この苦」を「わしらの手でなくせる事」が、苦しみを表現する文の後に置かれている。どんなに身体を痛めつけても、差別されても、酒を飲んで忘れようとも、手放せない何か。「何か」を探し当てるために彷徨い続ける学生（奥平）とはここでも温度差がある。

詩集の編者によれば、この詩集は山内が一六～二一歳（1966～71）という時期に書かれている。山内は、十代の頃に共産党の入党と離党を経験しているが、詩作の時期が重なる。また、地域の青年運動が一九七〇年代以降に再び活性化する第二次前進会の時期を含んでいる。とはいえ、一九五〇年代には見られた共産党の工作を通じた詩作活動という背景はない。また、山内を含む青年グループの独特の集団性には、オルグも、工作者も見られない。

「エッタ、ハク、朝鮮人」の三者の連帯を志向した彼らは、革新自治体下にあって既存の民主団体が攻勢を弱め、地域役職者が行政となれ合うなかで、激しい行政糾弾闘争を展開した。きわめて興味深いのは、その勢いが、町内の地域組織（自治会・町内会）の再編へ向かったという点である。気性の荒い青年たちが、一九七〇年代を通してこのような柔軟な戦略をとり得たのである。特に、所属する党派や主義・主張にこだわって縮小再生産していった新左翼との対照性が鮮明である。

東九条地域における経験をめぐる「岐路」が、ここにあるように思う。「天よ、我に仕事を与えよ」という奥平は、自らの死に場所を絶えず探していた。しかし、東九条地域に生まれ育った青年たちにとって、流動的であると同時に、滞留的でもあるスラムや「不法占拠地域」にとどまり、その地点から解放を目指すということは、やはり、その土地に縛られた住民と、そうでない学生とでは決定的に意味が異なってくる。地域青年の歩んだ道から、そのように言えるのではないか(7)。

この点は、生死の捉え方にも表れている。奥平は、「生にしがみ」つきながらも、「いつでも死んでやるという覚悟だけは持っていたい」と思い、ときには、「ひたすらに、ただ生きる

ためにのみ生きた」と倦怠感を漂わせる。東九条地域の青年の潜ってきた経験と奥平の違いは歴然としている。

東九条地域の青年たちとは、奥平をはじめ、新旧の左翼運動が「見出した」マイノリティに過ぎなかったのだろうか。もちろんそうではない。主導権をセクトから奪われることなく、また、引き回されることなく、住民運動と反差別運動の持続性を確保し続けた実践がそこにはあったと言える。そして、それは現代の文脈へと折り返されるべき経験史でもある。

5 〈総括〉から運動的想像力へ
——誰による、どのような作業なのか

「1968」周辺を、戦後の社会運動史・社会運動研究のなかで、特権的に語るのはきわめて危険であり、また、不正確・不適切であるだろう。それはただ学術研究といったレベルを超えて、運動的想像力を喚起する意味でも、よいやり方ではない。語りやすさや理解しやすさ、といった点があることは確かであるが、関係者が特権的に語ってきた内容を、私たちが再生産する必要はない。それはまた、この時期の運動をきわめて低く見積もることについても同様のことが言える。

崇仁地域や東九条地域の運動史のポテンシャルは、いま、現在どうなっているのだろうか。住民運動という点と、反差別運動という点で、それらはきわめて、マイルド化していると言える。「まちづくり」や「多文化共生」といった言葉で表現されるそれらは、担い手の意識とは別に、きわめて、尖鋭性を失ったものとなっている。尖鋭性とは同時に包摂性と連結されている必要がある。その点で、地域に大きな傷跡を残したヘイトスピーチ・ヘイトクライム事案としての京都朝鮮第一初級学校襲撃事件（2009, 2010）とその後の展開は、この地域の包摂性の範域の狭隘さを露呈した。そして、それは今も続いている。山本（2019）では、一つの〈総括〉としてこの点を指摘した。そして、京都事件から十年が経ち、〈総括〉を〈総括〉化させるコミュニケーションも試みた[8]。

さらに、被差別部落である崇仁地域では、京都市立芸術大学の移転（再開発）という大きな文脈をめぐって、行政権力との葛藤が続いている。住民運動の主体性がどのように換骨奪胎されるのか、また、発揮されるのか、という点について、〈総括〉を提示した（山本 2014）。これらの〈総括〉は、地域社会や当事者とのコミュニケーションを通じて、その質を問われている。もし、過去の社会運動のノスタルジックな語りを排すのであれば、研究者には、〈総括〉と運動的想像力を喚起するための適切なコミットメント（方法）が必要となるだろう。

最後に、本稿で言う〈総括〉とは何かについて整理してみたい。一つの論点としては、その担い手が誰になるのか、ということがあるだろう。この点に関しては、職業的研究者でも、職業的活動家でも、市民でも、誰でもよい。これまでの運動を歴

史的・社会的に整理し、提示し、運動空間のコミュニケーションを促進し、方向性のイメージを喚起するプロセスが進展すればよいのである。むしろ、「科学的」という名のもとに、職業的研究者にこの領域が占有されるのは避ける必要がある。

ただし、このプロセスをまるごと対象化し、それそのものを議論の俎上に載せるのは、（職業的）研究者が果たせる役割かもしれない。限定的な言い方にはなるが、そのモノグラフを提示することを含めた〈総括〉が、一九七〇年代の社会学の中でイメージされていたものだと思われる。そして、それを本稿のように運動や研究という大げさな言い方をせずに、ナチュラルに実践する研究者も少なくない。さらに、研究者と活動家（者）を厳密に分けることに意味があるわけではない（山本2010）。「職業的」と便宜的に言ってみても、結局は、専門家的プレゼンス・イニシアティブの延命的な意味合いしかもたないだろう。それこそ、「１９６８」周辺が問題化した地平から最も遠いところに行ってしまうことではないだろうか。

注

（1）一九七二年二月、長野県軽井沢町に位置する「浅間山荘」に連合赤軍五名のメンバーが人質を取って立てこもり、警視庁機動隊・長野県警と銃撃戦を繰り広げるという新左翼が起こした戦後最大の事件の一つである。連合赤軍は日本共産党神奈川県委員会（革命左派）と共産主義者同盟赤軍派が合流してできた組織であり、榛名山等で山岳ベースを建設し、軍事訓練を繰り返すなかで、メンバー同士でのリンチ殺人が行われていたことも後に知られることとなった。

（2）一九六九年三月に結成された華僑青年闘争委員会の略称である。一九六〇年代末から日本政府が出入国管理令に代わり制定に動いていた出入国管理法に反対した華青闘は、「７・７盧溝橋三三周年・日帝のアジア再侵略阻止人民大集会」をめぐって、新左翼（主に中核派）のナショナリズム（排外主義批判の不徹底）を厳しく批判する「訣別宣言」（華青闘告発）を発し、解散した。

（3）津村のマイノリティ観もまたやや乱暴なものであった。たとえば、次のようにある。

「資本は労働予備軍を必要とするが、この労働予備軍の持続を保証する労働後備軍が資本の論理の現存性において社会的に必要となる（例えば釜ヶ崎、山谷で、或いは極貧の農村で、朝鮮人、未解放部落民への差別意識が最も著しい）。これがユダヤ人、すなわち資本にとっての他者ということであり、これこそが世界性を持った資本が一国的に展開する構造の秘密であると考えられるのだが、こうしてみると、日本資本主義の内部にいるわれわれにとって、ユダヤ人とは、部落、沖縄、朝鮮そして台湾を含む中国だということは断るまでもないであろう」（津村1970: 43）。

（4）一九五一年一〇月に雑誌『オール・ロマンス』に掲載された「特殊部落」という作品の差別性を問題にした闘争。戦争直後の京都市崇仁地域・東九条地域にまたがるエリアを対象に、部落や在日の姿を描いた。本作品は、京都市職員がペンネームで投稿していたものでもあった。批判の矛先は、京都市行政へと向かい、差別行政糾弾闘争の範型を生み出す契機となったと評価されてきた。しかし、部落解放運動の画期は、同時に、同和行政の対象から在日朝鮮人を部分的に排除していく側面を持ち、九〇年代以降、批判的な検討も加えられるようになっている。

（5）一九七〇年、日立製作所戸塚工場の従業員募集に応募し採用内定を受けた朴鐘碩は、応募書類では日本名を使っていたが、採用通知後、本名を名乗り、戸籍謄本が提出できない旨会社側に伝えたところ、採用取消となり、その無効を訴えた裁判である。一九七四年、横浜地裁では、「被告の原告に対する不当な解雇処分の背景には、在日朝鮮人に対する民族差別の歴史と現実がある。この差別の実体を究明して行かない限り、本件の問題性を正しくとらえることは不可能である」とし、原告側勝訴の判決を下した。

（6）部落解放同盟京都府連合会書記局、および部落問題研究所がおかれていた京都市左京区の文化厚生会館の帰属をめぐる一連の紛争を指し、一九六六年から一九八〇年まで続く。日本共産党と部落解放同盟の対立を象徴し、決定づけた事件でもある。特に、京都市左京区の同じ被差別部落出身である朝田善之助と三木一平を代表する二つの潮流間の対立は激しさを増し、裁判での争いにまで至るが、最終的に京都府・京都市が両派に施設を保障する形で決着を見た。大阪では矢田事件（1969）、兵庫では八鹿高校事件（1974）と関連の事象が生じる。しかし、この事件史的理解も果たして正確なのかどうか疑問が残る。

（7）しかし、最も部外者性の強かった希望の家が、スラム改善の担い手を育て、地域出身者を職員として養成し、地域になくてはならない福祉施設に変化してきたことを考えれば、地域と地域外（よそ者）という境界は単純ではない（山本 2018b）。

（8）二〇一九年一二月二一日に行われた「京都朝鮮第一初級学校襲撃事件から十年 民族教育に対する攻撃とたたかう」（於：龍谷大学）において、「被害回復の課題——アンケート調査を通して」と題して報告を行った。

参考文献

奥平剛士遺稿編集委員会（1978）『天よ、我に仕事を与えよ』田畑書店
北田暁大・野上元・水溜真由美編（2005）『カルチュラル・ポリティクス 1960/70』せりか書房
金静美（1994）『水平運動史研究——民族差別批判』現代企画室
高英三記念誌編集委員会編（2009）『断固たる自分——高英三という生きざま』
絓秀実（1994）『「超」言葉狩り宣言』太田出版
——（2003）『革命的な、あまりに革命的な——「１９６８年の革命」史論』作品社
——（2006）『１９６８年』ちくま新書
絓秀実編（2005）『１９６８——知の攻略 思想読本⑪』作品社
津村喬（1970）『われらの内なる差別——日本文化大革命の戦略問題』三一書房
道場親信（2006）「一九六〇—七〇年代「市民運動」「住民運動」の歴史的位置——中断された「公共性」論議と運動史的文脈をつなぎ直すために」『社会学評論』57(2): 240-58.
山内政夫監督（1968）自主映画『東九条』

――（1975）『抵抗』羽里書房
――（2008）『部落解放運動の過去・現在・未来(3)――山内政夫氏（柳原銀行記念資料館）に聞く』（インタビュー記録、聞き手：山本崇記）
山本崇記（2006）「「オール・ロマンス」糾弾闘争の政治学――戦後部落解放運動史再考にむけて」『コア・エシックス』2: 181-94.
――（2008）「差別論の現代史――社会運動との関係性から考える」『コア・エシックス』4: 359-70.
――（2009a）「行政権力による排除の再編成と住民運動の不／可能性――京都市東九条におけるスラム対策を事例に」『社会文化研究』11: 159-81.
――（2009b）「社会運動研究の方法論的課題に関する一考察――「調査者―被調査者論争」が提起したもの」『現代社会学理論研究』3: 72-85.
――（2009c）「東九条という経験に横たわる「岐路」をめぐって――「１９６８」にとどまり、潜り抜けるために」『PACE』5: 47-54.
――（2010）「社会調査の方法と実践――「研究者」であることの範域をめぐって」『「異なり」の力学――マイノリティをめぐる研究と方法の実践的課題』立命館大学生存学研究センター 14: 294-318.
――（2013）「「不法占拠地域」における在日朝鮮人の記憶と集合性――地域と住民という結節点」『都市空間に潜む排除と反抗の力』明石書店 61-90.
――（2014）「まちづくりにおけるエリアマネジメント導入過程の研究――崇仁地域の事例から」『世界人権問題研究センター紀要』19: 133-60.
――（2018a）「「１９６８」と自主映画『東九条』の時代――自主的なまちづくりの源流をたどる」柳原銀行記念資料館二〇一七年度企画展シンポジウム「自主映画「東九条」の世界――圧倒的な差別と貧困」
――（2018b）「被差別部落／在日朝鮮人コミュニティにおけるキリスト者の実践――「地域化」と「内部化」という相互作用」『現代日本の宗教と多文化共生――移民と地域社会の関係性を探る』明石書店 135-54.
――（2019）「ヘイトクライム被害からの「回復」の困難とその方途――京都朝鮮学校襲撃事件からの一考察」法学セミナー編集部編『ヘイトスピーチとはなにか――民族差別被害の救済』日本評論社 258: 85-97.
若松孝二監督・製作（2008）『実録・連合赤軍　あさま山荘への道程』

【特集「1968」を編みなおす】

矛盾の粋、逆説の華――名づけようのない一九六〇年代史をめざして

嶋田 美子

1 1968年美術と政治をどう語るか

六八年は政治の季節と言われているが、その源には文化の激動がある。政治だけを云々しても一九六八年はわからない（足立正生）

美術史家は言うなれば美術界という戦場を飛行機に乗って上から見ているんだ。でも我々アーティストは同志である他のアーティストと同じ地平に立って横から見ているんだから、時代についての見方も自ずから全然違ってくる（ローレンス・ウエイナー）

上記の言葉は私が尊敬する二人のアーティストに最近インタビューした時のものですが、足立は言うまでもなく一九六〇年代の前衛映画を代表する監督であり、ウエイナーは六〇年代末より文字を使った「概念芸術」（コンセプチュアル・アート）で知られたアーティストです。彼らの言葉は1968年を考える上で非常に重要な二つの点を示しています。まず一つには、1968年に頂点に達した政治・社会運動は文化のそれと非常に深い関係にあり、むしろ文化的動きが主導した面があること、そして二つめは時代を表出するためには俯瞰的、総合的な記述だけでは不十分で、むしろミクロの視線、当事者の語りが不可欠であるということです。

なぜ社会運動の本にアートのことを書いているのかというと、もともと私はアーティストだからです。一九九〇年ごろからずっとフェミニズムに基づいた現代美術作品の制作、発表をしていたのですが、二〇一〇年ごろから「現代思潮社・美学校」(1969~75) の研究を始め、六〇年代研究にはまり、美学校について論文を書き、二〇一五年に英国、キングストン大学から

博士号を授与されました。私自身は年代的に六〇年代美術の当事者ではないのですが、以前から「アーティストがアートヒストリーを作る」べきであると考えており、アーティストとしての現場の視線から全体をつなげていくような歴史を作りたいと思っています。しかし、これまでの美術史家プロパーによる歴史記述は俯瞰的で、相反する視点や矛盾する論点を削ぎ落とすことによって美術史を単純で直線的なものにしてしまっています。また、その中で社会・政治への言及は極力避けられており、近年このような政治性の排除に拍車がかかっているのですが、その結果として、美術史も社会史もひどく無味乾燥で貧しくなり果てていると感じます。特に一九五〇〜六〇年代は文化と政治が互いに影響、反発し合い、その混乱の中から何か名づけようもないもの、新たな運動体、可能性を生み出そうとした時代であり、その豊穣な混沌の只中に分け入って行かなければ、その時代の根源的な理解には近づき得ないのではないでしょうか。

ここは「社会運動史」を語る場ですが、あえて「美術」の視点から1968年を考えてみることによって「名づけようのない」歴史を作りたいと思います。本稿では、これまでの1968年記述における問題点を指摘し、その後「名づけようもない歴史」の具体例としてオルタナティブ美術教育の場であった「現代思潮社・美学校」の歴史化について、その時代の先鋭的な出版社であった現代思潮社とそこを核にした社会思想、運動家と芸術家の関わりを中心に1968年に至る「前史」を検証します。ちなみにタイトルの「矛盾の粋、逆説の華」は一九六二年の「自立学校アピール」から取りました。これは自立した「名づけようのない人間」となるための学校でした。

2　これまでの1968年の語られ方——何が問題か

昨年二〇一八年は五〇周年ということで、1968年についての展覧会（国立歴史民俗博物館、千葉市美術館）(1)、シンポジウムなどが開催され、関係本も多数出版されました。私自身も千葉市美術館の企画に協力し、カタログエッセイを執筆、翻訳したり、上海大学で一一月に開催された「グローバル1968年」シンポジウムに参加して美学校について発表しました。また、それ以前には小熊英二著『1968』（新曜社 2009）、絓秀実著『1968年』（ちくま新書 2006）なども話題になったことは記憶に新しいです。小熊本についてはすでに当事者から数々の批判がありますが、それも含めて、これまでの語られ方の問題点を挙げてみようと思います。

オーラル・ヒストリーの欠落——当事者の声を無視

小熊本にはオーラル・ヒストリー、当事者へのインタビューが全く欠けています。これについてはすでに多くの方が語っている(2)のでここでは詳述しませんが、その他にもメディアに載ったインタビューの一部だけを恣意的に引用するなど、当事者と真摯に向き合う姿勢が見られません。

もちろん、当事者の回想のみが最上だというわけではありません。記述が主観的であることは避けられないし、当人の思い違い、記憶違いもあるでしょう。しかしそれらの点は、できるだけ多くの証言を収集し、一次資料も参照して検証することで客観性を保つことができるでしょう。

既存のカテゴリー枠を一歩も出ない（美術史は社会運動を無視、社会運動史は美術を無視）

国立歴史民俗博物館「1968年」展は運動資料が主で、六〇年代文化への言及がほとんど見られませんでした。あったとしても背景として、または時代を映す「装飾」として扱われ、それ自体の意味、社会運動との関連性は明示されていませんでした。一方、前述の千葉市美術館の「1968年」展には全共闘運動の写真など、多少の社会運動資料は展示されていたものの、美術と運動の間に関して踏み込んだ解釈が提示されていたとは言えません。また、小熊本は文化面を全く無視しています。足立の言葉にあるように、六〇年代を理解するには文化動向を知ることが必須であり、これを欠いては到底その全体像に到達することはできません。

重要な出来事、作品を時系列に沿って直線的に羅列するにとどまり、その間の関連性は重視されない

これは美術展示に顕著ですが、このように時代で切り取った展覧会は著名なアーティストによる代表作の羅列にとどまることが多く、千葉市美術館の「1968年」も「反芸術（ハイレッドセンター、ネオダダなど）」～「アングラ（唐十郎の状況劇場）」～「ポップ（横尾忠則のイラスト）」～「もの派（李禹煥その他）」～「概念芸術（松澤宥）」～万博で終了というこれまで美術史の「定説」から一歩も出ないラインアップでした。一九六〇～七〇年代前衛美術の「サーベイ」展として代表作を展示しなくてはいけないということもあるでしょうが、これまでの歴史の定説をなぞるだけでは新たな知見は生まれ得ません。

同様に、歴史展示や六〇年代についての本では全学連（ブント）～六〇年安保～六八年全共闘～七二年連赤で終了、とあたかも一直線の流れであったかのようにストリームライン化した記述に終始しているものが多く、しかもその間の関連性はあまり深く論じられていません。このような記述では一つ一つの出来事やグループ、作品が点としてのみ存在し、その盛衰が時系列順に並べられるだけで、その間の複雑で有機的な動き、相互への思想的影響などは深く論じられず、全体の文脈を形成しようもありません。

まず一つの（しばしば西欧の）哲学、思想、方法論ありきで、それに沿って歴史を構築

自分なりの新たな歴史を構築しようとするあまり、ある特定

の考え方や一つのテーゼを前もって設定して、それに沿うような資料のみを集め、解釈することは歴史を一元化・単純化してしまう危険があります。またその場合にも、事前に設定されるのが必ずしも筆者独自の考えではなく、既存の思想家（特に西欧）の方法論に依ることもしばしば見られます。この場合、やはり日本の社会や文化をひとしなみに西欧の文脈で解釈するのには無理があります。しかしながら、日本の美術史ではこの方法が一般的になっており、特に近・現代美術において日本の作品はそのスタイルを西欧の美術史に当てはめて論じられ、それもまず中心としての西欧美術史があり、周辺としての日本に西欧の影響が波及し、それに追従すると解釈されます。これは1968年運動史においても、パリやサンフランシスコ、ニューヨークを中心とした見方があるのと同様ではないでしょうか。

次に、これらの問題点を踏まえた上で、どのような1968年の語りが可能かを「現代思潮社・美学校」研究を例にとって見て行きます。

3 「現代思潮社・美学校」の研究から

研究の発端とメソドロジー

私の研究のきっかけは、二〇一〇年頃にヨーロッパのオルタナティブ美術教育について研究をしている英国のアーティストから、日本にはそのような学校はあったのか、あったとすれば共同でそれについての展覧会をしないかと勧誘されたことです。「それなら美学校が」ということで、共同調査を始めました。私自身八〇年代後半に一年だけ美学校に通っていたことがあったのですが、すでにその当時初期の先生たちは菊畑茂久馬以外はやめており、設立当初とは全く違った学校になっていました。しかしながら初期の「匂い」のようなものはそこここに感じられ、「ここに何かがあったに違いない」と思わせる痕跡のようなものは存在しました。

「現代思潮社・美学校」については先行する研究が皆無で、調査を始めた二〇一〇年頃は回顧的な記事すらほとんどなく、資料も現在の美学校には残っておらず（二〇〇〇年の機構改革時に廃棄）、ほぼ当事者のインタビューと一次資料に頼るしかありませんでした。幸い創始者の石井恭二、校長を長く務めた今泉省彦、設立時教鞭をとった中村宏、中西夏之、菊畑茂久馬、赤瀬川原平諸氏が当時は健在で（その後中村、菊畑以外の方々は鬼籍に入られた）、初期の生徒も含めて、多くの方から話を聞くことができました。一次資料も今泉夫人のご厚意によりご遺品を整理させていただき、その中から貴重な日記、書簡類、美学校関連資料、生徒作品などを発掘することができました。その資料は現在東京文化財研究所に「今泉資料」として寄託されています。

六〇年代史はいつから？

現代思潮社・美学校は一九六九年に創立されたのですが、創立にあたっては前年の一九六八年とそれにつながる六〇年代の政治、文化の運動が大きく影響しています。でも、それはいったいいつを起点にして考えたらいいのでしょう？　その疑問に石井、今泉、中村諸氏が明快に答えてくれました。曰く「一九五五年、六全協（日本共産党第六回全国協議会）」。私自身当時六全協については深く知らず、共産党大会が美学校の起点になるということが意外でした。しかし、六全協が政治のみならず芸術にも大きく影響したというのは中村宏の「不審の「自己批判」」（『美術運動』第53号 1957）を読んで初めて理解できました(3)。

六全協後の日本共産党の文化政策の転換（直接行動から議会主義「愛される共産党」へ）とそれを受けての日本美術会（日共系）による「政治主義の誤りを正し、真の大衆的美術運動を目指す（拳を上げた労働者から鳩を抱く少女へモチーフの転換）」という自己批判に対して、中村は、「タブローは自己批判しない」と宣言し、表現論とタブロー（絵画）そのものへの真摯な考察を欠いた政治主導の美術へNOを突きつけ、返す刀で「個人の内面性とやらの表出と思われる近代主義絵画」を切って捨てました。タブローはタブローとして独立してあり、芸術とは政治スローガンのイラストレーションであったり、作者の主観の吐露ではなく、作者、観者、タブローの三者の関係性によって成り立つと論じたもので、弱冠二五歳のアーティストが共産党を向こうに回して堂々と論陣を張ったことは当時の前衛芸術家たちに大きな影響を与えました。ここで中村は前衛芸術の新たな政治性——社会主義リアリズムやプロレタリア芸術を乗り越えて現実と切り結ぶ方法論——を獲得しようとしたのです。

また、石井恭二は戦後共産党に入党するも、六全協頃より共産党のドグマティズムに疑問を感じるようになり、「国家独占資本主義、スターリニズム、リベラル教養主義」のすべてを否定するため「悪い本」を出版することを企てました。一九五七年に現代思潮社を創設し、最初の出版はアンリ・ルフェーブルの『マルクス主義の現実的諸問題』（現代思潮社 1958）とサドの『悲惨物語』（澁澤龍彦訳 同 1958）、翌年には『悪徳の栄え』（同 1959）を出版しました。『悪徳の栄え』は一九六〇年に発禁処分となり、石井と澁澤は十年に渡る「サド裁判」の被告となり、特別弁護人として彼らに協力した埴谷雄高とともに、「芸術か猥褻か」という不毛な議論を超えたところでの「思想の絶対的自由」を主張して国家権力と対峙しました。

中村の共産党による文化主導への反旗と石井の既存左翼やリベラル民主主義への決別は、芸術と思想の完全なる自由という点で一致しており、その後の前衛芸術および新左翼へとつながっていく文化的基盤を作る契機となりました。この時点で中村と石井が知己であったかは定かではありませんが、六〇年代初頭より石井は中村に現代思潮社出版物の装幀を依頼しているので、かなり早い時期からお互いを知り認め合っていたのでしょう。

一九六〇年：ターニングポイント

一九六〇年は一般的には「安保の年」として語られます。現代思潮社に関連する知識人たち（吉本隆明、埴谷雄高、谷川雁、松田政男、中村宏、美術評論家の織田達郎）らも「六月行動委員会」として全学連とその直接行動を支持しました。石井は安保直後に『民主主義の神話』（現代思潮社 1960：吉本、谷川、埴谷、梅本克己、森本和夫、黒田寛一）を出版しましたが、そこには敗北の反省というよりむしろ既成政党への決別と新たな運動への指針が意外なほど明るいトーンで語られています。この本は当時も一部の若者たちに熱狂的に迎えられましたが、その後も読み続けられ、一九六六年に新装版が出版され、版を重ねています。

石井は安保よりむしろ、九州での谷川雁の活動に注目していました。谷川は三池闘争敗北後も大正炭鉱で「大正行動隊」を組織して独自の活動を展開しており、その協力組織として伝説的なアナーキスト、山口健二による「後方の会」が一九六一年に東京で立ち上げられました。これには政治思想家や活動家だけではなく、先鋭的な文化人も関わっており、石井のほか、のちの美学校設立の中心的役割を担う川仁宏、今泉省彦も参加しています。安保、三池はともに「大衆運動」「労働運動」の敗北、挫折という文脈で語られがちですが、新たな運動をめざすものたちにとっては、既成の運動の挫折は未来の新たな運動の形へのターニングポイントでありました。

一九六〇年は美術の世界でも集団による活動が活発になった年です。この年だけでも「ネオダダ・オルガナイザーズ」（ダダ的なパフォーマンスなど：赤瀬川原平、篠原有司男、吉村益信ら）、「グループ音楽」（ノイズなどの実験音楽：小杉武久、刀根康尚、塩見允枝子ら）、「VAN映像研究所」（実験映画：足立正生、城之内元晴ら日大芸術学部映研）「犯罪者同盟」（後述：平岡正明、宮原安春、諸富洋治）などが産声をあげました。特にネオダダやグループ音楽らは当時若手美術家の登竜門とされた読売アンデパンダン展（無審査の展覧会）に「殴り込み」をかけ、ゴミを持ち込む、雑音のような音を出す、裸体を露出する、包丁を設置するなどなんでもありの「反芸術」を展開しました。これを読売資本に守られた「ダダッ子」のお遊び、とする見方もありますが、彼らはただ闇雲に破壊していたわけではなく、既成の美術インスティテューションの否定、街頭パフォーマンスなど社会の中に自らを投じていくやり方などは、直接的ではないにしろ、全学連の行動に近いものがあったのではないでしょうか。実際、ネオダダと近しかった芸術家、工藤哲巳は反安保の「新しい日本の会」に参加し、そこで「今やアクションあるのみ！」と宣言したのです。

これらのアーティストの行動を理解し、鼓舞し、その理論的形成の場となったのが川仁宏、今泉省彦編集の美術理論誌『形象』（1958～64）です。今泉は日大芸術学部で中村宏の一年後輩であり、在学中（1953）からの知己でした。川仁は慶応仏文で白井健三郎（現代思潮社の石井とも親しい）の弟子で最初文学を志したが挫折し、一九五〇年代後半頃から中西夏之らアーティストと親しく交際するようになりました。今泉は仲間と『形象』を創刊（1957）、一九六〇年には川仁とともに編集長となり、この雑誌をアマチュア同人誌から最先端の芸術理論誌に変貌させせました。『形象』7号、8号（1962, 1963）には「直接行動の兆し」と題して、ハイレッドセンター結成のきっかけともなった「山手線事件座談会」（中西、高松次郎、赤瀬川原平出席）を企画、掲載しましたが、これは「山手線事件」（中西、高松らが山手線内でオブジェを持ち歩く、紐を引きずる、卵を割るなどハプニングを行った）を検証し、都市での突然不可解な「芸術」行動により、日常の予定調和を攪拌することを提言しました。

これらのグループの中でも特異なものは「犯罪者同盟」です。平岡正明は早稲田露文のブントでしたが、六〇年安保の後「犯罪者同盟」を学友の宮原安春らと立ち上げました。これは「政治、出版、演劇、音楽、風俗にまたがる領域で活動」(4)していた組織で、議会主義に反対して国鉄駅構内に寝転んだり、アーティストと協働してハプニングを行ったりしました。一九六二年犯罪者同盟主宰の演劇イベント「黒く縁取られた薔薇の濡れたくしゃみ」（早稲田大学大隈講堂1962）には今泉の仲介で中西、小杉、高松次郎、小畠広志といったアーティストが参加しています。平岡の才能を認めて、初めてその文章を現代思潮社の雑誌『白夜評論』9月号（1962）に掲載したのは石井で、平岡の処女作『韃靼人宣言』（1964）、それに続く『犯罪あるいは革命に関する諸章』（1967）は、現代思潮社から刊行されました。

このように、一九六〇年の安保、三池の闘争の高揚と敗北を契機として、それまでの左翼、運動、芸術のあり方に強烈なNOを突きつけるグループが出現しました。安保後はこれまで運動史（？）的には「敗北、沈滞」、一般的には池田内閣の「所得倍増」で高度成長への道を開いたというのが「定説」ですが、これらのグループは当時少数派であったにもかかわらず、後年の1968年に至る美術と運動に強い影響を及ぼしました。

自立学校の創立と解体

一九六二年、谷川雁は自立した思想集団をめざして「自立学校」を企画し、これには上述の活動家、思想家、作家らの多くが参加しています。まず谷川と山口健二が自立学校創立呼びかけ文を「後方の会」メンバーに送付し、それに呼応した今泉が「第二の提言」を『形象』6号に掲載、準備集会を経て山口、松田政男、今泉、川仁、平岡正明（犯罪者同盟）らが運営委員となって、その年の九月に自立学校が発足しました。講座は早稲田の寺で開かれましたが、連絡先は西神田にある現代思潮社、石井方となっています。

「自立学校アピール」によれば、これは「矛盾の粋、逆説の華。名づけようのない人間になるための、名づけようのない人間達になった時、とっくに学校でなくなる学校」であり、「そもそも一人の人間が自立する事を教えようとか、教えてもらおうとかは不可能」であると自覚した上で、「それでもそれに力一杯近づこうとする悪戦苦闘が唯一の教科」であるとしています。これは「既成の価値を溜め込んで、精神の領域における独占と帝国主義を何食わぬ顔で強化しようとする奴らを当たるを幸いノックアウトするための、知性のロードワーク、思想のボクシング・ジム」であり、そのための講師として吉本、埴谷、谷川はじめ、秋山清、中村宏、栗田勇、森本和夫等が名を連ねました。加えて臨時講師として「大道香具師、オワイ舟の船頭、飲み屋の女給、すなわち都市下層労働者」を招き、彼らの経験から学ぶとアピール文にはあります。しかし、実際には吉本ら有名人の講義が主で、労働者らによる講義はほとんど行われなかったということです。

自立学校の開校集会の際に中西夏之と小杉武久が臨時講師に立候補し、発煙筒を焚いて駆け回ったのですが、それをめぐって運営委員会で齟齬が生まれました。『形象』8号掲載の「彼等のそれは思想伝達の具たり得るか」（長良棟＝今泉省彦）では、中西の行為が「思想伝達の具」たり得ないと運営委員会で判定した谷川雁らに対しての批判が表明されています。『形象』での中西発言によると

（自立学校というところは）不協和音がぶつかり合うところだから何もって行ってもいいと思ったんだよ。（煙幕で絵の描き方を教えるというのは）これは自分の発言方法だから、自分の仕事でやっている事そっくり出そうと思って。俺は『俺』を持って行くから君は『君』を持って来たらどうかという集合が面白かったから一方の仕方を見せつけたんだけど、そうしたら（思想伝達の）道具であり得ないという判定をね……(5)

谷川雁が下した、ということで、今泉はこの発言を受けて言語表現を媒介とするコミュニケーション自体に疑念を呈しています。今泉は「街角で、扉の陰から不意にひらめき襲う匕首ほど、的確にその意思の伝達を果たすものはないのではないか」とし、「人の不意を襲い、衝撃を与え、しかも殺さぬ方法を指してコミュニケーションと呼ぶことにするならば、イデオローグたちも言語表現から解放される」(6)と書いています。しかしイデオローグとアーティストの溝は深く、この後川仁、今泉、平岡はわずか一ヵ月で実行委員を辞し、自立学校自体が結局「有名講師のファンクラブ」のようになってしまい、講師と自立した生

徒のせめぎ合いは実現せず、学校自体も一九六三年末までには勢いを失い、谷川も学校運営から離れて行きました。

最後まで事務局を運営したのは松田政男と山口健二ですが、松田と山口は一九六三年一二月一三日、ゲバ棒とヘルメットで武装した四三名の自立学校生徒を率いて尾久機関区の動労時限スト支援に赴き、そこでの機動隊との小規模な戦闘を最後に自立学校は消滅しました。松田は自立学校の解体について「おそらく「矛盾の枠、逆説の華」がひしめき合う一点を「構想」という「おしゃべり」の地帯に置いてしまったから」だと書いています。そして生徒たちの被ったヘルメットは方法論議の泥沼に足をすくわれないための「象徴物」である、と(7)。

このように、芸術と政治思想が正面からぶつかり、せめぎ合う場と企画された自立学校ですが、そこでの実験は長くは続かず、谷川、吉本らの政治言語とアーティストの行為、松田らの直接行動の間の相違も明らかになりました。しかしながらその「不協和音のぶつかり合い」はこれで途絶えてしまったのではなく、「具体的物（オブジェ）を媒介にした行動」と「先生と生徒の緊密な関係性」による教育理念は今泉、川仁、石井らによって、のちの美学校に引き継がれたのです。

東京行動戦線、アンモニア事件、べ反委そしてその後

一九六五年、自立学校亡き後、石井は「東京行動戦線」と題するニュースレターを発刊しました。これはポスト六〇年安保の停滞から新たな運動の方法を模索すべく創刊された政治思想紙で、第一号には石井のエッセイとともに穴木照夫（川仁宏筆名）、平岡正明らが寄稿し、後には山口健二、松田政男、内村剛介らも文章を寄せました。この頃西神田にあった現代思潮社事務所は、思想家、活動家、学者、アーティスト、遊び人ほか得体の知れない多士済々が出入りする梁山泊で、足立正生、松山俊太郎、澁澤龍彦等がいつもコイコイに興じ、プライベートフィルムの秘密上映会なども行われていたと、当時編集者だった陶山幾朗が『現代思潮社という閃光』（2012）で述懐しています。この頃出版されたのはロートレアモン「マルドロールの歌」、ロープシン「蒼ざめた馬を見よ」、ブランキ、バタイユ、ローザ・ルクセンブルグらの著作で、特に一九六一年から七三年にかけて刊行された『トロツキー選集』（1961～73）は若者の間でベストセラーとなりました。当時を知る人はこれらのタイトルを見ただけで、特異な現代思潮社ロゴ（赤瀬川原平デザイン）と中西、中村、赤瀬川ら現代美術家による斬新な装幀が目に浮かぶでしょう。当時他にも新左翼、政治思想系の出版社は多数ありましたが、現代思潮社の本はその作家セレクションと装幀の美しさで他社を圧倒しています。

一九六七年、退職した松田政男の代わりに川仁が正式に編集長として入社しました。彼が手がけた出版物は数こそは少ないものの、当時注目を集めた六〇年代後半のアングラ文化を代表するものです。一九六八年には中村宏画集『望遠鏡からの告示』（1968）、唐十郎『腰巻お仙』（1968. 共に両者の初めての著書）、六九年には細江英公が土方巽を撮った暗黒舞踏の記念碑的写真集『鎌鼬』（1969）そして七〇年には赤瀬川の初の著書『オブジェを持った無産者』（1970）および川仁が六八年から手がけていた『稲垣足穂大全』全巻（1968～70）が刊行されました。

一九六四年の東京オリンピックの頃より、権力による都市空間のコントロールは厳しさを増していたのですが、日韓闘争のデモにおいても、警察による囲い込み、学生に対する暴力がエスカレートし、若者の直接行動は未然に圧殺されようとしていました。東京行動戦線および現代思潮社に対する警察の監視も厳しくなっており、一九六五年一一月、日韓闘争デモに向かう途中の松田（当時現代思潮社の編集部在籍）、笹本雅敬（文筆業、アナーキスト）らが現代思潮社社屋前でアンモニア瓶を所持していたかどで逮捕され、この時現代思潮社にも家宅捜査が入りました。松田はこれを機に現代思潮社を退職し、太田竜、山口健二らと「レボルト社」を創設しました。

笹本雅敬はその後、早稲田の学生らとベトナム反戦直接行動委員会を組織し、六七年にはベトナム反戦の直接行動として当時ベトナム向けに自動小銃を製作していた田無の日本特殊金属工業を襲撃しました。これに参加した北海道出身の都立大生、斎藤和（のちの東アジア反日武装戦線「大地の牙」）は「東京行動戦線」を定期購読しており、上京してからも現代思潮社の倉庫係としてアルバイトしたこともありました。また、未成年で日特金の襲撃に参加したMも、裁判後現代思潮社・美学校でアルバイトしており、若くして自殺してしまうのですが、それについては今泉がのちに「美学校通信」に追悼文を寄せています。石井はその後も笹本を何くれとなく世話しており、一九六八年には谷川雁が専務を務める語学会社「テック」に推薦入社させ、「テック闘争」(8)後は一九七三年から営業として現代思潮社に採用しています。

「テック闘争」にはかつての「犯罪者同盟」平岡正明も深く関係していました。彼はその後石井との関係を絶ち、太田竜、竹中労らと「世界窮民革命」を宣言しましたが、日本の戦争犯罪に注目し、『日本人は中国で何をしたか』（1972）「中国人は日本で何をされたか』（1973）を上梓し、ミクロネシアの旧日本兵戦後補償問題やミクロネシア独立運動にも関わるようになりました。これには前述の斎藤和のほか、演劇の「発見の会」、ドキュメンタリー映画の布川徹郎も参加しました。そしてこのアジアにおける戦後補償の問題がのちの東アジア反日武装戦線による日本企業爆破事件（1974～75）につながっていきました。一九七五年の東アジア反日武装戦線逮捕の際、平岡や現代思潮社関係者が黒幕と見なされて捜査を受けたのは、このように六〇年代から続く現代思潮社をめぐる人々の関係性によるものです。

千円札裁判、反戦パフォーマンス

現代思潮社関係者をめぐるもう一つの大きな出来事が赤瀬川原平の「千円札裁判」です。これも美術史の文脈中でのみ語られることが多いのですが、ウィリアム・マロッティUCLA歴史学准教授の近著 *Money, Trains and Guillotines*（2010）で明らかなように、赤瀬川「千円札」は美術作品であることを超え、国家を不安に陥れる可能性を秘めた不穏な「ブツ」であったのです。

千円札裁判とは、赤瀬川原平が一九六三年に個展招待状のため、片面に千円札を単色で印刷した「作品」を製作したことに端を発します。逮捕のきっかけとなったのは犯罪者同盟が発行した本『赤い風船と牝狼の夜』（1963.8）で、これに今泉の仲介で赤瀬川が千円札作品を提供し、その本が猥褻文書として摘発され（これは吉岡康弘の写真が対象）、犯罪者同盟の宮原安春と平岡宅に家宅捜査が入り、その過程で以前赤瀬川の作成した千円札作品が押収されたことによります。これが「通貨及証券偽造取締法」に触れるとして一九六五年赤瀬川は起訴され、今泉、川仁らが「千円札懇談会」を組織し、裁判を全面的に支援しました。

裁判で赤瀬川は「これは芸術である」と無罪を主張し、瀧口修造、ヨシダ・ヨシエ、中原佑介、石子順造ら著名美術評論家、中西、中村、高松らアーティストを弁護人とし、法廷は「現代美術とは何か」を検証する場となり、現代美術作品が証拠品として陳列され、法廷自体がアート・パフォーマンスの様を呈しました。しかしながら赤瀬川やハイレッド・センターはそれまで「反芸術」を標榜し、街頭での名づけようもない行為を通して「日常生活を攪拌」すべく活動してきたのであり、ここで急に「芸術無罪」を主張することは欺瞞的ではないか、という疑問は支援者の中にもあり、懇親会の質疑応答では「芸術表現として殺人を犯した場合、やはり表現の自由を主張し、無罪だというのか」という質問が出たこともありました。今泉は偽名で「スリやカッパライと同断の刑事事件として赤瀬川千円札裁判を考えよ」と読書新聞に投書しました。赤瀬川自身、芸術作品か犯罪かの間にあって、社会状況を転覆しうるような「不穏で無名の何ものか」であった「千円札」が法廷を通して「有名」になり、芸術作品として再び美術界の枠内に回収されてしまうことに対して疑念を持つようになりました。一九七〇年に現代思潮社から刊行された『オブジェを持った無産者』の中で赤瀬川はこれを「芸術裁判」にしてしまったことについて自ら批判しています。

芸術作品が芸術の枠に収まったまま政治や社会にコミットできるのか、その疑問は一九六八年「反戦と解放」展に寄せた赤瀬川のステイトメントに明らかです。「反戦と解放」展は美術批評家針生一郎らの企画によるベトナム反戦支援のための展覧会で、赤瀬川はじめ前衛アーティストやデザイナー百人以上が参加し、作品売り上げを医療品購入費用としてベトナムに送るという趣旨で行われました。赤瀬川は作品（日の丸と星条旗をミックスした「天下泰平旗」）を展示したのですが、同時に『東越南太郎（変名・四二才・学生）の談話』と題した声明も発表しました。そこでは「メンソレとバンソコ送るくらいだったら、血の出るようなことやったらどや」「足元見て考えたら他にやることいっぱいある」と関西弁で揶揄するような調子で「平和の国から戦場の国へ手を差し伸べる」チャリティの偽善性と「美術活動による反戦イメージの表象」という枠内での運動の有効性を否定しています(9)。ちなみにこれ以前、一九六五年に「ベトナム人民義勇軍」が計画され、前述の笹本と松田もこれに参加すべく旅券の申請をしたことがあります。実現はせず、その有効性に疑問はありますが、当時日本国内にも「血の出るようなこと」をしようとした人たちはいたし、実際佐藤首相の南ベトナム訪問を阻止しようとして命を落とした学生もいました。

美術界でもこのような「チャリティ」ではなく、街頭で反ベトナム戦争のパフォーマンスや由比忠之進追悼パフォーマンスを行ったクロハタ、ゼロ次元、糸井寛二のようなアーティスト(10)もいました。クロハタの松田カクはその時に本気で自らも抗議の焼身自殺をするつもりで、必死で止めたとゼロ次元の加藤は述懐しています。糸井は「殺すな」と大書した衣装を着て街頭を歩くパフォーマンスも仙台で実行しています。赤瀬川は一九六八年頃から杉並区の「救援」（友人の松田哲夫の母が救援活動をしていた関係）を通して政治活動で獄中にある学生や労働者に「娑婆留闘社：獄送激画通信」を送付するという活動も行っていました。

現代思潮社・美学校の設立

一九六八年、石井は川仁、中村に美学校構想を告げ、美学校創設に向けて動き始めました。一九六八〜六九年は言うまでもなく全共闘運動が高揚した年代ですが、石井ら六〇年安保組は全共闘運動に対してシンパシーは持つものの、世代の相違もあり、非常に冷めた眼で早い時期からその終焉を見通していました。むしろ石井が興味を持ったのは、闘争の末に大学からも社会からも疎外された若者たちに何らかの場を提供することと、政治闘争の後にどのような形でその思想と実践を継承していけるかということでした。川仁と同じく早い段階で美学校構想を石井から相談された中村宏はこう語っています。

はじめはね、石井さんは美学校を単なる美術の学校だけではなく、思想の運動体として考えていたんじゃないかな。運動と思想が議論され、実践されていく実験の場としてね。（一九六九年以降）一つの反体制としての思想、社会状況などが、がたがたになりましてね。ずーっと奈落の底に落ちていくような時でしたね。そういう時代状況を考えながら、石井さんという人は非常に勘のいい方ですから、こういう時にむしろ芸術・美術を政治性とは対をなすものとしてとらえ、あえてもう一回、先端のモダニズムという形のものではなく、内的な、内側にこもって踏みとどまるものを考え直そうとしたと思います(11)。

石井はまた、この構想について「大風呂敷を広げれば、ルネッサンスを目指した」と言っています。ルネッサンスは透視法や遠近法を用いた絵画を通して「視点」を変えることによって「世の中がどう見えるか」を変革し、それが社会の変革そのものにつながっていきました。石井はそれを美学校での様々な実験を通して実現したかったのでしょう。

一九六九年二月、美学校は「手技」の重視と「先生と生徒の緊密で緊張感を持った関係」を理念とし、中村宏と中西夏之のアトリエクラス（各生徒一五人）をもって発足しました。中村のクラスには全共闘の学生らもいたといいます。一九七〇年からは「美術演習」として赤瀬川原平、九州派の菊畑茂久馬、諏訪在住の日本概念派の松澤宥らが教鞭をとり、技術工房（木刻、細密画、シルクスクリーン、銅版画、デザインなど）も開講し、午前中の講義クラスは埴谷、澁澤龍彦、土方巽、唐十郎、秋山清、松山俊太郎ら前衛アーティスト、思想家、作家らが担当しました。

この「自立学校」を美術に置き換えたような学校は、開校当初は当時学生運動に疲れ始めた若者たちから熱烈な支持を受けました。ここでいう「手技」とは単に技術の習得ではなく、物と対峙し、手を動かすことによって身体で感じ、学ぶことでした。一九七〇年に美学校を訪問した美術評論家、岡田隆彦は「（手技の重視は）バウハウスの予備過程が想起されるが、美学校の教場の雰囲気はむしろ、ウィリアム・モリスの主宰した『アーツ・アンド・クラフト・ムーヴメント』のことを思い起こさせる」と指摘し、そこにモリスがめざした「労働における喜びの表現としての芸術」による現実社会の改革と同様な「倫理観」を読み取りました。

美学校の講座のカリキュラムは各先生（アーティスト）に一任されていました。中西夏之の「肖像画」ドローイングのクラスはそのありふれた名称からは思いもよらないもので、まず「顔」は何か、というところから始まりました。そのために「内的感触」を通して「顔」の定義から始まるということで、生徒はお互いの口の中に指を突っ込み、その感触をもう一方の手で描くという演習を行いました。また、「描写する」ということを意識的に行うために二人の腕を縛り、片目を塞ぎ、二人で一つの手、二つの目にしてドローイングを行うという演習もあります。どちらも美術を志す人にはすでに自明のこととされる「肖像」や「見ること」「描くこと」をもう一度白紙の状態から見直すことが目的です。

これは一見美術の枠内のことにすぎないように見えますが、「何をどう見るか」を問い直すことは石井の「ルネッサンスを目指す」と同様、社会を、世界をどう見るかということに通じます。また、これは形骸化した「美術教育」の「自己否定」でもあります。西欧一辺倒の「美術」（これも明治維新で作られた造語です）教育ではギリシャ彫刻が「人間の美の基準」とされ、それに全く疑問を持つことなく百年近くそのような教育が行われてきました。一九六八年の学園紛争では芸術系大学（特に日大芸術学部と多摩美術大学）でも教育内容への疑問が提示されましたが、結局ほぼ学生側の敗北に終わり、どの美術大学でも明治以来のやり方は変わりませんでした。

中村宏の「絵画」クラスでもこれまでの「石膏デッサン」の方法論は否定されました。デッサンの「定説」は「全体を大きく摑み、それから細部へ」なのですが、中村クラスでは「いきなり細部から」を強要されます。それも硬い（4H）鉛筆の芯を4センチ以上露出させ、先を尖らせたものでツルツルのケント紙に描かせるのですが、力を入れると鉛筆が折れてしまう、力を入れないと硬い鉛筆は何の痕跡も残さないので、生徒は一つ一つの線に非常に集中することになります。役者の佐野史郎は中村クラスの生徒だったのですが、「中村先生は本当に怖かった。方法を勝手に変えるのは許されなかった。でもその中で細部を細心の注意を払い、突き詰めていくことで何かがつかめる。それは役者になってから理解できた」と言っています(12)。この「徒弟制度」に近い先生の方法論の強制は一見封建的に見えますが、中村「不審の「自己批判」」によれば「自由絵画なんて言っても、結局それは本当の自由ではない。自由は強制された枠を自ら破って初めて獲得できる」ものです(13)。なので、先生のメソドロジーの強制によって潰されてしまう生徒の「個性」などはたかが知れているということで、川仁は「生徒の個性が見られない」という批評家に対して「一五人の中西と一五人の中村ができればいいんだ」と嘯きました。

菊畑クラスでは山本作兵衛の「炭鉱画」を油絵で200号キャンヴァスに共同制作で模写させました。山本作品は今でこそ「ユネスコ世界文化遺産」となり、大切に保管されていますが、当時山本作品を高く評価したのは上野英信ほか数人に過ぎませんでした。菊畑は上野に私淑し、山本を知り、その稚拙とも言える絵画に「描くこと」の真髄を見ます。生徒もよくそれに応え、協力して一年間で九枚の200号絵画を仕上げました。アトリエは一年間、年中開放してあり、菊畑によれば「アトリエには誰もいなくてもみんな一礼してから入ってきた。デモ帰りで水浸しのヘルメット姿で来た学生もいた。ゲバ棒を絵筆に持ち替えて、五十年以上前の炭鉱夫の労働を真面目に模写していた」(14)そうです。完成の折には山本を九州から呼び、みんなで「ゴットン節」を歌いました。

赤瀬川のクラスは「絵・文字」としてレタリングを学びましたが、これも「職業訓練」としてのレタリングではなく、新聞の見出しをそのまま模写して「文字が印刷された途端に権威を帯びるのはなぜか」を考えるものでした。一つの演習は「千円札を見ないで描いてみる」で、これは誰も意外なほど描けません（試してみてください）。これは千円札をコピーして逮捕された赤瀬川ならではの演習ですが、これによって「私たちは何を見ているのか、見ていないのか」「何をどう記憶しているのか、していないのか」「紙幣とは何か？」を考えさせられます。

松澤宥の「最終美術思考」のクラスは風変わりな美学校の中でもとりわけ毛色の変わったものでした。一九七〇年当時まだほとんど知られていなかった「概念芸術」（いわゆる芸術作品らしきものではなく、概念自体を作品とする。文字で書かれることが多い）を標榜した松澤は、生徒に一切の美術作品を作ることを禁じました。クラスでは毎週一つのテーマについて考え、発表するということが行われました。このクラスは「手技」とは全く関係なく、むしろ「言語」による表現なのですが、一人の生徒は「大学闘争の中で政治言語によるコミュニケーションの不可能性に絶望したのだが、新たな、別の言語の可能性を追求したく、このクラスを希望した」と書いています。

現代思潮社・美学校の終焉

このようなこれまでの美術教育とは全く違った実験は成功したのでしょうか？　結論から言えば、石井の目論見は簡単には実現せず、美術教育による思想運動を創るには至りませんでした。それは美学校の力不足というよりは、時代の潮流が美学校の理想とは正反対の方向に流れていったからです。一九七三〜七四年を境に、学生の政治離れと、サブカルチャーの台頭で、重厚かつ政治的な本は売れなくなり、現代思潮社は経済的苦境に陥りました。川仁は一九七三年頃現代思潮社を辞職し、米国に短期滞在した後パフォーマンス・アートに転じました。現代思潮社は一九七五年に美学校の経営から手を引き、これで「現代思潮社・美学校」としての美術教育は終わりを告げました。石井は「あれはもともと二、三年もてばいいと思っていた」とのちに語っていました[15]が、それはあながち負け惜しみだけではなく、「奈落の底になだれ込んでいくような」流れに抗ってオルタナティブの可能性を示すのは二、三年が限界だと悟っていたのでしょう。

美学校は現代思潮社が離れた後も今泉のリーダーシップのもと継続しましたが、一九八〇年には松澤、中村、小畠ら初期の先生も離れ、八六年には赤瀬川教場も最後となり、設立当初からの理念からは徐々に離れて行きました。現在も「美学校」を名乗る学校は存在しますが、その教育方針はオリジナルのそれとは似ても似つかないものです。

4　結語：何が「政治的」なのか
——名づけようもないものたちが創る歴史

以上駆け足で現代思潮社・美学校について、主に六〇年代の政治と美術の関係性を中心にした歴史を辿ってみました。ここで明らかなのは、美術と政治の不可分性です。一般的にいわゆる「政治的」とされる美術は一九五〇年代の社会問題をテーマにしたルポルタージュ絵画、社会主義リアリズム絵画などで、左翼のドグマをそのまま絵に移し替え、拳を振り上げる労働者、権力に立ち向かう民衆などを類型的に描いたものであり、それは美術界からは一段低いものと見なされ、メインストリームの「現代美術」とは区別（差別）されています。たとえば、五〇年代から二つのアンデパンダン（非審査）展が上野の都美術館で毎年開催されていたのですが、「日本アンデパンダン」（日本美術会＝日本共産党系主催）は「政治的」で「読売アンデパンダン」（読売新聞社主催）は「非政治的」であるかのように見なされがちです（実際には両方に出品していた作家も多い）。しかしながら、これまで述べてきたように、「読売」で暴れまくった若者たちの「ハプニング」は時代の政治思想との直接行動に呼応したものであり、日常生活を攪拌し、それによって既存の社会体制に切り込むという意味で極めて「革命的」で「政治的」であったのです。しかし、それが一般にはわかりにくい（これまでの常識では定義できない――名づけようもないこと――それ自体が政治的なのだが）表現であったことから、美術史家はこれを海外のネオダダ、ハプニングに対照させるだけでよしとし、その日本社会や政治思想との関連を精査することを避けてきました。

皮肉なことにその点に注目し、六〇年代の政治を美術の面から見直したのはウィリアム・マロッティはじめ海外の日本学者たちです。マロッティはジャック・ランシエールを引用しながら、いわゆる「政治的」組織の運動ではない、その場の思いつきに見える奇矯な行為、日常から逸脱し、犯罪に抵触するかもしれない小さな集団による「ハプニング（偶発的な出来事、または行為芸術）」が優れて政治的な意味を持ち、社会変革に有効性を持ちうると論じています(16)。

現代思潮社をめぐる数々の政治集団やアーティスト集団はこれまで「異端」とされ、歴史の大筋からは外れたものとして軽視されてきました。およそ十年前に私が「現代思潮社・美学校」研究を始めた時も、多くの美術関係者から「あんなマイナーなことを……」と冷笑されました。戦後美術の主流は「具体」から「もの派」への歴史であり、それらの作品が美術館に収蔵され、「正史」とされています。この十年で六〇年代の「反芸術」や「アングラ」文化は、ニューヨーク近代美術館での「東京 1955-1970」展（MoMA 2012）をはじめ、渋谷区松濤美術館での「ハイレッド・センター：『直接行動』の軌跡」展（2014）などで再評価されつつありますが、彼らの活動とともにあった「現代思潮社」「犯罪者同盟」や「自立学校」「東京行動戦線」は歴史的評価はおろか、その存在さえもが忘れられかけられています。

しかしながら、六〇年代を通底し、１９６８年の全共闘運動に影響を与えたのは、一握りのイデオローグや大きな政党政治の動きではなく、これらの小集団や個人による、これまでの枠を超える自由への希求、「名づけようのない人間になるための」数々の試みではなかったのではないでしょうか。彼らの行為は鳥瞰的な視点からは歴史上の大事件の陰に隠れた、取るに足らない小断片にすぎないかもしれないが、ここで語られた数々は、決して単なる断片ではない。その個々の断片が積み重なり、つながり、鳥瞰図からは見ることのできない時代のうねりを作り、地下水脈となって現在に続いているのです。

追記

これは今（2019年8月12日）香港で書いています。今日は昨夜の警察の暴行（若い女性がゴム弾を顔面に浴びて片目を失明、その他にも催涙ガス銃の水平撃ち、逮捕時の過剰な暴力など）を受けて、国際空港オキュパイが呼びかけられ、今後の動きが全く予断できない状況です。こちらには「一九六〇年代末の社会動乱と美術、美術教育の関係」について、主に一九六七年香港動乱とその後の「創建実験学院」の調査、研究に来たのですが、「反中送」の運動を目の当たりにして、これと現在の美術との関係調査の方にシフトしています。日本では「中国対デモクラシー」のように単純化されて伝えられているように見えるこの運動も、内部では非常に複雑なものがあり、香港在住の人々の立場も一様ではなく、貧富の差、人種差別、家事労働者、住宅問題、学問の自由、言語、文化アイデンティティの問題など様々な面での差異やコンフリクトがあります。現在はできる限り違う立場の人たちの話を聞いたり、一九六七年の動乱と現在の比較調査などをしています。ここに書いた「現代思潮社・美学校」とはもちろん時代背景は違うのですが、「動乱の後の（美術）教育」ということは現在の香港でも考えている人はたくさんいます。ただ本当に明日どうなるかわからない状態ですので、未来を語るのは非常に難しいです。

その上こちらにきてから、私も参加しているあいちトリエンナーレの中の企画展「表現の不自由展」が検閲のため中止になるというニュースが入り、そちらへの対応と世界のフェミニスト、アーティストによるプロテストのプロジェクト「『表現の不自由像になってみる』」も始めています。

https://www.koreatimes.co.kr/www/nation/2019/08/356_273705.html

あいちの検閲に対する日本のアート界、アーティストのほとんどの対応は実に悲惨なもので、だんまりを決め込むか、実行委員会に責任転嫁、内部事情への批判や愚痴などに終始し、明らかな敵である権力による検閲への追及はありません。日本のアート界の「政治嫌悪」は依然としてあり、「政治的なアートはクオリティが低く、ああいうものと一緒にして欲しくない、あのようなものは迷惑」と言わんばかりです。私が展示したのはもう二五年以上前の「天皇」のイメージへの検閲に対するプロテストとしての作品なのですが、多くの右翼が作品も見ず、文脈も理解せず、ただ「不敬」ということで脅迫めいたメールやツイッターを私の取り扱い画廊に送って来ているそうです。私はほとんどSNSをしませんし精神衛生上良くないので転送されたものにも目を通していませんが、ごく最近ではTVで「不敬なものは公的な場所でなくても公開するな」などとコメントする人もいるようで、それに大多数の国民が賛同しているのかと思うとうすら寒くなります。香港の方が却って安全かもしれません。

そういうことで、今回の拙稿もちゃんとした学術的な論文にすることができず、掲載に間に合いませんと編集の皆様に泣きを入れたのですが、エッセイ的なものでもいいということでご容赦いただきました。権力による検閲や暴力が非常に堂々と行われるようになった世界状況で、抵抗の歴史を構築していくことはますます必要だと思います。

注

（1）千葉市美術館「１９６８年　激動の時代の芸術」
http://www.ccma-net.jp/exhibition_end/2018/0919/0919.html
国立歴史民俗博物館「「１９６８年」無数の問いの噴出の時代」
https://www.rekihaku.ac.jp/outline/press/p171011/index.html

（2）こちらのブログに様々な反論がまとめてある。
http://haigujin.hatenablog.com/entry/20100202/1265120742

（3）中村宏（2003）「不審の「自己批判」」『絵画者』美術出版社 13.（再録）

（4）黒ダライ児（2010）『肉体のアナーキズム』グラムブックス 153.

（5）中西夏之（1963）「直接行動者の報告」『形象』8: 8.

（6）今泉省彦（1963）「彼らのそれは思想伝達の具になりえるか?-」『形象』8: 35-6.

（7）松田政男（1969）『テロルの回路』三一書房 238.

（8）「テック闘争」（1971）とは九州を離れ、自立学校も閉鎖し、一切の執筆活動を停止して東京の語学会社「テック」に専務として入社した谷川雁が、そこで組合と対立し、石井の推薦で入社した平岡正明と彼を支援するべ反委関係の若者たちと敵対した事件である。これには前述の斎藤のほか、現在世界的に高名なキュレーターの一人である北川フラムも平岡支援で参加している。「べ反委」も「テック闘争」もいまだに謎の部分が多く、関係者の多くが早世したこともあり、全体像はなかなか摑みにくい。ただ、彼らに共通するものは、現代思潮社をめぐる人間関係とその直接行動である。

（9）「１９６８年　激動の時代の芸術」（2018）展覧会カタログ、千葉市美術館：82.

（10）一九六〇年代末より一九七〇年代にかけて街頭で反戦、反万博パフォーマンスを行っていた一群のアーティスト、詳しくは黒ダライ児『肉体のアナーキズム』を参照。

（11）著者による中村宏インタビュー、２０１０年7月24日

（12）佐野によるトーク、於：アッコバルー・ギャラリー、２０１４年4月25日

（13）著者による中村宏インタビュー、２０１２年12月10日

（14）著者による菊畑茂久馬インタビュー、２０１２年12月5日

（15）著者による石井恭二インタビュー、２０１０年12月15日

（16）ウィリアム・マロッティ（2018）「代々木から一駅はなれて」「１９６８年　激動の時代の芸術」展覧会カタログエッセイ、千葉市美術館：25.

【特集「1968」を編みなおす】

拒否する女のテクストを過剰に読むこと——古屋能子の八月沖縄闘争

阿部小涼

1 「思い上がりも甚だしい」

一九六八年に「沖縄闘争」の語を意識的に、定義的に用いた者のひとりとして新崎盛暉の名を挙げることができる。その新崎が回顧録として執筆した『私の沖縄現代史』は、施政権返還とベトナム戦争で沸騰する沖縄の闘争の季節が、現在の問題意識とシンクロするように活字化された著書である（新崎 2018）(1)。その文章のなかで新崎が、めずらしく語気を強めて批判したのが、一九六八年八月嘉手納基地第一ゲートにおける古屋能子の逮捕をめぐる顚末だった。

私は、この行動が「沖縄人民のいかなる部分とも連帯することなく、またおそらくは連帯の可能性すら求めようとしないで行われた行動であった」と批判している。

これに対して当事者である新宿べ平連の古屋能子が、私の記述は「事実と違っている」と、『世界』一二月号への投稿で反論している。…［中略］…それは、私が現場の記者や関係者から聞いた事実の裏側にある知り得なかった情報を含んでおり、彼女たちの行動の正当性を主張する弁明にはなり得ているが、私の記述が事実と違っていたわけではない。さらにその末尾にある「沖縄の人たちがあの闘いを尊敬し、感謝している」などという記述は、思い上がりも甚だしい自画自賛である。（新崎 2014: 81; 新崎 2018: 194-5）

古屋の反論から五〇年後になお、自分は間違っていないと主張するに留めず、新崎は、現在の立ち位置から、当時の古屋の記述を「思い上がりも甚だしい自画自賛」と断定した。

これは闘う女が引き起こすトラブルを刻印した希有のモメントである。本論文は、トラブルを起こす女のテクストとして、古屋を過剰に読むことにより、これを相応しく位置づける試みである(2)。

古屋能子（ふるやよしこ 1920. 7. 29 ~ 1983. 10. 15）は、山梨県北巨摩郡長坂の地主である住職の家に生まれ育った。敗戦直後の一時期は共産党に党籍をおいたが、離党後に神山茂夫らの「日本のこえ」に参加した。「ベトナムに平和を！市民連合」［以下、ベ平連と略記］には、結成約半年後の一九六五年一〇月ごろから、毎月第一土曜日の定例デモの常連となり（古屋 1984：巻末年譜）、一九六六年の共産主義労働者党には結党の準備会議から参加した。一九六八年五月に自ら新宿ベ平連の旗揚げ人の一人となり、本論文で詳述する八月沖縄闘争に加わった。その後も、沖縄に関わり続け、翌一九六九年再びの渡航制限撤廃闘争、全軍労スト支援カンパ送金、富村順一裁判闘争、CTS建設反対闘争の支援に奔走した。このほか、三里塚闘争、北朝鮮訪問団への参加、「日本はこれでいいのか市民連合」など、数多くの市民運動に関わった人物である。その文筆活動は没後刊行された単著に所収されたもの以外にも、運動界隈の機関紙誌やミニコミ誌に多数残されており、なおかつ多数のフライヤーに呼びかけ人、賛同署名者、そして連絡宛先として記録されている。職業については、一九六九年に本人が書いた履歴書によれば、一九五六年から六三年まで日本標準テスト研究会答案採点、一九六一年から「森田書店、麦書房、日本評論社、春秋社などの校正」を行っていた（相原・古屋文書：ID16354）。最晩年には吉武輝子『女人吉屋信子』（文藝春秋社 1982）の校正者であったことがわかっている（古屋 1984 付録：1）。東京・神田の左翼専門書を扱うウニタ書舗が発行した小冊子『時刻表』では編集人として沖縄特集を編んでいたことも確認できる（『時刻表 Kursbuch』No.9-11, 1973~74）。彼女の活動の足跡は夫・古屋千有（筆名・相原文夫）(3) の記録とともに、ジャーナリスト高沢皓司を介してハワイ大学図書館に寄贈され、相原・古屋文書として所蔵公開されている (4)。ベ平連に参加した女性論客や書き手たちは少なくないにもかかわらず、彼女たちを含めた省察は稀で、振り返られる機会が限られている。相原・古屋文書はそうした状況に投企すべき重要な記録であることは言を俟たない。

2　一九六八年八月沖縄闘争と古屋能子

一九六八年八月、グローバルには、ヴェトナム戦争という苛烈な状況のなかに沖縄が位置づけられていたわけだが、加えて、チェコスロバキアでプラハの春に介入するソ連軍の軍事侵攻の報道が、左翼界隈の人びとに衝撃を与えることになる。

沖縄では、いわゆる「復帰運動」の盛り上がりに連動しながら一九六八年八月一四日から一五日に「被爆二三周年原水爆禁止世界大会・沖縄国際会議」が開催された。同月すでに行われていた北部訓練場の大規模な対ゲリラ演習「シルバー・ダガー」が米軍の苛烈さを充分に示していた（國吉永啓「北部でゲリラ大作戦」『沖縄タイムス』1968. 8. 15. 8面）。だがメースB配備、B52の事実上の常駐化は、広島・長崎の過去を同時代の沖縄における米軍の核配備強化と絡めて思考するよう人びとを促したのだった。いっぽうで、この沖縄初の世界大会は、共産党系と分裂した社会党・総評系の原水爆禁止運動組織を日本から受け入れる態勢づくりの要請を意味した。核汚染の根拠として相次いだコバルト60の検出、具志川の奇形カエルの発見などの報告も、「原潜汚染の海水採取や、検査結果を競いあい、他方の行動に非難を加えていた」（福木 1968: 151）とレポートされた。ほどなく迎える行政主席・立法院議員選挙で革新共闘を路線とした沖縄原水協は、連帯や統一の困難さのなかにあった。

選挙に絡んでは、米軍施政権のあからさまな介入が問題化した。アンガー高等弁務官が米人商業会議所例会で開陳した「基地が縮小、ないし撤廃された場合、琉球の経済はたちどころに昔のイモとキビだけの、はだしの経済に帰るだろう」という、いわゆるイモハダシ論が革新政党からの怒りの反論を引き出していた（『沖縄タイムス』1968. 8. 17 1面）。

世界と日本の新左翼趨勢に重なりつつも共約不可能な文脈、分母を異にする諸条件が複雑に絡み合う状況が、沖縄には堆積していた。「復帰」の闘争性が、政党の選挙戦略と日本系列化に巻き取られるなか、そのような自己決定性に乏しい施政権返還のあり方には厳しい批判と深い疑問の声が充満していく。

八月沖縄闘争

その充満を、運動のスタイルとして表現したのが、渡航制限撤廃闘争だった。一九六七年一〇月八日佐藤総理大臣の南ヴェトナム訪問に抗議する羽田闘争で逮捕されたことを理由として九州大学生の与那原恵永が国費学生身分を打ち切られる処分を受けた。彼を支援する「与那原君不当処分撤回連絡会議（与那原君を守る会）」が結成され、六八年三月一〇日那覇に入港したおとひめ丸船上で広島、九州から四名の帰沖学生がパスポート提示の拒否を敢行したこと（渡名喜 1969: 336-49; 相原・古屋文書：16807）は、ヴェトナム反戦が、米軍の沖縄支配と日本の共犯関係による擬制的国境を審問に付す直接行動に結びついたものだった。沖縄闘争学生委員会の萌芽と、渡航制限撤廃闘争・渡航手続き拒否闘争という運動スタイルの出現がここに確認できる。同年七月一五日には、愛知県豊田市市議の渡久地政司が、羽田空港で検疫と税関通過に応じた上で、入国手続き（証明書の提示）を拒否するという行動を単独で公然と行っている。日本人であることを示しさえすれば、潜在主権によって国内であるはずの沖縄を自由に出入域することは基本的人権だ、との考えの正当性を裏づける前例となった（渡久地 1968b）。

沖縄闘争学生委員会の準備に向けた始動は、カラフルなヘルメットに象徴される組織単位で取り組む行動とは、別のアプローチを目指そうとし、東京という圏域において広がりを持ちつつ次の展開、すなわち「八月沖縄闘争」と命名された実行委員会による闘争の具体化に向かっていった。その広がる波紋のなかに、ベ平連が名を連ねた。

一九六八年のこの年、日本のベ平連が本格的に沖縄に向き合う[5]。四月二八日の沖縄返還デーの機会に来沖したベ平連の金井佳子、小中陽太郎、室謙治らが那覇の街頭で「沖縄アピール」の米国新聞掲載を呼びかけ、高石友也、中川五郎のフォークシンガーらも合流して、街頭カンパを実施した。さらに、五月二日、嘉手納基地第一ゲートで座り込みを行い、武装米兵と衝突するに至った。嘉手納基地のなかでも警備が厳戒な第一ゲートを座り込みの場所に決定したことは、沖縄の運動組織の緊張を押し上げていた。予告的に前日に報道された新聞紙面から、原水協は学生の独走を警戒しつつ共闘したことがわかる（『沖縄タイムス』1968. 5. 1）。沖縄で初めてのベ平連行動を実行するべく、琉球大学、沖縄大学の学生、原水協に連絡し共闘を取り付けた経緯は、新劇俳優で非暴力反戦行動に関わってきた金井佳子によって詳述されている（金井：968a, 1968b）。

古屋能子は、一九六七年の大晦日から六八年元旦に、新宿駅頭で「ベトナムに平和の船を、ベトナムに医薬品を」とカンパ署名を集めるスタンディングを単独で開始する（『統一』1968. 1. 15. 2面）。これが一九六八年五月一九日に旗揚げされる新宿ベ平連の原点となった。沖縄から五月嘉手納第一ゲート前の熱気を東京に持ち帰った金井らが、沖縄闘争学生委員会の結成準備に接点をもつに至るのと併行していた(6)。金井は、沖縄闘争とベ平連の共闘を新たな胎動として報告しており、八月沖縄闘争が計画されたのは、この盛り上がりを踏まえてのことだった（金井 1968a）。新宿ベ平連はまさにこのとき結成されたのであり（「新宿ベ平連結成」『統一』1968. 5. 13. 4面）、古屋らはその大波に飛び込んだ。

八月沖縄闘争の動きは、七月二三日の日付を持つ「沖縄闘争学生委員会」の創出を記した準備パンフレット（相原・古屋文書：16807; 新崎編 1969: 346-7）など表面に現れにくい学生組織の討議資料だけではなく、別の場所でも確認できるものだ。それが、一九六八年八月一一日から一三日にかけて「反戦と変革」を掲げて開催されたベ平連主催の京都国際会議［以下、京都会議と略記］である。会議二日目に議題報告者のいいだももが、七〇年安保闘争の基軸として沖縄を論じ八月沖縄闘争に言及した後、討議者としてベトナム反戦学生連絡会議（ベ反学連）の五味正彦(7)が「八月沖縄闘争実行委員会」としてその計画を紹介し、八月一六日の嘉手納正面ゲート前闘争と渡航制限撤廃闘争を組むことを公言した（小田・鶴見編 1968: 115-29）(8)。ベ平連は『ベ平連ニュース』（1968. 7. 1. 7面）でも沖縄の原水禁大会に参加すべく沖縄渡航の手続きを呼びかけており、それは身元引受人欄に仲吉良新・沖縄原水禁理事長の名を書くよう示唆するものだった。連帯構築の経緯は明白で、新崎が「事実の裏側にある知り得なかった情報」と強弁するのは無理がある。あるいは、新崎は当時のセクショナリズムを背景とした「我関せず」の態度を採ったということだったのだろう。

古屋の釈放拒否とその挫折

こうして行動は、原水爆禁止世界大会の翌日、参加者を広く呼び込むように計画され、一九六八年八月一六日、嘉手納第一ゲートで座り込みをした抗議者たち二七名が米空軍警察隊によって逮捕された。地元紙である『沖縄タイムス』と『琉球新報』の両紙は、これを「事件」として大きく採り上げ、連日報道した。有無を言わさぬ米空軍警察の暴力性は、「武装した米軍AP隊の実力行使で嘉手納空軍基地第一ゲート前は騒然となり女性学生の悲鳴の中で団体旗がひきちぎられ、逮捕者がつぎつぎとムリヤリにトラックに乗せられ基地内に運び去られた」「抗議団の中からは『助けてくれ』『話し合うから責任者を出せ』など女性の悲鳴も聞こえたが、問答無用とばかりにつぎつぎと引きずり出した。米軍は学生の両足をつかんで逆さにし身体を押しつけたり、三人が一人の首や手足を取り押さえたり一時は騒然となった」（『沖縄タイムス』1968. 8. 16. 夕刊3面）などの記事表現に露わである。

米軍警察による逮捕だったこと、本土の人間の逮捕だったこと、被逮捕者が二七人という多数に上ったことなど、事件の衝撃は大きかった。逮捕された場所は施設区域内とはいえゲート詰所付近で、普段はタクシー運転手などの立ち入りを黙認してきた場所だったこと、米軍憲兵隊の逮捕後、民事を管轄する琉球警察コザ署に身柄が渡され、そこでも勾留と取り調べが続いたことは、人身保護をめぐる国家権力のグレーな境界を露わにするものだった。この前例のない逮捕勾留事件に、政党各派は抗議声明を発し、琉球新報は社説で抗議した。日本政府は「問題にならない」と沈静化を図るが、潜在主権下の沖縄に許可を得て入域している日本本土者らが布令違反に問われ拘束された場合の起訴という法論の問題に発展しつつあった(9)。

被逮捕者たちが米軍から琉球警察コザ署に移送されると、社会党・総評系の原水禁組織は、住所氏名を供述し組織に身許を任せることで釈放・不起訴に持ち込もうと、ボス交渉した。社会党で弁護士の宮良覚才と、沖縄原水協理事長の仲吉良新が、表だってこれらを采配した。無論、原水禁世界大会の関連行動として統制し暴走を牽制する意図があった。そのプロセスは、べ平連の当事者、なかでも年長者として代表を自認した古屋の頭越しに行われた。呉越とまで言わずとも寄せ集めの行動を、統制せんとする組織の論理は、べ平連の精神に背く。古屋は条件つき釈放を拒否した。だが、黙秘権の行使貫徹を目指したのが古屋ただ一人となり、それゆえに全員の釈放が叶わないのだとの圧力を、社会党・原水協から受け、古屋の意思は挫かれる。古屋が氏名を明らかにした後、一六日の深夜、二七名はコザ署から釈放された。

ところが、翌一七日、検察庁による取り調べの判断が下されるよりも前に、米民政府が二七人に退島命令を出したことで、事態は収束するどころか、非民主的な米軍支配の抑圧性をいっそう浮き彫りにした。本土原水禁側の被逮捕者たちは、米民政府に抗議を行った上で一九日の鹿児島港行きおとひめ丸で日本本土に帰ることを決定したが、べ平連はあくまで退島命令への拒否を示すべく四名が残留を主張した。異例の退島命令に、法務局出入管理庁と宮良弁護士とが協議し、米民政府の了解の下に滞在延期がなし崩し的に許可された（『沖縄タイムス』1968. 8. 20. 7面）。べ平連はこれを、根拠なき恣意的な退島命令を空洞化したと評価した。

ところで、琉球新報は起訴猶予を発表した際に那覇地検が「二十七人のうち二十五人が学生で、学生たちの将来も考えて住所氏名を公表することは控える」（『琉球新報』1968.8.19.夕刊3面）と発言したことを報道しながらなお、起訴猶予後から未成年も含むべ平連の参加者らの実名と年齢を、一人の女性学生を除いて、報道で明らかにしている。

渡航制限撤廃闘争の端緒となった学生・与那原恵永の処分問題は、沖縄から日本に国費留学した学生たちの立場を寒からしめるものだったのであり、渡航制限との闘いは、渡航手続きの拒否、日本入域時に渡航証明書の提示を拒否する羽田（渡久地）方式、抗議の意思表明を行うに留めるなど、個々の背負うリスクを考量した多様な方法・戦術を含みながら、沖縄出身学生の運動への関わり方の決意を迫るような重圧のなかで実践されていた。そのようなくびきを逃れ得ていると考えて、自ら名乗ることで沖縄への連帯を表明したいと望んだ本土出身学生の選択もあっただろう。氏名を公にする理由もしない理由も参加者の側にはあった。そうした多様な広がりを包括して「渡航制限撤廃闘争」と呼ばれていた。

逮捕の背景や釈放までの交渉経緯まで詳細に報じるいっぽうで、琉球新報とは異なり、実名報道を忌避したように見える沖縄タイムスその他の報道にしばしば登場するのが「べ平連の学生、主婦ら」だ。「主婦」とはただ一人、古屋能子のことを名指している。釈放後になると、「べ平連の古屋能子さんら二十七人（未成年六人）」などの表記に変化する。学生、未成年者に対する配慮が行き届いたものと推察でき、年長者である古屋の名を代表として曝すことによって学生たちを守ろうとする意図も働いただろう。ただし原水協では、経過とともに明らかになっていく二七人の詳細を、「二十七人中、正規の原水禁大会本土代表者は七人でべ平連会員九人、学生その他が十一人」（『沖縄タイムス』1968.8.19.7面）と発表し、本土原水禁参加者については、代表であった高橋正久以外は一切氏名は報道されなかった。実名を報道された古屋こそは、コザ署内に勾留中、ボス交渉による釈放に条件づけられた住所氏名を言うことを拒否し、ひとり黙秘の貫徹を望み、まさにトラブルを引き起こしていた人だったという皮肉には、特に関心が寄せられた様子はない。

おとひめ丸のピストン闘争

二本立てだった行動計画は、波乱含みのうちに「嘉手納基地ゲート行動」から「渡航制限撤廃闘争」のフェイズに移行する。当初はひめゆり丸の帰港時に晴海埠頭で実行すべく準備されていた渡航制限撤廃闘争だった。だが唐突な米民政府の退島命令によって、古屋らべ平連を含む被逮捕者たちは鹿児島港行きおとひめ丸に乗船することになった。「ハプニング」と言うべき点があるとすれば、それは嘉手納での逮捕ではなく、一・五往復したおとひめ丸の入域手続き拒否行動のほうだろう。渡航制限撤廃闘争は、こうしておとひめ丸とひめゆり丸の両方で、同時多発的に敢行されることになったのである(10)。

被逮捕者のうち古屋たちベ平連は、おとひめ丸船内の協議によって一名の女性学生が別のベ平連学生と交代したうえで、五名で入域手続きの「完全拒否」に臨む。鹿児島港には急遽支援に入ったベ平連事務局長の吉川勇一と弁護士の角南俊輔らの陸上からの支援と連携があった。下船を許されない彼らを乗せたまま、船は再び沖縄に向かって出港した。この「ピストン闘争」を那覇港で迎えたのは、抗議の残留を敢行し、おとひめ丸闘争への合流を待つベ平連四名と、台風のため出港を二一日に延期していたひめゆり丸に乗る、沖闘委ら渡航制限撤廃実行部隊だった。再び鹿児島港に向かったおとひめ丸では、船内で共感した学生一名が加わり一〇名が入域手続きを拒否し、実力上陸した。いっぽうひめゆり丸は晴海埠頭でパスポートを焼き、一般乗客による荷札を使った抗議示威、埠頭に集結したデモ隊を巻き込みつつ、一七人が入域手続き拒否を敢行、実力上陸を果たした。「八月沖縄闘争」とはこのような全容だった。

3　ジャーナル報道問題と薄められるおとひめ丸行動の意義

本土メディアの論調

県内外の新聞のほか、早い段階で二七人逮捕について詳報したのが『朝日ジャーナル』誌9月1日号（1968. 9. 1）だった。朝日新聞那覇支局の井川一久記者による、「二七人逮捕事件は、きわめて奇妙な事件だった。奇妙な――というのは、この事件が沖縄の反戦・復帰運動に直接つながるものでありながら、あらゆる意味で沖縄住民の意思とは無関係に演出されたからだ」との冷淡な評価に始まる記事である（井川 1968）。ベ平連の京都会議を踏まえた座談会とルポを特集した同誌のその同じ号に、それとは切り離して沖縄での二七人の逮捕事件だけを切り取り、その京都会議でも公表されていた「八月沖縄闘争委員会」の名称も、逮捕の後に連動した渡航制限撤廃闘争についても一切の言及がないという意味で、それは奇妙さの際立つルポだった。

被逮捕者については「ベ平連新宿支部の創設者といわれる」との形容によって古屋能子を実名で書いた以外は「大半はベ平連会員だが、学生の大部分（神戸大など）はフロント系の学生運動家でもあるらしい」とニュアンスを含ませてプロファイルした。「古屋さんら九人は観光ビザで入域した。残り四人の女子学生にいたっては…［中略］…ここでベ平連会員と知合って、古屋さんたちの宿舎に泊まり、翌朝タクシーで嘉手納へ同行、あれよあれよという間に逮捕されたようだ」「茶番」「必要以上におびえている」「道化」「ベ平連の体質」などの語に、井川が彼らに注いだ視線は露わだろう。加えて、「現地の声」として古屋らを厳しく批判する論調を、仲吉良新・沖縄原水協理事長や、沖縄ベ平連の発言として紹介する記事は、彼らの難しい連帯に亀裂を助長せんとする意図を読み込まれても不思議ではない。

沸騰した当時の状況を説明する役割を果たした別のテクスト

は、同年一〇月号の『世界』沖縄特集号である。同誌の福木詮のルポは、沖縄がおかれた状況（への本土的な無理解）、本土原水禁の分裂などを、首尾よく総体として説明することのほうに主眼がおかれていた。「戦わずに早く退去することを約束した無条件降伏」「不徹底な戦い」「不徹底な入域手続き拒否闘争」などの語で、福木は左翼活動家同士の対立、それも本土から持ち込まれたそれが、沖縄という政治空間で空転したものとして描いた。それは、ちょうど併行していた興南高校の高校野球大会での快進撃の過程を「沖縄県民の一種の自信回復の精神革命」とまで書いたことと対比的であったし、まもなく村長選挙を迎える嘉手納村に暮らす「兄妹たちの切実さ」との対比も、きわめて効果的な表現となっていた（福木 1968）。

新崎盛暉は、一九六八年八月一一日、早稲田大学の学生団体「沖縄学生稲門会」が主催したティーチイン「われら何をなすべきか――復帰運動の新たなる展開を期して」に出席発言するため来沖していた（新崎 1968a: 204; 吉原編 1968）。本論の冒頭で紹介した新崎の記述は、福木と同じ『世界』一〇月号に掲載した自身のルポからの引用によっている。新崎は先行した五月二日の行動について「沖縄原水協や琉大反戦学生会議などの部分的支持と参加をえており、沖縄側の運動とも一応のつながりを保っていた」と評しつつ、「八月一六日に同じ場所で行われた行動は、ほとんど沖縄側の運動とは切れていた」と断定した。「もっとも、この行動に参加していた人びとの多くは、五月二日の場合と同じように、カービン銃の台尻で道路の向う側に追い払われる程度で、逮捕されるとは予想していなかった」と推量し、「APに包囲され、手荒くトラックに引きずりあげられるときには『助けてくれ』と悲鳴をあげる者もいた、と一部始終を目撃していた人は話している」と書いた。

二七人のうち四人は退島命令に異議を申立てたものの一九日になって、旅費や船便の都合を口実にした政治的主張のまったくない滞在延期の嘆願書を米民政府に提出した。おまけに、この嘆願の模様を伝えた新聞記事が正確でないとして新聞社に抗議する一幕もあったが、この記事を書いた新聞記者は逮捕された人びとの無条件釈放を要求してコザ署前にすわり込んでいた一人であったために「権力の前ではビクビクしながら、ブル新呼ばわりは片腹痛い」と憤慨するという付録までついた。

いずれにせよこの行動は、嘉手納村民やコザ市民はおろか、沖縄人民のいかなる部分とも連帯することなく、またおそらくは連帯の可能性すら求めようとしないで行われた行動であった。（新崎 1968a: 206-7）

退去命令後も残留した「ベ平連の男女会員（三人は学生）」が、「退去拒否によって渡航制限に抗議するつもりだったようだが、同庁幹部と話合ううちに心細くなったためか、同庁のすすめで『二十一日まで滞在したい』という政治的主張の全くない嘆願書を米民政府に出し、その場で許可された」（『朝日新聞』東京版 1968. 8. 20. 2面）と報道したのは、前出の朝日新聞那覇支局の井川記者の記名記事だが、新崎が言及した新聞記事とはこの一件を指すと思われる。那覇支局発の記事、さらに『朝日ジャーナル』の記事に含まれた揶揄的な調子を写し取って反復した新崎の論調は、この井川報道をなぞる内容であった。

主流の、とは言い過ぎかもしれないが、本土市民運動界隈で流通するメディアの論調が、このようにして形成された。本土から派遣され沖縄を熟知する立場から、本土の沖縄闘争関与に対して、沖縄の声を代弁して冷水を浴びせる、そのような奇妙な論調の既定路線化といえようか(11)。

おとひめ丸行動の希薄化

『世界』と同じ一九六八年一〇月号の『思想の科学』には、ひめゆり丸のほうの渡航制限撤廃闘争に参加した柳九平の記録が掲載されていた。柳は、鹿児島と那覇を往復したおとひめ丸の「渡久地方式」の全面勝利の情報、「ダンコトビコメ」など、べ平連からの入電により叱咤激励されていた事実を明らかにしている（柳 1968b: 62-3）。

八月沖縄闘争にその萌芽を見た沖縄闘争学生委員会のフレームから、ひめゆり丸の闘争当事者としてこの事態を観察した渡名喜明は、新崎盛暉を編者として刊行された『ドキュメント沖縄闘争』（1969）に参加し、闘争時の文書を資料として記録に残した。在本土沖縄学生の困難として、現実に沖縄と本土の闘いの交流を阻害する「渡航制限」を突破していく闘いを自ら組織し、「連帯とは何か、沖闘委はつねに身をもってそれに答えることを要求されている」との切実さがそこには表現されていた（渡名喜 1969: 339. 傍点原文）(12)。

ヴェトナム反戦と沖縄の復帰闘争との二つを批判的に接続し、一連の行動として行うことに意義を見いだした本土在住沖縄学生を評価する立場から、五月に続く嘉手納ゲートでの逮捕やおとひめ丸での行動を、べ平連の独走や突発主義で解釈するのは無理があろう。だが、多くの評論は、沖縄出身学生らの呼びかけによるひめゆり丸の晴海埠頭での渡航制限撤廃闘争に注目すべきと、読者を促すように書いた。これと対比して、古屋は完全黙秘を貫こうとして左翼組織から激しく叱責され、べ平連はジャーナリストから「沖縄との連帯なき突発的で迷惑な」「興南高校の勝利のほうに注目の座を奪われたという残念な」行動だとフレーミングされた。ひめゆり丸に先んじた、そしてひめゆり丸を鼓舞した、おとひめ丸の行動は、どこか薄められたようになってしまった。

4　報告する女のテクスト

異論渦巻く『べ平連ニュース』の報告

いっぽう、べ平連と古屋の周囲では、どのような議論が展開していただろうか。

京都会議の直後に発行された『べ平連ニュース』（1968. 9. 1号）では、国際会議という一大イベントを報告する吉岡忍の会議報告でさえ、沖縄闘争への反省的視点をにじませた。さらに、3頁を割いて三者による沖縄闘争報告を掲載したが、その紙面はいかにもべ平連らしいというべき、異論の渦巻く主戦場のひとつとして立ち現れている。

唯一の被逮捕当事者としてペンを取った古屋は、嘉手納第一ゲートの逮捕に至るまでを、詳細に報告している（古屋1968a）。京都会議から闘争資金を得た説明責任が問われていただろう、それに応える内容といってよい。事前の戦術に関する調整会議、連絡・連携の失敗、二転三転した座り込みゲートの変更など詳細に及んだ（この文章は、約一一年の後に、新川明の依頼によって『新沖縄文学』に寄稿された文章にも収められることになった。古屋 1979）。コザ署移送までで与えられた紙幅が尽きたのか、それ以後、おとひめ丸での渡航制限撤廃闘争については「また次の機会に書きたい」として文章を閉じた[13]。

柳九平はひめゆり丸のほうの当事者であるが、古屋の記した嘉手納での逮捕以後の経過について時系列の整理をしつつ、三つの反省点を列挙した。それは第一に沖縄における米民政府権力の壁、第二に「沖縄人民の闘いとの連帯が主体的に創出し得なかったこと（沖縄人民との意思疎通を欠き、未熟で雑多な寄せ集めの運動主体、不統一と孤立無援の無力さ）」、そして第三に「インポの一塊と化した」既成組織をのり越えられなかった「ぶざまさ」だという。「もともとぶっこわれた胃袋でなんでもこなす〝べ平連パワー〟も、沖縄で歯が立たなかった」と結論した（柳 1968a）。べ平連らしく率直で溌剌とした言葉遣いのまとめに好感が持てるように思われる。だが敵手の男性セクシュアリティを貶める語法は、それに屈したみずからの「ぶざま」を語るには効果的だろうが、当事者である古屋としてはいったいこれをどう読めばよいというのだろう。

報道写真家・栗原達夫のエッセイは、第三者の「もっと毅然としていてほしかった」「単なるヒロイズムに酔っているよう」との批判的な声を拾い集めたものだった。一九日の船に乗る「一人の女性」と「地元の記者」との間に噛み合わない対話があったことを、その記者の側から見たエピソードとして書き添え、「私もカメラを通して、少しでも沖縄のことを訴えたいと思って沖縄に来ている人間として、その断層がやりきれなかった」と述懐した。「現地の人たちから〝スタンド・プレー〟とか〝捨てゼリフを残して〟と言われるような遊離した素地がなかったといえるだろうか」と疑問を投げかけている（栗原 1968）[14]。

さらに時期に遅れるが、『べ平連ニュース』1月1日号（1969. 1. 1）に五味正彦の批判が掲載されている。五味は「べ反学連」の肩書きで京都会議に参加し、八月沖縄闘争実行委員会として闘争への呼びかけを行ったその人だが、一九六九年を迎えるべく回顧総括する文章のなかで、ひめゆり丸の闘争に高い評価を与えるのとは対照的に、嘉手納第一ゲート逮捕については、直接行動に不慣れな「本土べ平連系の市民・学生」は「沖縄の力強い闘いにおぶさりながら、沖縄の運動にショックを与えようなどという甘えがはたしてなかったといえるだろうか」（五味 1969）と厳しく批判した。

『統一』紙上の報告と反論の角度、未完の記録

もう一つの論戦場となったのは、べ平連の主要な論客たちが参加していた共産主義労働者党の機関紙『統一』である。一九六八年九月、まず「本土原水禁」で被逮捕当事者を代表した高橋正久が、「われわれは決しておびえてもいなかったし、態度もアイマイではなかった」と『朝日ジャーナル』を批判した。

> われわれは、あくまでも米軍支配の不当性を追求し、逮捕をはじめ、退島命令を認めないことを明らかにし、今後のあらたな闘いの重要な契機を作ったことを確認した。にもかかわらず、今回の闘いを現地において、より強力に闘いえなかったことの、われわれの限界性を認めて、われわれの意思として十九日、二十一名は本土に帰ることを声明し、抗議集会を持って沖縄をあとにした。
>
> 　沖縄における短い期間の、強く深い体験を得たわれわれは、沖縄本土を結ぶ新しい闘いの連帯を強める契機を、この一週間の闘いにおいてかちとった。それは何によりも沖縄の現実、この現実をとおしての、祖国復帰であり、三選挙であり、基地撤去である、ことの認識であった。（高橋 1968）

「われわれ」を主語とする猛々しい主張は、しかし、原水協の妥協的方針の射程に、選挙が捉えられていたことへの理解を促す意図があり、それこそが戦闘性からの乖離だと読む者には空しく響くだろう。

　高橋の文章に続く翌週から2号連載で、古屋は曝露するように彼女の眼で見た事実を切開した（古屋 1968b, 1968c）。その内容は、時系列的には『べ平連ニュース』の続報と位置づけられる。つまり、コザ署移送から検察庁での取り調べ、突如の米軍による退去命令までを詳述するものだった。だが、その表現は『朝日ジャーナル』記事に対し、高橋正久とは別の角度を持って反論する内容と読むことができる。そのような反射角によって、高橋を批判する意図が明らかな文章でもあった(15)。すなわち、嘉手納ゲートに至るまでの代表者会議で戦術確認に齟齬があり、朝令暮改のうちに、集合時間とゲートが混乱した背景に加えて、コザ署の黙秘権行使はボス交渉による条件つき釈放の強要によって挫かれた事実などが、赤裸々に述懐された。孤立無援のなかで、ついに彼女は黙秘を断念し氏名を明らかにする。

> 取調官はその手を無理矢理に引っぱって氏名の下に指印を押させました。わたしは流れおちる涙をふきもせずに、その部屋にいた十数人の捜査官に、何故に基地内にすわりこんだのかを説明し、朱にそまった手を示して、わたしのような者までが手をよごさなければ、沖縄が自分たちのものにならないのかと、つよく訴えました。かれらは黙ってわたしの言うこ

とを聞き、そのなかの一人、ふたりの目が涙で光っているのを見ました。そして申しあわせたように、しっかり運動を進めてくれと言いました。

一〇時三〇分をすぎたころでしょうか。わたしたち全員が署を出されたのです。そのとき、沖闘委のTさんとMさん、沖べ平連のTさん、Kさん、学生二、三人の人が、「古屋さん、でてきたの。いままでの一部の情報だと、二十六人は釈放されるけれど、古屋さん一人ががんばっているので残されるという情報だったので、差入れその他の準備をしていたんだよ」と言われました。

わたしの張りつめていた気持ちは歩くこともできないほど、くずれおちるのを感じました。

琉球大学の若い学生たちは、かたい団結の姿勢をしめして、わたしたちをむかえてくれました。わたしは肉声で学生の前で謝辞を一言のべましたが、学生たちがこちらに向けてよこした強い言葉によって、すべてかき消されました。そして、原水禁さしまわしのバスにおしりを押されて、つきとばされるように詰めこまれました。（古屋 1968b）

関係した人びとがイニシャルで多数登場するのは、困難のなかにもあった交友・交歓の記録を裏づけ、既存メディアを通じた分断戦略に抗する意味を持つだろう。古屋らを批判したと報じられた人びとは、救援に奔走してくれた人びとだった。さらに古屋の記述の随所には、米兵、警察、入管ふくめた当局側の人間の言外の共感と協力が存在したことを記録しようとする意図も垣間見える。


もう夜も更けて十二時すぎていましたでしょうか。折しも、明大のN君が〝来た〟と言いながら一枚の紙切れを持ってとびこんで来ました。——米民政府の〈退去命令〉だったのです。

事態は急転しました。なにもかも根底からひっくりかえるとともに、いっさいの茶番劇も、あらゆる道化も、そのみにくさも白日のもとにさらすこととなったのです。みじめをとどめたのは琉球政府権力のカイライ性でした。だが、カイライ性がばくろされたからといって満足していてよいものでしょうか。琉球政府とそれを権力者とする琉球警察と司法権力が、カイライだとするならば、それを相手に〝朗報〟とか称して取引きを専一とした人びとや、さらに〝政治性〟を旗じるしとしてみずから茶番のなかにひきこまれ、わたしたちべ平連メンバーを〝はねあがり〟とか〝突発行動〟とかいって非難した人びと、こうした下劣な〈政治〉の世界に生きて何々の幹部とか指導者とかみずからも他人からも見なされたいと躍起になっている人びと、すべてこうした人は、カイライにも劣るピエロだったのでしょうか。

そうしたことを踏まえると、この巨大な権力とたたかうにはどうすればよいのか。沖縄の政府や裁判を頭上高くとびこえて、わたしたち一般人民の上にふりかかり、意思如何にかかわらず拘束してしまう権力、わたしたちはこの沖縄の数日、これをともすれば見のがしていたのではないでしょうか。もっともいちじるしくその弊におちていたのは、取引きの人びとであり、わたしたちもまたその罪の一翼をになっていたのではないでしょうか。とともに、この権力とどうたたかうかという問題をわたしたちに投げかけて。（古屋 1968c）

茶番を演じたのは誰か、道化とは誰だったのか。自分に向かって投げつけられた言葉を拾い集めて、批判の刃を差し向けるべき先は権力だろうと訴えて反論する文章だった。記述はこの後一七日深夜の状況を概説し、唐突に途切れるように閉じられる。ところで、古屋らは、この前後と思われる時期に、九月二五日を締切日とする「原稿依頼」を行っている。

原稿依頼

この度、沖縄闘争実行委員会（名称の八月はトルことになりました）により、この八月の真実の記録を、歴史的証言を、文集に作成することに決まりました。

何よりも、この八月に行動した一人ひとりに、書いていただきたいと思います。

原稿締切日　9月25日

原稿枚数　自由

内容　この八月沖縄闘争のなかにあって、あなたじしんが、一番心に触れたもの、叫びたいもの、書きたいものを書いて下さい。ただし、行動の事実経過の紹介や、理論的意義付け等は必要ありません。心の内部を率直に書いて下さい。沖縄とのかかわりのなかを。

原稿送り先　東京都新宿区西大久保 2-206

古屋能子

（編集担当　知念、日比谷、藤原、古屋）

（相原・古屋文書：13744; 60135）

こうして呼びかけられた原稿が、実際に集まり、文集として実現したのかどうか、管見の限りで明らかではない。だが、古屋は、当事者の率直な記述、記録を必要とし、それら証言によってこそ、状況を覆したいと望んでいたのではないか。その機会を、古屋は「沖縄闘争実行委員会」の名前で切開しようとしていた事実を、この小さな史料が今日に伝えている。

べ平連論客たちによる評価

いっぽう、べ平連の論客たちが行った評価についてもいくつか確認しておきたい。

たとえば、先だった五月行動の当事者であった小中陽太郎による評価は重要だが、それは『婦人民主新聞』紙上で行われた。小中はこの時期、同紙で「私たちの安保」という連載欄を担当しており、その九回、一〇回の機会を得て八月の嘉手納ゲート逮捕と渡航制限撤廃闘争に言及し、一連の報道が事実と違うことを訴えた。つまり基地と知らずに逮捕されたかのような報道だったが、重要なのは「基地を認めるかどうかということであり、デモ隊は、それを認めなかった」と、高く評価し、あらゆる弾圧を受けることによって制度の無効性を暴く非暴力不服従運動のテーマを帯びているのだと解説するものだった。ただし「考え方が犠牲主義になってはいけない」「強行上陸だけが唯一の目的ではなかった」とした上で、「沖縄、鹿児島でもっとも勇敢にたたかったのは、一人の主婦だったことを付け加えて、今後のたたかいへの基本姿勢をあらためて考えなおしてみたい」と閉じられる文章である（小中 1968a, 1968b）。

京都会議はその年の一一月には詳細な発言録『反戦と変革』（1968）が出版された。ここには事後に行われた座談会（『朝日ジャーナル』1968. 9. 1 掲載のそれとは異なる）が収録されており、参加者は一二名、田守順子以外はすべて男性が占めた。座談会において沖縄闘争の話題は主軸のひとつだった。那覇と鹿児島で直接支援に携わった高橋武智、吉川勇一が事実関係の補足も行い、べ平連としての反省に言及しつつも、「ジャーナル」すなわち『朝日ジャーナル』記事の誤謬を改めようとする意趣が確認できる(16)。個人原理に基づくラディカルな直接行動を賞賛しつつ、非組織市民の寄り合いが招く「ハプニング性」を態勢がどう支えうるのか、などが焦点だった（小田・鶴見編 1968: 301-21）。

武藤一羊は、激しいラディカルな行動が、温和なレベルの運動を触発する関係にあることの事例として、古屋を採り上げる。

武藤　とにかくその学生はどういうきっかけで古屋のおばさんのところへ手紙を出したかというと、『週刊新潮』を読んでなんだね（笑い）。

鶴見（俊）　それは面白いねェ。（小田・鶴見編 1968: 309）

武藤が「極端にゆがめられた誹謗記事」として決して承服したわけではないその記事は、「『おとひめ丸』のべ平連主婦――平和運動が起す波乱の周囲」（『週刊新潮』Vol. 13, No. 36, 1968. 9. 7: 24）という古屋を取材した写真付きの記事で、闘争の事実のほかに翻訳家の夫や浪人と高校生の息子が、運動に協力的であるというような家族的な背景を強調し、彼女の「主婦」性に拘泥したものだ。その記事を読んで「ぼくたちも何かやりたい」と古屋に手紙を出したという高校生のエピソードを紹介し、「それは古屋さんが沖縄であのようなラディカルな行動をやったからなんだね」と、運動の裾野を掘り起こす触発性を肯定的に捉えた。

座談会は逮捕と渡航制限撤廃闘争の当事者である古屋を抜きに行われたのだが、肯定的解釈さえ本人不在で、不在であることすら忘れられて、行われているように見える。こうしたときの肯定的な評価にありがちなのは、べ平連らしさとしての古屋の「主婦」的存在感に評価が横滑りしていく様子だろう。古屋のラディカルな行動が、どのように歪めて伝えられたのか、その結果何を引き起こしたのか、という視点は不在のままだ。

5　反論する女のテクスト

連帯はあった、何はともあれ

先に見た通り、古屋が八月沖縄闘争について書いて公表したものは『べ平連ニュース』と『統一』で、それぞれ時間を切り分けながら継続された報告書として読める。それはまた、既存の大手メディアが行った誤りを正し解釈を修正する作業と並行して行われていた(17)。

このような流れの先に、『世界』一二月号に掲載されたのが、新崎に向けた古屋能子の反論である。それは、依頼原稿でも寄稿でもない「編集者への手紙」欄への投書というかたちで実現した。投書欄の慣例に従ったのだろうか、氏名の横に括弧書きで「東京・主婦・四六歳」と付されたその投書は、「私は新崎盛暉氏が本誌一〇月号で『復帰運動とその周辺』と題して八月一六日の嘉手納基地での不当逮捕事件について述べておられることが、事実と違っていることを指摘しておきたいと思います」で始まる（古屋 1968d: 164）。以下にその論点をなす部分を切り出して引用してみる。

私もその中のひとりとして参加した八月沖縄闘争実行委員会は、七月の初旬に発足し、何回か会議を重ねました。渡航制限撤廃闘争およびB52撤去・基地撤去闘争が当面の運動方針でした。嘉手納基地での坐り込みも、その中の一連の行動の一環として決定されていました。この方針の遂行のために、実行委のうち何人かは、七月下旬または八月初旬に本土を出発、沖縄側との連絡にあたったり、七月下旬沖縄原水協A氏が上京し、その時にもこの方針についての十分な連絡がとられ、共闘を確認し合ったのです。（古屋 1968d: 164-5）

「運動とは何ら関係のないところにおきた事件」のように見えたのかも知れませんが、沖縄で闘っている学生・労働者との連帯なしに、沖縄で一発主義的な闘いをしようとは考えもしなかったのです。（古屋 1968d: 165）

逮捕された時「助けて」と叫んだのが、なにか笑止の沙汰とみられているようですが、あの一瞬どんな言葉もサディストには通じなかったでしょう。暴行を加えられ、身体をねじまげられてトラックに放りあげられた女性にとって、この言葉が反射的に出てきたとしても、それが責められなければならないのでしょうか。（古屋 1968d: 165）

警察署から出て（無条件釈放ということでした）原水禁差廻しのバスにのったのは事実です。そのおり、私が琉大・沖大反戦会議、沖縄べ平連、沖闘委の人たちと共に総括集会に行く気配をみせたとき「バカヤロー!!　まだぐずぐずしているのか」とどなられ、バスの中で突きとばされたのも事実です。（古屋 1968d: 166）

それ以前に書かれた肉声のこもる臨場感に溢れた文章と比較しても、ごく淡々とした事実確認と、問いかける形式を借りた事実上の抗議と訂正要求に徹した筆致は、新崎の文章に対して執筆された反論のテクストである。具体的に事実を示し、他者からの評価の声を紹介することで自身の主張を裏づけるのは、ルポルタージュを執筆する新崎も用いた手法であり、これを手法として反復することで反論は構成されている。その上で、焦点化したのは、(1)時間をかけて準備計画された行動で、沖縄との連帯は確かに存在したこと、(2)条件付き釈放という県原水協―本土原水禁間の妥結を強要されたこと、これらに加えて、(3)現場で「助けて」と叫んだことを嘲笑するルポを反復強調した文章への抗議があることを見逃してはならない。彼女の反論は、そのように読まれなければならないものだ。

連帯はあった。その事実経過を確認した後、古屋の文章は、五〇年後になっても「思い上がり」との激烈な批判を招いた後半部分へと続く。

私はこん度の沖縄闘争や鹿児島までのピストン往復、そして渡航手続拒否闘争が全部成功をおさめたとは思っていません。多くの敗北や痛恨事もありました。

鹿児島で下船を許されず、沖縄まで送り返され、再度鹿児島で身分証明書を提示せずに上陸した時には、成功したように思えたものです。これにより渡航制限に法的根拠がないことも証明されました。そしてその翌日晴海埠頭で同じ闘いがおこなわれ、さらにこの闘いが前進されたのです。

だが、静かに上陸させてくれるまで何度でも沖縄と鹿児島を往復していれば、もっと強く主張できたのではなかったでしょうか。

先月のこと、日本社会党大会に出席した社会党沖縄の委員長宮良覚才氏（米軍の退島命令にたいする異議申立の時のべ平連四人の弁護人）に会ったとき、私が「べ平連の行動はあの時突発事件ということで、沖縄との連帯に悪影響があったのでは……?」と聞いたとき、宮良氏は「あなたは、新聞記者と同じ質問をされるのですか」と答えられ、私が沖縄にマイナスの影響があったのではと、こだわっているのに対し、同氏は「沖縄は闘わなければだめなのです。あれを上回った行動と闘いを何回もくり返して始めて沖縄に解放のみちがひらかれるのです」と言われました。

また、私たちより一週間ばかり後に沖縄から帰ってきたJ子さんは、私たちの闘いの反響打診のため民家を調査して、あれが成功だったという結論に達し、沖縄の人たちがあの闘いを尊敬し、感謝していると伝えてくれました。

何はともあれ、沖縄の闘いは沖縄自身のものであり、私自身のものなのです。（古屋 1968d: 166）

古屋は、認識に関わる文章の主語に「私」を用いることに拘泥している。そこには運動組織の総括報告書に散見される「われわれ」という主語の根拠なき無謬性の押しつけを避ける意図があっただろう。連帯の不在を指弾する言葉が沖縄闘争の主体を奪い合うとき、敢えてそれは「私自身のもの」でもあると締めくくる、その一歩手前で、「何はともあれ」という語で、古屋が包み込んでしまった残余のものとは何だっただろうか。

校閲の過程で差し引かれた痕跡を読む

古屋能子は、多数の手書き草稿を記録として残した。そこには『世界』の編集者への手紙の原案、草稿となった複数のヴァージョンが確認できる。彼女が委託校閲を職業としたのであれば、なおのこと、それらの草稿から、じっさいに公刊された文章までの間に入った校閲の筆跡は、きわめて興味深いものであった。

まず、嘲笑的に言及された、「助けてくれ」と悲鳴を上げたとのエピソードについて「笑止の沙汰のように書くが」と怒りを隠さない古屋だが、草稿のなかで、この声の主は「少女」と書いていた。おそらく行動を共にして逮捕された女性の大学生の身に起こった事態だったことを推測させる。古屋はあえてその主語を削除して発表したことになる。いっぽうトラックに逆しまに投げ込まれた者は当初「婦人」と書かれていたが、じっさいの投稿までに、「女性」という言葉に書き換えられた。コザ署前で解放された直後、古屋が原水禁さしまわしのバスに強引に回収された経緯からは、『統一』紙に書いた「おしりを押されて」の語、すなわち彼女自身の身体が受けた出来事にかかる言葉が差し控えられていた。セクシュアリティをめぐる語の慎重な選択と推敲という、古屋の戦略が、『世界』宛て原稿にはあったということが指摘できるだろう。

米兵、機動隊から受けた暴力の恐怖については、率直な言葉がならび、「権力の前ではビクビクしながら」という非難に対して、それはまさに恐怖の体験なのだと認識することの重要性を応答しているように見える。さらに、草稿のなかでは繰り返し、自分の敗北ということが言われていた。「私の平和運動に嘘の部分があった」「本土を発つ前にすでに弁護士を選任していったこと」も間違いだった、「私は何度でも、だまって静かに上陸させてくれるまで、何回でも沖縄と鹿児島を往復すればよかったのだ」など数多くの逡巡する表現のほとんどは削除されて投稿された。それらはすべて、事態を突き放し対象化した文章表記には不要のものとして、校閲されたのだと読むことができる（相原・古屋文書：14999）。

自ら投稿する意思によって開いた三度目のテクストで古屋は、ほかの誰もなさなかった反論、すなわち女性当事者の声の鎮圧に抗して、その回復を目指すささやかな意図を持って行ったのだと、その痕跡を読みたいと思う。しかし、後の評価を大きく書き換えることには、おそらくならなかった。先に述べた通り、一九六八年八月行動は、運動史における意義を高く評価される沖闘委への視線の、その出発点として歴史に刻まれたが、それによって割り引かれたのは、古屋たちの逮捕とおとひめ丸行動だった。

「お尻をけとばされた」

古屋は、なおも書き続ける。

一九七一年四月、東京タワーをジャックした富村順一の裁判闘争を支援する集会で要請された講演録が、山形大学新聞に掲載されている（古屋 1971）。このとき古屋が聴衆に向けて自分と沖縄の接点を説明するために再び持ち出したのが、一九六八年の八月沖縄闘争の経験だった。党派組織の論理で黙秘を貫徹できなかった自身の弱さのこと、沖縄で求めた学生たちとの連帯の困難、これらは『統一』紙の記事を反復するように行われている。また、新崎への反論では差し控えられた「おしりを押されて」の語は、運動組織の一員に「お尻をけとばされた」との表現になって再び出現する。時を経て、その当時には書き切れなかった状況が差し込まれていく。六八年八月一五日神原小校庭の原水禁世界大会で予定されていたべ平連の挨拶は、代表者の小田実ではないとの理由でキャンセルされたこと、コザ署で釈放時に語ろうとしたマイクは「むしりとられた」ことなど、見落としそうだが重要な事実が、ここでは公言されていた。

女性の尻を蹴る行為は、「性的に貶めるつもりはなかった」という言い逃れを、やった側に許すが、やられた側は明確に性差別を感知して苦汁を飲まされるという行為の典型といえる。それは年少者を折檻する形式であり、上位から下位の者への権力関係を知らしめる。発言の機会を封じられた経験と、それは折り重なっているだけに、なおさら耐えがたい。古屋が時間をおいても、忍び込ませることを忘れなかった「お尻をけとばされた」の意味について、声を奪われた経験について、過剰に読み込みたいと思うのはそのような理由からだ。

多数残された嘉手納闘争の草稿には、公表の有無が不明の原稿もある。内容によって分類を試みるならば、その一つは無論、公表の機会を失ったままの詳細にわたる、おとひめ丸渡航制限撤廃闘争記だろう（相原・古屋文書：14994）。二つめに、個々の草稿に詳述されつつも差し引かれて行ったのは、参加者たちの記録、なかでも女性たちのプロフィールである（相原・古屋文書：14995）。嘉手納第一ゲートで逮捕された者のうち、べ平連と特定されている者たちが九名いた。このうち古屋以外の女性のべ平連参加者二名と、べ平連に共感して参加した女性三名について、草稿には一人ひとりの名前や背景、なかには自民党代議士を家族に持つがゆえの難しさを抱えた者もあり、なぜ沖縄闘争に参加するに至ったのか語り合ったこと、それぞれが、闘争の過程でなすべき闘いを闘ったことが記録されていた。

『朝日ジャーナル』の侮蔑的な視線への、それは抵抗であっただろう。それだけではない。那覇で検察庁が会見時に語った「学生の将来性」という射程に女性たちは収まっていただろうか。琉球新報の実名報道によって、あるいは沖縄闘争への主体的関わりを前景化したいと自ら氏名を公表した学生参加者たちのなかに、女性の名前は立ち上がっていたか。埋没し振り返られることがない女性学生たちのことを、古屋は自ら盾となりつつ、いつか公にできる機会を望んだのではないか。

彼女自身に起こったことについてはどうか。尻を蹴とばされたこと、マイクをむしり取られたこと、小田ではないからと挨拶の機会を失ったことを、時と場を選んで語った古屋だが、六八年八月一九日、米民政府への抗議の際、同行の運動仲間から「肩を押しやられ」交渉の部屋に入るのを封じられた、その「憤激と焦燥、嫌悪と懐疑」（相原・古屋文書：14997）について書き残している。だが、声の機会を奪い、身体を抑えつけ、力によって交渉の場から排除された事態は、管見の限り公表されず草稿に留められた。

そして、権力からの「主婦」という執拗な呼びかけがあった。

こうしてわたしは、沖縄検察庁で四五～六才の検事のまえに立たされ、あの愚劣きわまる調書を作成されたのです。

「本籍は」。――これは黙秘でした。

「住所・氏名は」――「昨日の取調べで、おわかりではありませんか。」

「家族は」「本籍は」――これも黙秘。

「職業は、主婦だろう。」

「そんな職業は、ございません」とわたしは、そういう口調で答えるよりほかに有効な方法はないと考えました。

「しかし、主婦だろう。」

「主婦とは、どういう職業でございましょうか。」

「夫はあるだろう。」と検事。

「あるでしょうよ。」

「では、主婦だ。」「子どもがあるだろう。」と検事。

「ございます。」

「やはり、主婦だ。」と検事。

「妻であり、母でございますよ」と言うと、

「それが主婦だ」と言う。

「さようでございますか」とわたしは、ずっと切口上でかえしてきましたが、こうした愚劣な〝主婦〟論議が、こんな程度につづいたのでありました。（相原・古屋文書：14997）

仲間内から受ける女の属性と身体への攻撃のなか、苦汁を飲んで体験した「主婦」という権力からの執拗な呼びかけを、古屋は草稿に書き留めていた。この事実によって、改めて『世界』への反論投書に付された「主婦」という肩書きへの違和や疑問が迫り上がってくる。雑誌の慣例に従うよう要請されたものだったのか、あるいは彼女自身の手による強烈な皮肉を埋め込む行為だったのか。いずれにせよ、古屋に押しつけられた「主婦」像を問い、批判的に思考するような連帯の声は、仲間内からもついぞ見いだすことができない。

6　古屋のオバハン

――ジェンダー・イシューと出会い損ねるべ平連

古屋能子とはどのような人物だったのか、ではない。古屋という人は、当時、新宿べ平連の旗振り役として、どのような雰囲気のなかに置かれていたのだろうか。これを知るための手が

かりのひとつとなるのが、ベ平連のなかから誕生した媒体『週刊アンポ』であろう。「新日本案内・デモで日本をまわろう」連載初回を新宿デモの定番ルートで始めた吉川勇一は、「なにせここは新宿の左翼の顔役、古屋能子氏のシマ。フォーク部隊をひきつれて、花園神社、風月堂を通って堂々の行進とはあいなっております」と結び、挿絵には「名物オバサン古屋能子さん」と書き込んだ（『週刊アンポ』0号 1969. 6. 15: 21; 吉川 n.d.)。

この同じ誌面には、「デモ ふぁっしょん女性」の見出しで「キミのカワイイコがデモに参加するとき、どんなファッションがいいか。チョット考えてみよう」という記事が配されている。「機動隊のなかには首やすその方から手を入れるHなヤツがいる。これを防ぎたい女の子はエリのしまったものをつけ、すそはスラックスの中に入れること」、「デモのあとでデイトするコなら、コイン・ロッカーに下着から上着までの着替えと化粧バッグを用意しておくのは常識。ちょうどアンネだったらその準備も。だけど、ソノトキは休暇をあげるべきカモ」（『週刊アンポ』0号 1969. 6. 15: 21）。この種の記事に読み込むべきは、「キミのカワイイコ」と付き合う男性（キミ）へ宛てたメッセージの形を偽装した女への指導・命令、機動隊員を容疑者に偽装した仲間内からの性暴力的視線、生理の心配をしてくれるお節介まで付いている。いっぽう、その種の命令を逆撫でするごとく、和装でデモをするのが定番だった古屋能子は、同じページのなかで、「名物オバサン」と名指されているのだった。

「ベ平連」は自他ともに多様性を認める非組織的集合で、それをもって「ベ平連らしさ」という認識枠組みが共有されている。自由で党綱領などに縛られないイメージは、しかし、セクシズム批判に脆弱な面を持っていたといえるだろう。軽佻浮薄でポップアート感あふれる無批判な男根主義は、ベ平連のゆるさとして寛容に受け入れられ、フェミニスト的な批判は手控えられている。その意味で、別の規律訓練が効果的に働いている空間だった。

折々の座談会で大いに解釈を展開した人びとは、グローバルな市民運動の展開にも精通し翻訳紹介を手がけた論客にも重なる。だが、たとえば彼らが共闘のカウンターパートと見なした米国のSNCC、CORE、ブラックパンサーやヤンググローズらのなかに確固たる地位を占めつつあった、ウーマンズ・リベレーションの思想とは接続し損なった様相が露わになる[18]。

一九六九年、「変革」を掲げた京都会議の後に激しいデモ闘争の季節をくぐったベ平連は、一九六九年に活動の再点検から今後を展望する中間総括の書『ベ平連』(1969）を出版し世に問うた。相変わらずというべきか、男性のみの座談会による解釈規定のあとに採録された多数の寄稿のなか、確認可能な女性の書き手はわずかに三名、「声なき声の会」の小林トミ、CATの中原真喜子、そして古屋能子だった。

年のころ四七、八歳。いつも和服。沖縄出身学生の無二の親友。新宿フォーク・ゲリラのかあさん。新宿ベ平連の旗もち。息子がふたり。ゲリラおばさん。反戦おばさん。主婦べ平連。主婦闘士。古屋能子さん。これが私だそうだ。

私の歳がいくつだとか、着ているものが何だとか、マニキュアの色がどうだとか、私にはどうでもよいことだ。私は、妻であり、母であり、人間であり、だから、ごはんをたき、おかずをつくり、お洗濯をし、お掃除をし、生活費もかせぐ、ごくあたりまえのことだ。

「古屋さん、こんどはあなたの番だよ。逮捕状がでているらしいよ」などとときどきおどかされたりする。何も悪いことをしたおぼえはない、だから逮捕される理由などあろうはずがない。小田実さんが「米軍もあのオバハン逮捕して大変やったろうなあ。日本の機動隊もあのオバハン逮捕するくらいなら、安保条約やめたほうがエエよ」といったそうな。（古屋 1969a）

「お前は主婦だ」という検事からの執拗な呼びかけに反抗する「妻であり、母であり」との切口上を、こうして古屋は、べ平連に向けて問いかけたのだった。古屋はべ平連の仲間たちから「オバチャン」「オバサン」「オバハン」と呼ばれていた。「親しみを込めたつもり」「悪気はなかった」「彼女も喜んでいた」という弁解の声が即座に聞こえてきそうだが、それは不快ではあるが、黙ってそっと脇に置いておこうと思うような、そのようなジェンダー経験だったのではないかと私は想像する。

古屋の釈放拒否、入域手続き拒否、バッシングへの幾重にも書き重ねた反論という事態を、相応しくジェンダー・トラブルとして再読することが重要である。権力の呼びかけに逆らう女の行為遂行であった、として再読すること、それだけが、今日まで行われてこなかったのであり、そのように読むことで、あの時代のさまざまな運動主体の分節化に、豊かな意味を追加する。それはたとえば、ジェンダー・イシューと出会い損なってしまうべ平連の分節化にも途を拓くだろう。

おんなはいつもわたしひとり——社会運動の女のテクスト

一九六九年一一月、再び沖縄に向かう古屋の姿があった（古屋 1969b）。このときの渡航証明書、退去命令書が、古屋文書に残されている（相原・古屋文書：16608）。六八年に引き続いて沖闘委たちに連累し、今度は晴海埠頭で入域拒否闘争を行ったときの渡航記録と思われる。渡航制限撤廃闘争の発端には、アクティヴィストへの渡航不許可の問題があり、渡航証明書を取得する際には多くの人びとが偽名など工夫を凝らしたという（松島 2017: 87）。和装姿の証明写真が当人の人柄を大いに物語るこのときの書類で、古屋が名の読みを「Noko」にしているのは、英文にしたときに実名との関連性が失われるよう意識したのだろう。ここでは申請様式の職業の欄に「none」と記入していることを、確認しておきたい。

果たして、古屋が破壊したいと願った擬制の境界線は、日本と沖縄の間に引かれた「国境」線上だけではなく、女を切り分けようとする都合良い視線の上にも重なり合ったコンジャンクチュラルな契機としてあったはずだ。男根主義的言論の猛威が荒れ狂う、べ平連の界隈を生き抜き、主婦、オバハンの呼び名に「べ平連らしさ」「市民運動」の魅力を読み込もうとする期待に応えてこれを引き受け、女の言語をそっと棚上げしながら、しかし偶然に埋め込まれた時限爆弾のように、「お尻をけとばされ」ということばを書き込んだ。

事務方、書記、記録整理、校閲、翻訳。人びとの運動をつなげるこのような役割を担ってきた社会運動の女のテクストは、どこにあるのか。どのように読むことが可能なのか。古屋能子の生涯の、その後に紡がれてゆく文章に、セクシュアリティに関わる言語の、揺れ、封印、棚上げのような微妙さ、ウーマンリブとの距離の取り方が読めないだろうか。古屋を読むとは、執筆された著作以上に、校閲の過程で取り下げた言葉を読むこと、集会ビラの問い合わせ先や沖縄全軍労闘争支援カンパの宛先にある住所氏名を読むこと、呼びかけ人や賛同者としての名乗りに添えられたカッコ書きを読むこと、そのようなことでもあるだろう。

一九八〇年三月三〇日、偶然に六〇年代の自分の雑記帳を見つけた古屋は、その古いノートに次のように書き足した。

> 共労党結成準備当時の会議のようすを書きとめたものだが、ふるい書類などを整理していて、ひょこっとでてきておどろいた。これでみるかぎり、吉川、武藤氏などは、まだ、この会議にはでていなかったらしいが、私はこの会議にでていた。おもしろいことだ。
> もっと、ちゃんとした記録を書いておけばよかったのに、おんなはいつもわたしひとりだったので、例によってお茶くみなどをしていたらしい。これをみてもわかるように、わたしというひとは、よくよく頭の回転のわるいひとで、何をやってもダメなことがわかって「つらいなあ」とおもいながら生きのびているようなものだ。（相原・古屋文書：16427）

「おもしろいことだ」ということばが胸を打つ。嘉手納での逮捕から十数年、ウーマンリブの曙光を経た古屋が、自己批判を始める一歩手前で書いた簡素な言葉に込められた思いを思う。この後、一九八〇年代に入ると古屋能子は、明確に女性をネットワーキングする運動に邁進する様子が確認できる。自らを「反戦運動者」「反戦活動者」と名乗り、そして、新宿の銭湯を舞台に、運動とは異なる空間でのおんなたちの姿を活写する、軽妙なエッセイを執筆していくことになるのである。

謝辞
本論文は「グヴェルヌマンタリテヌトゥドゥミ／大謝肉祭 Vol. 2／沖縄統治性研究会」（沖縄大学、二〇一九年二月二三日）での報告を原案としている。また、研究会「いま、社会運動を研究するということ――２０１５年安保法制反対運動から考える」（東京・Irregular Rhythm Asylum 二〇一六年二月二〇日、企画・問題提起：大野光明、小杉亮子、永山聡子、森啓輔、コメンテイター中村寛）

において、小杉亮子氏からハワイイ大学所蔵「高沢皓司文庫」について教示を受けた。そこに含まれる古屋能子文書の存在なしに本論文の構想はあり得なかった。史料収集にあたり、ハワイイ大学マノア校図書館アジアコレクションのバゼル山本登紀子氏、立教大学共生社会研究センターの平野泉氏の協力を得た。以上、記して感謝申し上げる。調査については科研費課題番号16H03363の成果の一部である。

注

（1）一九六八年に来沖講演した際に「私としては返還運動と呼ばなくてもいいのであって、たとえば沖縄闘争と言ってもいいと思うのです」との発言が記録されている（吉原編 1968: 117）。新崎の『私の沖縄現代史』は、沖縄の雑誌『けーし風』に二〇一四年から連載され、後に改稿されて岩波現代文庫として出版された。改稿の問題も含む同書の書評として別稿（阿部 2020）を予定している。ここでは、古屋に関する記述は出版の機会にも改められなかったという点を確認するに留める。

（2）本論着想の端緒として、沖縄闘争における古屋能子の存在を先行的に採り上げた大野（2012; 2014）と筆者による書評（阿部 2015）を参照されたい。また批評理論的先行研究を展開する紙幅がないが、バトラーのほか、オランプ・ド・グージュを論じたスコット、スコットを手がかりにブラック・インターナショナリズム運動の基盤を支えたフランス語圏カリブの女性著者たちを論じたエドワーズを、着想の導き手として挙げておく（Butler 1990; Scott 1996; Edwards 2003）。

（3）古屋千有はドイツ思想研究者で翻訳業績にドイツ語思想書のほかハワード・ジン著『ベトナム——撤退の論理』（合同出版 1968）がある。

（4）ハワイイ大学ハミルトン図書館所蔵の「高沢文庫」は、『死へのイデオロギー——日本赤軍派』（岩波書店 2002）等の研究で知られるパトリシア・スタインホフにより設置された。

（5）ベ平連は成立当初からグローバルな市民による連帯を視野に、外国からゲストを招聘した国際会議や情勢の翻訳紹介を実践したことで知られる。一九六六年のハワード・ジン、ラルフ・フェザーストーンを招聘した講演旅行は、沖縄では日本側メンバーが入域許可に阻まれ、ゲストのみを受け容れて開催された経緯があった（阿部 2018）。

（6）『沖縄タイムス』1968. 8. 24夕刊3面の解説を参照。いまひとり準備会時代から沖闘委のメンバーだった松島朝義は、彼らの動向をよく知り「べ平連とくっつけた」人物として、当時『沖縄タイムス』東京支局の記者だった由井晶子の名前を挙げている（松島 2017: 86）。

（7）早稲田大学生で後に社会運動の自主出版物を扱う模索舎を設立した。ハワイイ大学高沢文庫内に「五味雅彦文書」が所蔵されている。

（8）京都会議後の経理報告書（1968. 9. 29付）で「会議に引き続き、沖縄でのB52基地反対闘争、および鹿児島での上陸手続拒否闘争」を「一連の運動」と捉えて報告に加えていることも確認しておきたい。約500万円の収入（カンパ、編集料、分担金、傍聴）に対し、外国人出席者経費168万円、会場経費86万円に次いで三番目に多い支出内訳の項目は、「沖縄闘争関係費」46万7千円だった（吉川 S01: 0028）。

（9）米軍基地に対する抗議行動中の逮捕の問題は、今日の沖縄でなお闘われていることだ（森川 2019）。

（10）古屋は残留組に加わるつもりだったが、直前になって急遽、おとひめ丸乗船に切り替えたと記録に残している（相原・古屋文書：14997）。これは事実の歪曲を懸念しスポークスパーソンとして日本本土に戻る必要を考えたからだと解説しているが、べ平連がおとひめ丸で渡航手続き拒否の先行闘争に入る決断にも関わるものと思われ、興味深い。

（11）『朝日ジャーナル』はその次号の読者欄で井川のルポに対し当事者・宮本次郎からの反論を掲載した（宮本 1968）。当時、『琉球新報』紙で月例の「論壇時評」の連載を担当していた新崎は、一〇月二二日の紙面でその名を挙げて紹介し「それらを読むと、批判の仕方に若干の修正が必要かもしれない」と書いていた（新崎 1968b）。修正の機会は、五〇年後の新崎自身の手によって否定されてしまったことになる。

（12）柳九平と渡名喜明は、古屋の没後に刊行された単著に追悼文を寄せており、古屋との交友の証となっている。柳は茂木忠太郎の名で「身柄がコザ署に移され、終日抗議が続けられる中で、ひとり手こずる人がいるということで、なかなか出してもらえない。そして解放された翌日には、退去命令を米軍民政府から突きつけられ、これを拒否するかどうか、そこでも仲間の及び腰を厳しく叱咤する人がおりました。その人は、少年・少女？の一団を引きいるこわいおばさんだったわけです」と書いている（茂木 1984）。

（13）管見の限りだが『べ平連ニュース』で古屋が続報を展開することはなかったようだ。

（14）ただし、古屋の未発表原稿に従うならば、これは古屋と朝日新聞那覇支局の井川記者との間で起こった取材トラブルのエピソードである（相原・古屋文書：14997）。

（15）より明確な確執が高橋正久との間にあったことが史料的に確認できる。高橋正久は「8・16嘉手納基地闘争の総括のために」と題したガリ版刷り、上下二段19頁に及ぶ総括文書のなかで、古屋に対する反批判に言及した。この印刷文書はどのように配布されたのか不明だが、高橋から古屋に宛てた一一月二八日の日付のある私信が添えられたものを、古屋は保管していた（相原・古屋文庫：16988）。

（16）渡航制限撤廃闘争の「羽田方式」を実践した渡久地政司も、「沖縄問題を沖縄在住の左翼と知識人が本土の左翼や知識人に訴えるのに型がある」として、この『朝日ジャーナル』の本土べ平連に対する「現地の声」ルポを厳しく批判していた（渡久地 1968a）。吉川はこの記事をファイルしている。

（17）古屋文書には、二つの原稿公刊後のいずれかの機会のために用意した、口頭報告の手元メモと思われる走り書きがある。そこでは、事実を歪曲した『朝日ジャーナル』を元に執筆された「世界の新崎氏の論文は全く事実と反している」と主張しようとしていた（相原・古屋文書：14999）。

（18）べ平連とウーマンズ・リベレーションについてはＦＴＡ公演巡業をめぐる衝突を事例とした別稿を予定している。

［マニュスクリプト、未公刊史料］

Aihara-Furuya sub-collection, The Takazawa Collection, the Asia Collection Department, the University of Hawai'i at Manoa Library/

ハワイ大学マノア校図書館アジアコレクション部高沢文庫所収、相原・古屋サブコレクション［相原・古屋文書と略記］。目録は Steinhoff, Patricia (2014) *The Koji Takazawa Collection of Japanese Social Movement Materials*. Honolulu: University of Hawaiʻi, www.takazawa.hawaii.edu/.
13744/ 新宿べ平連資料、Folder ID162,「原稿依頼」n.d.［60135と同じコピー］
14994/ 嘉手納基地でのたたかい (1), n.d., MS ID 242.
14995/ 嘉手納基地でのたたかい (2), n.d., MS ID 243.
14997/ 嘉手納基地でのたたかい (4), n.d., MS ID 245.
14999/ 嘉手納基地でのたたかい (6), n.d., MS ID 247.
16354/ 古屋能子への手紙 1949-1969, Letter ID 7.
16427/ 古屋能子関係雑記帳等 Artifact ID 13.
16608/ 米軍統治下沖縄渡航書類 Folder ID 236.
16807/ 全国沖縄闘争学生委員会草案 1968.7.23, Pamphlet ID 912.
16988/ 沖縄闘争関連パンフレット、Folder ID: 328B 内、高橋正久「8.16 嘉手納基地闘争の総括のために」(n.d.)
60135/ 古屋能子署名記事ビラ 1968-1983, HB35-83, File5 1981,「原稿依頼」(n.d.)［13744と同じコピー］

立教大学共生社会研究センター所蔵住民運動・市民運動資料コレクション、S01_吉川勇一氏旧蔵「べ平連」運動関係資料［吉川文書 S01と略記］。目録は立教大学共生社会研究センター（2014）「S01_吉川勇一氏旧蔵「べ平連」関連資料リスト」（2014.9.18）http://hdl.handle.net/11008/1323
0028/ べ平連発行文書14、「べ平連発行文書 1968.9 〜」
0086/ 新聞・雑誌記事スクラップ23、「べ平連 23 Aug, 68 〜」、「『おとひめ丸』のべ平連主婦——平和運動が起す波乱の周囲」『週刊新潮』1968.9.7: 24; 渡久地政司「沖縄こそ日本だ（4）」『前進』1968.10.7
1284/ 沖縄闘争（黄）、「沖縄からのアピール」

公刊資料文献
阿部小涼（2015）「反響し合い照らし返す沖縄闘争の当事者」（書評・大野光明『沖縄闘争の時代 1960 / 70——分断を乗り越える思想と実践』人文書院 2014）『平和研究』45号（2015. 11）: 159-65.
———（2018）「占領と非戦の交錯／脱臼するところ——帝国のヴェトナム反戦兵士と沖縄」『政策科学・国際関係論集』第18号: 43-94.
———（2020）「回顧する私の、帰還する私の——新崎盛暉『私の沖縄現代史：米軍支配時代を日本《ヤマト》で生きて』を読む」『沖縄文化研究』47号（2020年3月刊行予定）
新崎盛暉（1968a）「復帰運動とその周辺」『世界』「特集沖縄は主張する」275号 (1968.10): 201-9.
———（1968b）「論壇時評〈下〉沖縄闘争の位置づけがない」『琉球新報』1968.10.22.
———（2014）「［連載］私が生きた沖縄史、そして世界史⑨三大選挙・B52・プラハの春」『けーし風』第83号 (2014.6): 75-85.
———（2018）『私の沖縄現代史』岩波文庫
新崎盛暉編（1969）『ドキュメント沖縄闘争』亜紀書房
井川一久（1968）「ルポ沖縄基地反対の実力行使——〝ハプニング逮捕劇〟と現地の声」『朝日ジャーナル』Vol. 10, No. 36 (1968.

9.1): 97-100.
大野光明（2012）「『沖縄問題』の『入り口』で」天田城介・山本崇記・村上潔編『差異の繋争点――現代の差別を読み解く』ハーベスト社 175-96.
大野光明（2014）『沖縄闘争の時代 1960 / 70――分断を乗り越える思想と実践』人文書院
沖縄研究会編（1971）『沖縄解放への視角』（「物呉ゆすど……」改題）田端書店
小田実・鶴見俊輔編（1968）『反戦と変革――抵抗と平和への提言』學藝書房
金井佳子（1968a）「新たな反戦闘争の高揚／すばらしい未来うむ沖縄に勝利を!! 嘉手納第一ゲートの座り込み」『統一』1968.5.13: 4面
――（1968b）「武装米兵と相対したこころ――嘉手納基地ゲート前にすわり込んで」『朝日ジャーナル』Vol. 10, No. 23 (1968.6.9): 18-34.
「関東与那原君不当処分撤回連絡会議への呼びかけ（与那原君を守る会）」（1968）（新崎 1969: 342-6〈資料1〉）
栗原達夫（1968）「沖縄闘争――私の視覚の中で」『べ平連ニュース』No. 36 (1968.9.1): 5面
小中陽太郎（1968a）「（9）占領は違法なのに――まかり通る入域許可制」『婦人民主新聞』1968. 8. 30.
――（1968b）「（10）非暴力直接行動で――二つの入域許可撤廃運動」『婦人民主新聞』1968. 9. 16.
五味正彦（1969）「沖縄：明日への考察のために」『べ平連ニュース』No. 40 (1969.1.1): 6面
高橋正久（1968）「沖縄の一週間――強く深い体験から」『統一』1968. 9.2: 2面
――（n.d.）「8・16嘉手納基地闘争の総括のために」（相原・古屋文庫 : 16988）
渡久地政司（1968a）「沖縄こそ日本だ（4）」『前進』1968.10.7（吉川文書 S01: 0086）
――（1968b）「沖縄渡航手続きを拒否して」『思想の科学』No. 80 (1968.10): 56-9.
渡名喜明（1969）「沖闘委と渡航制限撤廃闘争」（新崎編 1969: 336-40）
福木詮（1968）「沖縄・8・15の周辺」（ルポ沖縄1968年8月）『世界』「特集沖縄は主張する」275号 (1968.10): 151-5.
古屋能子（1968a）「沖縄：8月16日前後」『べ平連ニュース』No. 36 (1968.9.1): 6面
――（1968b）「嘉手納で逮捕されて――沖縄との闘う連帯のために」『統一』（上）1968.9.9 3面
――（1968c）「嘉手納で逮捕されて――沖縄との闘う連帯のために」『統一』（下）1968.9.16. 2面
――（1968d）「沖縄8・15闘争の報告」『世界』（編集者への手紙欄）277号 (1968. 12): 164-6.
――（1969a）「私は妻であり、母であり、人間であり……」小田実編『べ平連』三一書房
――（1969b）「11・13沖縄からの報告」『週刊アンポ』2号 (1969. 12.1): n.p.
――（1971）「沖縄と私」『山形大学新聞』（1971. 4. 25）（古屋 1984: 246-50）

――（1979）「沖縄闘争とは何だったのか」『新沖縄文学』（特集・ヤマトの女性から見た沖縄）第42号 (1979.8): 41-54.
――（1984）古屋能子遺作集編集委員会編『新宿は、おんなの街である』第三書館
「古屋能子さんを偲んで――『新宿は、おんなの街である』付録」（1984）第三書館
ベトナムに平和を！市民連合編（1974）『ベ平連ニュース合本縮刷版（付『脱走兵通信』『ジャテック通信』）』http://www.jca.apc.org/beheiren/BeheirenNewsGappon.pdf
松島朝義（2017）（聞き手・森宣雄）「戦後の沖縄戦を生きぬく」森宣雄・冨山一郎・戸邉秀明編『あま世へ――沖縄戦後史の自立にむけて』法政大学出版局 81-112.
宮本次郎（1968）「〝逮捕劇〟の楽屋裏」『朝日ジャーナル』Vol. 10, No. 38 (1968.9.15): 110-1.
茂木忠太郎（1984）「沖縄と古屋さん」「古屋能子さんを偲んで――『新宿は、おんなの街である』付録」（1984）第三書館 5-6.
森川恭剛（2019）「正当な理由が「ある」のに――日米地位協定刑特法2条の適用違憲論」『神戸学院法学』第47巻第4号（2019.3）
柳九平（1968a）「8・16嘉手納基地闘争の中から」『ベ平連ニュース』No. 36 (1968.9.1): 7面
――（1968b）「ひめゆり丸航海記――渡航制限撤廃闘争の中から」『思想の科学』No. 80 (1968.10): 60-3.
吉川勇一（n.d.）「（1）新宿反戦イラスト絵図（『週刊アンポ』No. 0）」「吉川勇一の個人ホームページ」（2019. 11. 25 閲覧）http://www.jca.apc.org/~yyoffice/Illustration/ShinjukuHannsenIllust.htm
吉原公一郎編著（1968）『沖縄――本土復帰の幻想』三一新書
Butler, Judith (1990) *Gender Trouble: Feminism and the Subversion of Identity*. New York: Routledge.（ジュディス・バトラー（2018）竹村和子訳『ジェンダー・トラブル新装版――フェミニズムとアイデンティティの攪乱』青土社）
Edwards, Brent Hayes (2003) *The Practice of Diaspora: Literature, Translation, and the Rise of Black Internationalism*. Cambridge: Harvard University Press.
Scott, Joan Wallach (1996) *Only Paradoxes to Offer: French Feminists and the Rights of Man*. Cambridge: Harvard University Press.

（編集部注）年月日の一部を、算用数字で次のように略記した。
例　１９６８年１月１日→1968.1.1　１９６８年10月→1968.10

【特集　「1968」を編みなおす】

〝1968〟の学生運動を学びほぐす――東大闘争論の検討

小杉　亮子

1　なぜ東大闘争論を検討するのか

本稿では、一九六〇年代後半の日本で起きた大学闘争が近年にどのように描かれ、論じられてきたかを検証する(1)。この作業の意図は、ひとつには、「なぜ、いま、過去の社会運動の事実を掘り起こし、その意味を考察するのか」という社会運動史の根本的な問いを考える、ひとつのステップにしたいというところにある。過去の社会運動を単に再現するだけの社会運動史研究や回顧録は、かえって、現在を生きる読者に、社会運動の意味や、運動のなかに見られた敵対関係、運動のなかでひとびとが発揮した主体性や創発性を、十分に生き生きと伝えるものとならないのではないか。むしろ、どのようにしたら現在性を担保した考察が可能か、どのような要素が考察に現在性を帯びさせるのか、といった問いが、常に切実なものとしてあるのが社会運動史の領域だ(2)。本稿では、一九六〇年代後半の学生運動という限られた対象についてではあるが、その論じられ方を概観することによって、過去の社会運動にたいする向き合いかたの多様なありようを発見したい。そして、それによって「なぜ、いま、過去の社会運動の事実を掘り起こし、その意味を考察するのか」という重い問いについての考察を深める一助としたい。

本稿では、具体的には、筆者がこれまで研究テーマとしてきた「東大闘争」を取り上げ、近年の東大闘争論をレビューする。〝1968〟を論じるにあたって、〝1968〟はいつからいつまでを指すのか、〝1968〟にはどのような社会運動が含まれるのか、といった基本的論点をなおざりにすることはできない。しかし、日本の〝1968〟に関する議論で、当時の学生運動への関心が一貫して存在してきたことは否定できないだろう。そのなかでも東大闘争は、日大闘争とならんで、重要な闘争として注目されてきた。東大闘争論の検討をつうじて、日本の〝1968〟の学生運動をめぐる議論の現状とさらに深めるべき論点を明らかにしたい、というのが、この作業のもうひとつの意図である。

本稿で取り上げるのは、〝1968〟四〇周年にあたる二〇〇八年前後から、五〇周年にあたる二〇一八年前後までに、当事者や研究者によって刊行された東大闘争論である。東大闘争をはじめ一九六〇年代後半の学生運動は、一〇年ごとの周年単位で関連記事や書籍の増加が繰り返されてきた。とくに二〇〇八年から二〇一八年前後にかけては、当事者たちが老年に入ったことも手伝って、多くの記録が出版されている。もちろん、東大闘争が始まった一九六八年当時から、東大闘争論は書籍や雑誌記事、論文などのかたちで蓄積されてきた。しかしここでは、現在の東大闘争論のありようを浮かび上がらせたいという考えから、過去一〇年ほどのあいだに発表された著作を取り上げることとする。

以下では、どのように東大闘争を位置づけようとしているかという点に着目して、東大闘争論をレビューしていく。取り上げるのは、近代社会の変動のなかに東大闘争を位置づける議論や、社会運動の継承や変化、遷移をたどる狭義の社会運動史のなかに東大闘争を位置づける議論、また大学論のなかに東大闘争を位置づける議論である。あわせて、東大闘争論の課題のひとつに対象期間設定の問題があることも指摘したい。そのうえで最後に、東大闘争論をより豊かにしうる議論の方向性について考えたい。

2　近代社会の変動のなかの東大闘争
――小熊英二『1968』(2009)

まず、東大闘争論のひとつめのかたちは、一九六〇年代後半の学生運動を、近代社会の構造的変動といった、非常にマクロなレベルでの社会の変化を表すもの、あるいはそれを予兆するものとして解釈する議論である[3]。これはおもに、社会学者などの研究者による。

たとえば、社会学者の小熊英二は、参加者が書いた手記やジャーナリストの手による記事などの二次資料をもとに、〝1968〟の諸現象を多面的に分析したうえで、一九六〇年代後半の学生運動は、高度経済成長にたいする集団摩擦反応だったと位置づけた(小熊 2009a, 2009b)。また小熊は、ラディカルな直接行動や主張を念頭に、一九六〇年代の学生たちの運動は「政治運動としては拙劣」(小熊 2009b: 823)であり、「若者の「自己確認運動」」や「表現行為」」(小熊 2009b: 801)の側面が強かったと評価し、その政治性を否定している(小熊 2009b: 823-9)。

小熊の議論のなかで、東大闘争は、全国的に発生した全共闘運動の非政治的な性格を規定したという、重要な位置づけを与えられている（小熊 2009a: 665）。全共闘運動に影響したのは、とくに、獲得目標の実現や学内改革よりも、東大生としての自己の変革に運動の焦点が定められた点だった。小熊によれば、東大闘争以前の大学闘争では、参加者の生き方や主体性が問われることはあっても、それは副産物であり、主題はあくまで学費値上げ撤回などの政治的な目標の達成だった（小熊 2009a: 772）。これにたいし、東大闘争全学共闘会議（以下、東大全共闘）に集まった学生たちは、キャンパスへの機動隊導入にたいする謝罪などを大学執行部に求めた「七項目要求」の達成よりも、「自己否定」というスローガンのもと、エリート学生である自己の省察と新たな主体のありかたの確立を重視した(4)。

小熊は、学生たちの自己変革や精神的変革の重視を、高度成長による日本社会の激変から説明している。すなわち、社会の急速な現代化によって、若者たちはアイデンティティ・クライシスに陥るとともに、現実感の喪失や空虚感といった「現代的不幸」（小熊 2009b: 786）からの脱出願望を抱くようになった。その表現が全共闘運動だったのだという。産業構造の変化や工業化が原因となって生じる社会の大規模な変化と、東大闘争とを結びつける議論の構図が、ここには見て取れる。

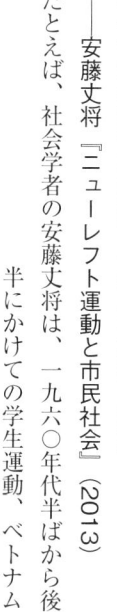

3　社会運動史のなかの東大闘争

前節で取り上げた、マクロなスケールでの社会変動を一九六〇年代後半の学生運動の背景として重視し、それにたいする応答として東大闘争を位置づける議論は、社会運動の継承や変化、遷移のなかに、つまり狭義の社会運動史のなかに東大闘争を位置づける議論とも近接している(5)。なぜならば、狭義の社会運動史のなかに東大闘争を位置づける議論では、社会の変化を背景に、一九六〇年代後半をひとつの転換点として、それまでの古いスタイルや思想、戦略・戦術、組織像に基づいた社会運動から、それらが新しくなった社会運動への移行や転換が起きたという主張が展開されがちなためである。社会運動史のなかにどのように東大闘争を位置づけるかは、本来ならば多様な解釈に開かれている。しかしここでは、〝1968〟や一九六〇年代後半に社会運動史上の分水嶺が設定され、新しい運動への転換点のひとつとして、東大闘争も注目されることになる。

社会管理の強化に対抗する新たな思想と運動
——安藤丈将『ニューレフト運動と市民社会』（2013）

たとえば、社会学者の安藤丈将は、一九六〇年代半ばから後半にかけての学生運動、ベトナム戦争への抗議活動、青年労働者による反戦青年委員会を、一九五〇年代後半～一九六〇年代に各国に形成された「工業社会」（安藤 2013: 3）に新しく登場した「ニューレフト運動」だったと位置づける。

とくに安藤は、工業化の進展による社会の規律化を重視する（安藤 2013: 4-9）。社会の規律化は、社会管理の強化とも言い換えられるだろう。社会の規律化は、日本でも、まず効率的な生産を求めた企業の労務管理として現れ、消費文化の浸透による生活の画一化としても現象した。一九六〇年前後には社会福祉制度が発展したが、労働者の再生産を確実にするところにその意図があり、人びとの私生活そのものが規律化の対象となったといえる。さらには、工業化と経済成長は、当時の政府・自民党と革新勢力に共通する社会目標だった。社会のヴィジョンが問い直されないという意味では、政治でも規律化が見られた。

ニューレフト運動は、このような生活の画一化と社会管理の強化を批判するものだった。工業化と経済成長によって物質的な豊かさは達成されたものの、かえってそのことによって、生活のなかに潜む政治的争点や権力関係が不可視化されていることを問題視したのである（安藤 2013: 79-83）。「ニューレフト運動の言説においては、物が溢れてはいるが息苦しい社会の中で、自己変革、すなわち、「自分がどう生きていくのか」ということが問われていた」（安藤 2013: 82）のであり、この運動の思想の核心を「「日常性」の自己変革」（安藤 2013: 16）と、安藤は表現する。

安藤の議論のなかで東大闘争は、「日常性」の自己変革思想の構成要素である「自己解放」と「自己反省」のうち、自己反省の要素が強く表出した学生運動として位置づけられている。自己解放は抑圧的な社会システムからの解放を指し、学生管理が厳しい大規模私立大学で発生した日大闘争に見いだされる。たいして自己反省は、人びとが自らがまさにそのなかで生きている工業社会を反省的に捉え返す事態を指す。東大闘争で学生たちが争点としたのは、エリートである自分たちが将来社会管理を遂行する立場に立つ可能性であり、かれらはそのような生き方からの変更を模索していたという。ここでは、東大闘争は、工業化による社会管理強化を受けて、学生たちがそうした社会の変化を引き起こす主体である自分たちを反省的に捉え直した運動として、位置づけられている（安藤 2013: 16-7, 90-6）。

新しい社会運動の苗床としての東大闘争
——富田武『歴史としての東大闘争』（2019）

東大闘争や一九六〇年代後半の学生運動から社会運動の新しい趨勢を読み取る議論は、とりわけ、労働運動をはじめとする旧来の左派の運動とはイシューや参加主体、組織像などの点において異なる「新しい社会運動」が勃興する前史として、東大闘争を位置づけるというかたちをとることが多い。これは、社会学者をはじめとする研究者（たとえば大野 1990）だけでなく、当事者によってもそのように議論されてきた（た

とえば山本 2015 など）。ここでは、当事者による議論のひとつとして、富田武の著作を見てみたい。

富田武は一九六五年に東大に入学し、社会主義学生戦線（以下フロント、統一社会主義同盟の学生組織）の活動家として東大闘争に参加した。東大闘争後はソ連史の研究者として歩んだ富田は、二〇一九年に東大闘争論を刊行した（富田 2019）。本書では、当事者と歴史学者の視点を行き来しながら、東大闘争の経過（第一章）、富田自身の東大闘争参加に至る経緯（第二章）、東大闘争で形成されたノンセクト・ラディカルという運動主体の分析（第三章）、東大闘争後の富田の歩み（第四章）、近年の東大闘争研究の批評（第五章）が、それぞれ論じられている。

富田の東大闘争論の特徴は、第一に、新しい社会運動の前史として、明確に東大闘争を位置づけている点にあるだろう。東大闘争の展開過程を説明したうえで大学闘争全般の思想的意味を論じる第一章の冒頭で、富田は次のように明言している。

本章は、大学闘争を一九七〇～一九八〇年代「新しい社会運動」の前史とみる視点から総括しようとするものである。新しい社会運動とは政党から独立して、従来は軽視された課題やマイノリティ問題に取り組む、脱物質主義的な性格の運動（例えば環境保護運動）を指していう。（富田 2019: 14-5）

富田の東大闘争論の第二の特徴は、こうした立場から導き出される。それは、東大闘争における運動体・参加主体の新しさとその可能性にたいする関心である。東大闘争当時、富田はフロントの活動家として、新しい社会主義運動を追求する立場を自覚的にとっていた。一九七〇年代以降の党派との関わりと模索を率直に記した、それ自体として非常に興味深い記述（富田 2019: 114-20, 132-6）からは、この立場は東大闘争後も堅持されたことがうかがえる。同時に「わが派がノンセクト・ラディカルに乗り越えられ、党派性を解体させられたにもかかわらず、私がなお党派にとどまり、再建の道を選んで今日に至っている」（富田 2019: 89）と述べているように、新左翼を批判して新しい運動をめざした動きとして、東大全共闘、とりわけそのノンセクト・ラディカルの学生たち(6)を評価している。

詳しく見ていけば、富田は、東大全共闘が新旧左翼から独立した運動体であった点や大学や学生の社会的役割を問い直した点を評価する（富田 2019: 29-33）。さらに、ノンセクト・ラディカルの学生たちが「疑いもなく東大闘争の主役」（富田 2019: 91）だったとしたうえで、ノンセクト・ラディカルを、理工系大学院生を中心とした年長の若手研究者と、駒場キャンパスの教養学部生を中心としたより若い学部生という、ふたつの類型に分ける。前者は六〇年安保闘争や一九六二年の大管法闘争、ベトナム反戦運動などの経験を通じて、新旧左翼党派とのつきあいを持っており、後者ほどの党派否定を見せない。さらには、若手研究者として東大の研究教育体制に埋め込まれていることから、自分たちの社会的役割を根本的に問い直す「自己否定」というスローガンは切実な課題となっていた。これらの理由から、富田は、第一の類型を「ノンセクト・ラディカルの最良の部分（影響力も大）」（富田 2019: 93）とする一方で、第二の類型は「（政治的）退化態」（富田 2019: 93）であって、新旧の左翼政党・党派を否定するあまり、戦略や展望なき行動に走って、政治をロマン化したと批判する（富田 2019: 91-105）。

このように、富田はノンセクト・ラディカルを手放しに肯定しているわけではない。それでも、社会主義運動の刷新に一貫して関心があった者として、東大闘争の意義を、東大全共闘の新旧左翼運動からの独立性やノンセクト・ラディカルの思想に見いだしているといえる。このような姿勢が、一九七〇年代以降「新しい社会運動」が登場したことに、社会運動の次なる可能性を見いだす見方につながっているのだろう。このことは、本書の締めくくりに置かれた「一九七〇年代あたりからの左翼の分裂と後退、「新しい社会運動」の登場」（富田 2019: 182）、「「前衛政党」「運動家・活動家」「大衆団体」「統一戦線」「階級闘争」に代わる「市民政党」「それなりの市民」「ヴォランティア集団」「ネットワーク」「反貧困・反差別・環境保護運動」が日本の政治を動かすのは、いつのことだろうか」（富田 2019: 182）という表現からもうかがえる。本書には、一九七〇年代以降、富田が一方で党派の活動や労働運動に関わりながら、他方で「新しい社会運動」に分類される、精神障害者をめぐる運動（保安処分制定反対運動）や、障害者の当事者運動と女性解放運動が交差した優生保護改悪反対運動に関わった記録も記されている（富田 2019: 122-50）。ここにもまた、上述のような富田の姿勢が表れている。

「新しい社会運動」への関心の集中

東大闘争をはじめとする一九六〇年代後半の学生運動に「新しい社会運動」誕生の契機を見いだす議論が展開されてきた背景には、まず、一九六〇年代は実際に、小熊英二が着目したようなマクロな社会変動が発生していたことが挙げられるだろう。また、〝1968〟の学生運動で大きな役割を果たしたいわゆる新左翼が、経済成長と民主化の進展による社会の変化や、それらに十分に対応できなかった既存の社会主義運動の限界、国際政治の変動といった要因を受けて、各国に形成された新しい動きであったことも、また確かだろう。そのため、本節で取り上げた議論には一定の確かさがあるといえる。

しかし同時に、道場親信が鋭く指摘したように、こうした議論はときに社会運動史上に「新しい社会運動」が登場する分水嶺を設定して、社会運動を新旧に区分し、運動史上の断絶を設けることに帰結する（道場 2006）。筆者もまた、「新しい社会運動」登場の契機を〝1968〟の学生運動に見いだす議論について、それによって硬直的な社会運動史観が形成され、より多様な観点からの事実や論点の掘り起こしの機会が失われてきたこと（小杉 2019）や、〝1968〟の社会運動・学生運動をかえって脱政治化したまなざしで論ずることに帰着し、運動が顕在化させたはずの政治的対立の具体的内実を見えづらくしていること（小杉 2020）を、別稿で論じてきた。

新しい社会運動史のなかに東大闘争を位置づけようとするとき、新しい社会運動への接続／断絶とは異なる観点にはどのようなものがありえるのか、という新たな課題がここから立ち上がってくる。この課題については、本稿の最後に立ち戻りたい。

4　東大闘争論における対象期間設定の問題

どれほどの時間的幅のなかに位置づけるのか

新しい社会運動への関心の集中とならんで、東大闘争論のもうひとつの課題は、東大闘争を理解するためにはいつからいつまでの期間を対象に論じる必要があるのか、という対象期間設定について共通の理解がないことである。たとえば、前述の富田武は東大闘争の前史としてベトナム反戦運動を重視し、著書では、自身が東大に入学した一九六五年四月からのベトナム反戦運動の展開を説明している（富田 2019）。これにたいし、同じく東大闘争当事者の島泰三は、やはりベトナム反戦運動を前史として位置づけながら、一九六九年一月一八日・一九日の安田講堂攻防戦をテーマとする本の構成上の理由からか、一九六八年一月の佐世保闘争から記述を始める（島 2005）。同じく東大闘争当事者の小阪修平の著書では、個人史的な側面が強いこともあって、一九四七年に生まれた小阪の幼少期から思春期までの経験――たとえばメディアへの接触経験など――に東大闘争参加の要因や全共闘運動の特徴を求めつつ、より具体的な東大闘争の開始点は、一九六八年六月の本郷キャンパスへの機動隊導入としている（小阪 2006）。

筆者自身は、東大闘争の背景は一九四〇年代～六〇年代半ばのできごとにわたり、東大闘争そのものは一九六八年一月ごろに始まって一九七〇年代前半までなんらかのかたちで続いたが、その影響はさらに二〇〇〇年代以降のできごとまで含めて検討する必要がある、という立場を自著でとった（小杉 2018）(7)。

人類史のなかの東大闘争
――高口英茂『東大全共闘と社会主義』(2016)

東大闘争当事者の高口英茂による『東大全共闘と社会主義』（2016）は、東大闘争論のなかでも、非常に長い時間的幅のなかに東大闘争を位置づけている。本書は全5巻から構成されており、各巻のタイトルは、第1巻「国家と戦争、そして暴力」、第2巻「所有および差別の起源と家族の来歴」、第3巻「資本制社会の形成とその発展」、第4巻「戦後の資本主義化の進行と持続」、そして第5巻「東大全共闘運動の総括と社会主義社会への展望」となっている。ここから明らかなように、本書で東大闘争を中心的に扱っているのは、第5巻のみである。第1巻から第4巻では、ところどころで東大闘争についての言及はあるものの、人類史の起源に遡って、部族や国家、家族といった、ひとがつくりだすさまざまな集団の歴史とその性格が論じられている。また、そうした集団を構造化してきた所有や差別、資本制といった現象の歴史的展開が、千年や数百年といった単位で繙かれている。そのうえで第5巻で、それまでの集団論と諸制度の歴史を背景に、小熊英二（2009a, 2009b）への批判を軸としつつ、東大闘争の経過とそのなかでの東大全共闘派学生の問題意識と行動が具体的に回想され、記述されている。ここには東大闘争の具体的エピソードも盛り込まれており、社会運動の組織論あるいは参加者論としても興味深い。

筆者は、高口に聞き取りをおこなった経験があり、その語りから学んだことは多い。また、東大全共闘派の学生たちは、新旧の左翼政党・党派とは異なる運動体のありかたを模索しており、水平的で、合意形成のプロセスにおいては参加者全員の声が尊重され、行動においては個々人の主体性を重視することが可能な小集団を志向していた。このことは、東大闘争の重要な側面である（小杉 2018）。また、ひとが集ってなにかをおこなうときに、どれほどの規模の集団をつくって、どのような意思決定方法をとり、どのような基準でその行為を評価することが望ましいのか、というテーマは、社会運動に限らず、集合的な営為を考えるうえで普遍的でもある。高口が、第1巻から第4巻にわたって、人類が形成してきた諸集団の歴史を論じた含意は、ここにあるだろう。

しかしながら、それでも気になるのは、東大闘争とは、ここまで長大な時間のなかで位置づけられるべきなのだろうか、ということである。東大闘争に新しい社会運動誕生の契機を見いだす議論と、このようなマクロな歴史のなかで東大闘争を位置づける議論は、ともに東大闘争の歴史的役割に関心を寄せている点では、共通している。ここでは、歴史的役割がテーマとなる傾向が東大闘争論にあることを指摘するに留め、このことから見えてくる東大闘争論の特徴については、次節で大学論としての東大闘争論を検討したうえで触れることにしたい。

5　大学論のなかの東大闘争

大学固有の社会運動としての大学闘争 ——折原浩『東大闘争総括』（2019）

ここまで取り上げた東大闘争論とは大きく異なった角度から東大闘争を論じているのが、知、学問、研究制度といった、大学のありかたをめぐる闘争として東大闘争を位置づける議論である。ここでは、その代表として、社会学者の折原浩による議論（折原 2019）を取り上げる。

折原は一九六八年当時、東大教養学部の助教授であり、東大全共闘を支持して行動した当事者である。折原の議論の特徴は、社会学者としての学問的実践と、東大闘争をはじめとする社会運動での実践とが、同じ論理に基づくものとして位置づけられ、いかに両者の論理を乖離させないかという点に関心を寄せている点にある。この姿勢は青年期の思想形成過程にまで遡ることが、本書の記述からは確認できる。

折原は、東大の修士課程二年時に六〇年安保闘争を経験し、「民主主義を守る学者・研究者の会」の事務局を手伝うなど、このとき初めて社会運動に積極的に参加した。そして、いったんは非日常的なまでに拡大した六〇年安保闘争がキャンパスで急速に退潮していく様子を見て、折原は、学生運動が、街頭行動が頻発しキャンパスが騒然とする「政治の季節」（折原 2019: 94）と、学生運動組織が日常的なイシューを学内問題として取り上げはするもののキャンパス自体は平穏な「学問の季節」（折原 2019: 94）の単純な繰り返しに終始していることを発見する。これは、大半の学生がおよそ四年で学部を卒業してキャンパスを去り、在学中に政治の季節を経験したとしてもその後は職業人として生きていくことになるという、大学教育そのものの性質に由来する。しかし、大学に研究者として残り続ける折原のような研究者は、自らがいる現場で、学問の季節と政治の季節が単純に繰り返される様子を傍観するのに留まっていてはいけない。こう考えた折原は、次のような結論に至る。

> 運動の昂揚をとおして従来の「殻」を破って出ようとする生と情念を、当の運動の渦中で受けとめ、理念に結晶させ、言説も紡ぎ出し、「政治の季節」の所産をつぎの「学問の季節」に送り込み、いわば酵母として仕込み、醗酵―熟成させ、時満ちてつぎの「政治の季節」には新たな理念のもとに捲土重来を期す――そのようにして「生と形式の弁証法的螺旋」を、ここ日本の大学の現場から、自分たちの現場実践をとおして創り出していくことはできないか、それこそ、わたしたちの思想と学問の、わたしたち自身から「疎外」されてはならない使命であり、課題ではあるまいか、と。（折原 2019: 97）

東大闘争は、折原にとって、この学問―運動論を、どこまで、どのように実践しえるかを試す場となった。そのため、折原にとっての東大闘争での問題の所在は、なにより、医学部処分（一九六八年三月にインターン制度反対運動に参加していた学生が大量かつ杜撰に処分された）と文学部処分（東大闘争が始まる前年の一九六七年に活動家学生が停学処分を受けた）にあった。そして、それぞれについて、処分理由となった事件の真相や処分手続きの妥当性を検証しようとしないだけでなく、不当といわざるをえないこれらの処分に怒る学生たちに応答しない、東大の教員たちの知的怠慢や研究至上主義、東大という組織の保存を自己目的化した態度を、強く批判していった（折原 2019: 152-224）。

折原はさらに、東大闘争の可能性と限界を、大学内在的な課題に関連させて見いだしてもいる。可能性とは、自分たちの抗議や要求にたいし科学者としてまともに対応できない教員を、学生たちが批判したところにあった。ここに、折原は「各教員の研究と教育の内容に踏み込み、それぞれの具体的内容に即して、問題を指摘して議論に持ち込む可能性が開けてくる」（折原 2019: 225）道があったと考えている。しかし、それは学部生にとっても、大学院生や助手といった若手研究者にとっても、荷が重い難題だった。そのため、教員への批判は、その内容が具体的に掘り下げられることなく、「「こんな東大なら、つぶれたほうがいい」という端緒から、「東大解体」へ、さらには「大学解体」へと、抽象的に「ひとり歩き」を始め、具体的な内容のある議論は置き去りにされ」（折原 2019: 227）た。ここに、東大闘争の限界があったという。

一九六九年一月の安田講堂攻防戦後、各学部でストライキが解除されていくなか、折原は授業再開を拒否した。そして、オルタナティブな議論と教育の場として、自主講座「解放連続シンポジウム『闘争と学問』」を三年間開催し続けた（折原 2019: 262-72）。上述した折原の問題意識とその実践が、東大闘争後も持続していったことがうかがえる。

折原の東大闘争論では、東大闘争をはじめとする大学闘争が、学生と研究者が当事者となって展開される大学固有の社会運動として捉えられている。そのため、新左翼党派や同時代の政治状況が東大闘争に与えた影響などは、議論の後景に退いている。しかしながら、東大闘争のなかで折原や学生たちが問題意識を向けていた、大学の社会的役割や研究者の社会的使命、政治と学問の関係性といった論点の重要性は、現在も否定しえず、折原の議論はこうしたテーマについて考察の材料を豊かに提供している。

ただし、折原の東大闘争から見えてこないものもある。それは、集団的営為としての東大闘争の姿である。折原自身は、東大闘争裁判の特別弁護人を務め、学生とともに自主講座を続けたのであるから、人びとが集まって複雑に営まれる社会運動の当事者であったはずである。しかし、本書の叙述から受ける印象は、折原個人の思索や試行錯誤、行動が描かれているというものである。これは、折原独自の大学・学問論に基づいて東大闘争を検討するという、個人の思想的立ち位置が色濃く反映された回顧であることや、集団の同調圧力に屈さない単独者として生きたいという折原の信念に起因するだろう。

とはいえ、独自の大学・学問論を持っているのは、折原だけではない。むしろ、東大闘争当時も現在も、大学で生活する研究者や学生たちは、それぞれが異なった学問観や大学観を抱いているはずである。多種多様な学問観・大学観のあいだを調整し、大学や研究者のありかたを問い直す社会運動を、集合的な営為として、どのように立ち上げていくことができるのか。大学論としての東大闘争論のこのような課題が、本書からは浮かび上がってもくる。

東大闘争の成果をめぐるヘゲモニー争い——東大闘争・確認書五〇年編集委員会編『東大闘争から五〇年』(2019)

大学のありかたをめぐる運動として東大闘争を論じるのは、近年、東大全共闘と対立した日本民主青年同盟（以下、民青）系学生たちによる回顧の大きなテーマともなっている。たとえば、『東大闘争から五〇年』(2019)は、民青系学生やストライキに反対した学生たちによる寄稿を中心に構成されている。大窪一志らの『歴史のなかの東大闘争』(2019)も、民青系学生たちによる、共通する趣旨の論集である(8)。

ここでは『東大闘争から五〇年』を中心に見ていきたい。本書を編集した東大闘争・確認書五〇年編集委員会の名前にある「確認書」とは、一九六九年一月一〇日、民青系学生とストライキ反対派学生によって結成された統一代表団と、大学執行部とのあいだで取り交わされた「十項目確認書」を指す。この確認書には、「大学当局は、大学の自治が教授会の自治であるという従来の考え方が現時点において誤りであることを認め、学生・院生・職員もそれぞれ固有の権利をもって大学の自治を形成していることを確認する」という項目が入り、学生処分制度の再検討も盛り込まれた。本書は、この確認書を肯定的に記念する立場を基本的にはとっている。

本書に手記を寄せた弁護士の藤本齊は、二〇〇四年の国立大学法人化に向けた動きのなかで東大の学部等の部局で相談を受けた経験から、当時の学生処分制度の前提として「十項目確認書」が機能していたことを報告している。また、国立大学法人化後も東大闘争の経緯が学生懲戒制度に反映されているという（東大闘争・確認書五〇年編集委員会編 2019: 154-9）。こうしたことを踏まえれば、確認書の締結とそれによる東大闘争の終結を推し進めた民青系学生たちにとっては、確認書は、大学改革の開始点として、そして全共闘が得られなかった東大闘争の具体的成果として、たしかに位置づけ可能なものである。

とはいえ、当時の東大全共闘派の学生たちは、東大の存続を前提とした、学内改革のための十項目確認書にたいして懐疑的だった。東大全共闘の当事者であり科学史家の山本義隆は、国家が主導する科学技術振興の装置という、近代日本における大学の機能そのものを東大闘争は告発したと述べている（山本 2018: 242）。大学改革の端緒として東大闘争を位置づける民青系学生たちの議論は、学問と社会運動をいかにして近づけるかという折原浩の問題意識や、日本の大学制度そのものの意義を――そのあとの展望が十分に開かれてなかったとしても――根底的に疑った全共闘派学生たちの「大学解体」論とは、大学や研究行為への態度が根本的に異なっている。この違いもまた、根大学の役割や研究者の社会的使命、政治と学問の関係性といった論点を考察するさいの材料となりえるだろう。

もちろん、本書に収録された寄稿の内容や確認書にたいする評価は一枚岩的ではなく、さまざまではある。しかし、たびたび、学生自治会の意思決定プロセスの無視や暴力の行使、さらに安田講堂攻防戦による東大闘争のネガティブなイメージ形成などを理由に、東大全共闘を強く批判する論調が登場する。こうした非難の当否については慎重な検証と判断が必要だが、ここでは、本書のなかで、東大闘争当時の敵対関係がそのまま再現されていることに注目したい。確認書の締結を東大闘争の成果として強調する本書の趣旨とともに、こうした論調からわかるのは、東大闘争のヘゲモニー争いが、運動の記憶をめぐって、いまも現在進行形で続いているということである。

東大闘争（論）の知識人運動的性格

ここまで、近年東大闘争がどのように論じられてきたかを見てきた(9)。東大闘争論には、まず、近代社会の変化という非常にマクロなレベルでの社会変動を反映したものとして東大闘争を捉える議論や、そうした社会変動から社会運動に生じた変化の基点として東大闘争を位置づける議論があった。また、非常にマクロなスケールの歴史のなかに東大闘争を位置づける議論も紹介し、これらの議論はいずれも、東大闘争の歴史的役割に関心を寄せている点では共通することを指摘した。

なぜ東大闘争論では、その歴史的役割がひとつのテーマとなるのだろうか。東大闘争の重要な要素だった社会主義運動に、歴史が展開する方向性や歴史の推進役としての運動主体にたいする関心が色濃くあったことは、もちろん影響しているだろう。新左翼を生み出した社会的歴史的背景や「新しい社会運動」論の影響も、その要因として挙げられる。これらに加えて、当事者による東大闘争論には、一九六〇年代の日本の学生運動にあった知識人運動的性格が影響しているのではないだろうか。

一九五〇～八〇年代の韓国における民主化運動のなかの学生運動を論じた歴史家の Namhee Lee によれば、韓国の民主化運動では、組織化や街頭デモと同じくらいの重要性を、テクストの読解や理論設定、議論が持っていた。これらの営みは学生運動や知識人層によって担われた。Leeは、知識人・学生にとって、民主化運動へのこうしたかたちでの参加は、かれらが保持する道義的な特権（moral privilege）の実践だったと同時に、社会のエリートとして政治的権力への権利を自分たちは持っているという感覚と、そうした権力への欲望とを反映していたと分析する。またLeeによれば、知識人・学生は、国民国家のビジョンを示す役割を自らに割り振りつつ、歴史的主体としては農民や労働者といった「ふつうの人びと」や「民衆」を想定していたため、民主化運動をとおして知識人・学生と市井の人びととのあいだの緊張感は解消されないままだったという。

東大闘争論で、その歴史的役割への関心の高さを生み出しているもののひとつに、Leeが韓国の学生運動に見いだした、当事者たちの（そしておそらく知識人としての研究者自身の）、エリートとして社会の方向性を論じ、社会のビジョンを示すことにたいする権利の感覚があるのではないだろうか。さらに言えば、筆者自身の東大闘争研究の経験もこのことを裏付けていると、反省的に述べざるを得ない。拙著（小杉 2018）では、東大闘争参加者たちが議論を重視したことや共同学習としての議論のプロセスなどには言及しえたが、それ以外の社会運動のさまざまな作業（事務、掃除、食事、チラシの作成と印刷など）をどのように運営したかという点については掘り下げが不足していた。掘り下げが不足した背景には、調査を進める過程で、筆者自身の関心が学生間の議論の様子にじょじょに引き寄せられていったことや、聞き取りをおこなった東大闘争参加者たちからそのような側面からの回顧が多くは聞かれなかったことがある。筆者のこの経験もまた、東大闘争が語られるときのある種の偏りを示しているだろう。

さらに、本節では大学論のなかに東大闘争を位置づける議論について検討した。このような東大闘争論の系譜もまた、東大闘争と東大闘争論の両方に共通する、知識人運動的性格を物語っている。

6　より豊かな東大闘争論へ

本稿では、日本の〝1968〟の学生運動についてこれまで結ばれてきた像を確認するとともに、社会運動史の多様な書かれかたを発見したいという意図から、近年の東大闘争論の整理と検討をおこなってきた。それでは、本稿で取り上げた東大闘争論とは異なった角度から、現在性を失わないかたちで東大闘争を論じる社会運動史研究には、どのようなものがありえるだろうか。最後に、この点について筆者の考えを述べ、本稿を閉じたい。

ひとつは、東大闘争を社会運動として具体的に振り返る作業をさらに深めることが必要だろう。東大闘争の歴史的役割を論じることとも、大学論のなかで東大闘争を論じることとも、当時の敵対関係を再現して自らの正統性を主張することとも異なる、社会運動としての具体的な振り返りとは、たとえば、「東大闘争でなにが目標として設定され、それにはどのような社会的・歴史的背景があり、目標はどれほど達成されたのか」「選択された戦略・戦術にはどのような歴史的背景があり、それはどのような効果を発揮したのか」「東大闘争で見られた直接行動と暴力はどのように線引きが可能で、どのように評価するべきなのか」「参加者にはどのような人がいたのか、それぞれがどのような作業をおこなったのか。そこにどのような分担があったのか」「東大闘争に参加しなかったのは誰なのか」といった諸点についての検証を指している。本稿で取り上げた東大闘争論でもこれらの論点についてはもちろん触れられてはいるものの、十分とはいえない。これらの検証をとおして浮かび上がる、東大闘争の社会運動としての特徴とその正負の側面もまた、社会運動史の記憶として残されるべき事柄だろう。

これまでの東大闘争論とは異なった角度からの議論として、もうひとつは、東大全共闘派の学生たち、とりわけノンセクト・ラディカルたちがめざしていた「予示的政治」をめぐる記録と検証が考えられる。予示的政治とは、遠い理想や目標を設定せず、運動のなかの実践や仲間との関係性のつくりかたによって望ましい社会像を予め示そうとする運動原理である。この予示的政治への志向性は、ノンセクト・ラディカルを中心とする東大全共闘派の学生たちが、新旧左翼政党・党派の運動原理である「戦略的政治」を批判し、それとは異なる運動を追求したことから形成された。戦略的政治とは、マクロな社会変革をめざすもので、目標に向けた戦略的行動とヒエラルキカルな組織形成にその特徴がある（小杉 2018）。つまり、東大闘争に参加した学生たちのなかには、自分たちが望ましいと考える社会のビジョンを、社会運動内外の日常や行為に反映させること、そして両者を乖離させないことをめざしたひとびとがいた。学生たちは、この困難な営みをどれほど達成でき、そこにはどのような挑戦や挫折があったのか。さらにいえば、予示的政治の萌芽は、同時代のほかの社会運動にも見られたのか、そこにはどのような影響関係があったのか。これらの点は、東大闘争に参加した学生たちにとって重要なテーマだったために、丁寧な検証が必要であるだけでない。予示的政治は、反グローバル化運動をはじめとする近年の運動のなかでも重要な位置づけを与えられている（稲葉 2010）。こうした理由からも、〝1968〟の社会運動の記憶として、さらに掘り起こしていく意味があるはずである(10)。

注

（1）本稿のタイトルの「学びほぐす」は、鶴見俊輔がヘレン・ケラーに教えられた「unlearn」に由来する。鶴見は、unlearn を「型どおりのスウェーターをまず編み、次に、もう一度もとの毛糸にもどしてから、自分の体型の必要にあわせて編みなおすという状態」（鶴見 1999: 107）としてイメージしている。直接には、学校教育で学んだ内容をその後に相対化し、自己教育をとおして自分の知恵として咀嚼し、身につけていく作業を指して、この言葉を鶴見は用いた（鶴見 1999: 106-8）。本稿では、既存の東大闘争論をいったん相対化し、そのうえで議論をより豊かなものにしていきたいという意味で、「学びほぐす」を用いている。

筆者はこの言葉を、書評会「社会運動史を学びほぐす――小杉亮子『東大闘争の語り――社会運動の予示と戦略』を読む」（2018. 11. 11 京都・多目的カフェかぜのね）をいっしょに企画した大野光明さん、森啓輔さんから教えられた。おふたりに感謝したい。

（2）『社会運動史研究1』（大野・小杉・松井編 2019）に特集「運動史とは何か」を掲載したのは、同様の問題意識による。

（3）東大闘争は、一九六八～六九年に東京大学で発生した大学闘争である。医学部のインターン制度反対運動から始まって、大学自治（学内への機動隊導入の是非）、学生の権利（学生処分のありかた、教育的処分の是非）、国家と大学・科学技術研究の関係性、さらにはベトナム戦争などをテーマに、学生たちが授業ストライキや建物・キャンパスの占拠をおこない、大学執行部との対話と交渉を引き出そうとした。

経過は以下のとおりである。一九六八年一月、東大医学部の全四学年の学生たちが、卒業後に一年間の無資格無給での研修を義務づけるインターン制度への反対運動の延長線上で、ストライキを開始した。ストライキの過程で、医学部教授会が活動家学生をおもな対象に、杜撰かつ厳しい処分をおこなう。同年六月に処分に抗議する医学生たちが安田講堂を占拠すると、東大総長大河内一男は学生たちを排除するために機動隊を学内に導入した。

警察力をキャンパスに入れて学内問題の解決を図ることは、当時の学生たちの感覚からすればキャンパスの自治と自律性を侵す暴挙であり、大学執行部にたいする抗議活動がこれをきっかけに全学化した。文学部を皮切りに、六月から一〇月初旬にかけて、全一〇学部の学生たちが続々と無期限ストライキに入った。七月はじめには、学生たちが安田講堂を再占拠し、東大闘争全学共闘会議（東大全共闘）を結成した。東大全共闘は大学執行部にたいし、医学部処分白紙撤回、機動隊導入自己批判などの「七項目要求」の実現を求めた。

しかし、一一月になると、大河内総長以下学部長全員が辞任し、あらたに法学部教授加藤一郎を総長代行とする新執行部が発足して、事態の収束に乗り出す。同時に、ストライキの長期化を懸念した日本共産党が、東大闘争への介入を始めた。同党の指導のもと、それまでは東大全共闘と対立しながらもストライキを進めていた日本民主青年同盟（民青）系の学生たちが、闘争終結へと方針を変更し、ストライキ反対の無党派学生と手を組んでいくことになった。

この結果、一九六九年初には、ストライキ終結を求める学生たちによって、一〇学部中七学部の代表者から構成される統一代表団が結成された。そして同年一月一〇日、統一代表団と大学執行部のあいだで「十項目確認書」が取り交わされ、前後して各学部でストライキが解除されていった。

確認書締結後も、東大全共闘派の学生たちは、安田講堂などの建物占拠を続けたが、一九六九年一月一八日・一九日の二日間にわたって機動隊と大規模な衝突をくりひろげた、いわゆる「安田講堂攻防戦」で排除された（小杉 2018）。

（4）自己変革や精神的成長が重視されたからといって、そのことがただちに運動の政治性の低さを意味するとは限らないが、本稿の主題からははずれるため、ここでは掘り下げない。

（5）東大闘争を扱った著作ではないものの、近代社会のマクロな構造変動と新旧の社会運動の入れ替わりを結びつけて論じた代表的な議論として、政治学者の大嶽秀夫による新左翼論がある（大嶽 2007）。大嶽は、一九五五年ごろから一九六〇年までの日本の学生運動の状況をたどり、とくに一九五八年に結成された共産主義者同盟（以下、ブント）に焦点を定めて、日本における新左翼運動誕生のプロセスとその思想を検討した。

大嶽は、新左翼を「社会民主主義（アメリカの場合は民主党リベラリズム）とスターリン主義の双方を批判しつつ、かつ自らを「真の」左翼と自認し、社会主義ないしはリベラリズムの刷新を求めて「長い六〇年代 long sixties」（1958～1974）に登場した①思想、②政治運動、そしてその両者と密接な関連をもつ③文化運動・文化現象の総称」（大嶽 2007: 13）と定義する。そして、「近代思想に対する根源的な批判」（大嶽 2007: 26）であるポストモダン思想が誕生する契機を新左翼運動に見いだし、ポストモダンにおける社会運動として、新左翼運動が生み出した、マイノリティ集団を主体とした「新しい社会運動」を位置づけた（大嶽 2007: 22-4）。

大嶽が参照したMarwickによる「長い六〇年代」論については、注7を参照のこと。

（6）ノンセクト・ラディカルの定義を富田は明確には示していないが、ここでは、新旧いずれの左翼党派とも直接の関係を持たずに、東大闘争に東大全共闘派として積極的に参加した学生たちを指していると考えてよいだろう。筆者自身はノンセクト・ラディカルを「新旧左翼党派とは関わりを持たないが、活発に学生運動に参加し、ラディカルな主張や戦術をとる参加者」（小杉 2018: 215）と定義している。

（7）対象期間設定の問題は、東大闘争に限らず、〝1968〟の社会運動や文化現象を論じるさいに頻繁に発生する。たとえば、歴史家のArthur Marwickは*The Sixties*と題した著書で、イギリス、フランス、イタリア、アメリカの四ヵ国で一九五八～七四年にリベラルで反権威主義的な若者文化が形成された「文化革命」の過程を描いた（Marwick 1998）。この期間設定について、Marwickは、五〇年代に伏流として存在したさまざまな文化的変化が六〇年代になって全面的に花開き、その趨勢が一九七三～七四年ごろまで続いたことから、一九五八年から一九七四年までを「長い六〇年代」（Marwick 1998: 7）としてひとつの時代区分とするべきだ、と主張している。Marwickの議論は、特定の政治的変動や文化的変動を一九六〇年代あるいは〝1968〟を特徴づけるものとして捉えたうえで、その変動の前兆・原因から帰結・結果までを、六〇年代あるいは〝1968〟として区分するものである。これと対称的な姿勢は、一九六〇年代論ならば一九六〇年から一九六九年までを、〝1968〟論ならば一九六八年を取り上げ、その期間に発生した現象のみを論じる議論だろう（たとえばKurlansky 2004 = [2006] 2008）。

（8）『歴史のなかの東大闘争』は、「十項目確認書」を東大闘争の成果として位置づける姿勢は『東大闘争から五〇年』と共通するが、戦前まで遡って大学制度と学生による自治活動の歴史を繙くとともに、一九七〇年代以降の東大の状況を改革の挫折という反省的な視点から検証しており、より専門的な大学論としての性格が強い。また、これら二冊の著者らが参加した座談会「東大闘争五〇年――『確認書』の意義と今日の大学」（伊藤谷生・大野博・大窪一志・柴田章・光本滋『季論21』2018秋号掲載）も、大学論としての回顧に分類できる。

（9）紙幅の関係から本稿では取り上げなかったが、近年出版された東大闘争論として、ほかにも大野正道（2017）や和田英二（2018）がある。

（10）これは、注1で紹介した書評会の場で、大畑凜さんのコメントから気づかされた論点である。記して感謝したい。

参考文献

安藤丈将（2013）『ニューレフト運動と市民社会――「六〇年代」の思想のゆくえ』世界思想社

稲葉奈々子（2010）「持たざる者の運動の〈予示的政治〉としての公共空間の占拠」『寄せ場』23: 13-29.

大野正道（2017）『東大駒場全共闘　エリートたちの回転木馬』白順社

大野道夫（1990）「「青年の異議申立」に関する仮説の事例研究――社会主義運動仮説と新しい社会運動仮説を対象として」『社会学評論』41(3): 234-47.

大窪一志・大野博・柴田章・神山正弘・佐々木敏昭・乾彰夫・藤本齊・光本滋・伊藤谷生（2019）『歴史のなかの東大闘争――得たもの、残されたこと』本の泉社

大嶽秀夫（2007）『新左翼の遺産――ニューレフトからポストモダンへ』東京大学出版会

小熊英二（2009a）『１９６８　上　若者たちの叛乱とその背景』新曜社

――（2009b）『１９６８　下　叛乱の終焉とその遺産』新曜社

折原浩（2019）『東大闘争総括――戦後責任・ヴェーバー研究・現場実践』未來社

小阪修平（2006）『思想としての全共闘世代』ちくま新書

小杉亮子（2016）「全共闘とはなんだったのか――東大闘争における参加者の解釈と意味づけに着目して」『大原社会問題研究所雑誌』697: 33-48.

――（2018）『東大闘争の語り――社会運動の予示と戦略』新曜社

――（2019）「「史観」の困難と生活史の可能性――一九六〇年代学生運動研究の経験から」大野光明・小杉亮子・松井隆志編『社会運動史研究1　運動史とは何か』新曜社

――（2020）「〝１９６８〟の脱政治化と社会運動論における敵対性の分析をめぐって――一九六八～一九六九年東大闘争から考える」『社会学研究』104: 37-61.

島泰三（2005）『安田講堂　1968 1969』中公新書

高口英茂（2016）『東大全共闘と社会主義』全5巻　芙蓉書房出版

鶴見俊輔（1999）『教育再定義への試み』岩波書店

東大闘争・確認書五〇年編集委員会編（2019）『東大闘争から五〇年――歴史の証言』花伝社

富田武（2019）『歴史としての東大闘争――ぼくたちが闘ったわけ』ちくま新書

道場親信（2006）「一九六〇—七〇年代「市民運動」「住民運動」の歴史的位置——中断された「公共性」論議と運動史的文脈をつなぎ直すために」『社会学評論』57(2): 240-58.

山本義隆（2015）『私の一九六〇年代』金曜日

———（2018）『近代日本一五〇年——科学技術総力戦体制の破綻』岩波新書

和田英二（2018）『東大闘争　五〇年目のメモランダム——安田講堂、裁判、そして丸山眞男まで』ウェイツ

Kurlansky, Mark (2004) *1968: The Year That Rocked the World,* New York: Random House.（マーク・カーランスキー [2006] 2008 越智道雄監訳・来住道子訳『１９６８——世界が揺れた年　前編・後編』ヴィレッジブックス）

Lee, Namhee (2007) *The Making of Minjung: Democracy and the Politics of Representation in South Korea,* Ithaca: Cornell University Press.

Marwick, Arthur (1998) *The Sixties: Cultural Revolution in Britain, France, Italy, and the United States, c. 1958-c. 1974,* Oxford: Oxford University Press.

【特集「1968」を編みなおす】

闘争を記憶し記録するということ

――『かつて10・8羽田闘争があった』〔寄稿篇〕同〔記録資料篇〕および『東大闘争資料集　DVD増補改訂版』出版に際して

山本 義隆

はじめに

私は一九六〇年代後半から七〇年代にかけてのベトナム反戦運動そして学園闘争に関わってきたが、一九八〇年代末に、その時代の闘争に関する資料を収集・整理する目的で「6869を記録する会」を立ち上げ、『東大闘争資料集』の作成に取り組んできた。とくに近年になって、その当時の私たちの闘争がすでに歴史的事実として研究されているとの感を強くし、若い世代の活動家や研究者の学習や研究に資するために、成果物の公開を模索してきた。それとともに、二〇一四年からは「10・8山﨑博昭プロジェクト」に発起人の一人として加わり、ベトナムのホーチミン市戦争証跡博物館での「日本のベトナム反戦闘争とその時代展」の実現に尽力するとともに、プロジェクトの企画のひとつである一九六七年の「10・8羽田闘争」の記録作成に助力してきた。

直近の成果物として、ひとつは10・8山﨑博昭プロジェクト発行・同プロジェクト記念誌編集委員会編集『山﨑博昭追悼50周年記念かつて10・8羽田闘争があった』――「寄稿篇」（2017）、「記録資料篇」（2018）ともに合同フォレスト、以下ではそれぞれ「寄稿」「記録」で表記――、そしていまひとつは「6869を記録する会」発行『東大闘争資料集　DVD増補改訂版』が挙げられる。

1　『かつて10・8羽田闘争があった』

前者『かつて10・8羽田闘争があった』では、私は編集委員会の一員として資料収集の一端を担ってきた。

「10・8闘争」とは一九六七年一〇月八日の朝、当時の首相・佐藤栄作の南ベトナム政府公式訪問の阻止を目的とする全学連・反戦青年委員会を中心として羽田空港近くで闘われた闘争を指す。そのたった一日の闘争の記録として、合計約一二五〇頁におよぶ先の二著はある。実際、その日の闘争は、さまざまな意味で、それだけの記述を要する内容を有していた。

第一に、その日の闘いで京大生・山﨑博昭君が空港にいたる弁天橋上で死亡したことがある。山﨑君の死因について、当日のデモに参加しともに闘った諸君の目撃証言（「寄稿」：188）、検死に携わった医師の「頭が致命傷でしょう」という証言（「記録」：35）と死体検案書（「寄稿」：561f.「記録」：18）、さらには遺族と遺族代理の弁護士の遺体に面会した時の印象についての証言（「寄稿」：46, 84f.）等から、警察機動隊による撲殺の疑いがきわめて強いものであった。フランス文学者・鈴木道彦氏によると、当日ラジオは死因が「頭蓋骨骨折」による「脳内出血」と伝えていた（「寄稿」：519,「記録」：426）。

にもかかわらずその日の夜に警察が、山﨑君は学生が奪った装甲車で轢かれて死亡したと発表し、翌日からマスコミ各社が独自の検証努力を一切放棄して一斉に警察発表を報道し、当日のデモ参加の学生に「暴徒キャンペーン」を展開した。翌月に警察は「放水車を奪って運転し山﨑君を轢き殺した」という容疑で二人の学生を逮捕したのだが、検察はその二人を起訴できなかった。この闘争では多くの学生が公務執行妨害等で逮捕されたが、その後の彼らの公判においても、検察は山﨑君の死の問題からは逃げ続け、轢殺だという証拠は一切出されなかった。目撃証人すらいなかったのである。以来、半世紀にわたって、私たちは、警察権力による山﨑君の殺害と、政治権力そしてマスコミによるその隠蔽という問題を忘れることはなかった。

10・8山﨑博昭プロジェクトは、活動目標のひとつとしてこの件の真相究明を掲げたのだが、その成果が本書「寄稿篇」の第四部「歪められた真実　五〇年目の真相究明」に収められている。その冒頭に書かれている。

いわば藪の中に置かれたままの山﨑君の死の真相を、私たちは究明したいと考えました。そのため、警察・機動隊による撲殺であるとも、学生運転の装甲車による轢死であるとも、あらかじめ前提にしないで、事実に照らして客観的に死因を究明する方法をとることにしました。歴史的な厳しい検証にたえうるものとしての死因の解明をやりとげたいと考えたのです。（「寄稿」：525）

そして、当日ともに闘った二六名からの聞き取りや、その他十数人の闘争参加者の寄稿による闘争現場の状況の再現、遺族代理として遺体に面会した弁護士の報告、公判資料やマスコミ報道の綿密な検証、さらには三井脩警察庁警備局警備課長と後藤田正晴警察庁次長の国会答弁、および秦野章警視総監ほかの東京都議会での答弁全文の検討等、おそらく半世紀前の事件にたいして考えられる最大限の検証努力がなされている。

本書は、抑制のとれた記述に終始し、ひとつの結論を性急に読者に押し付けることはしていないが、読者が自身で判断を下せるための資料集としては十分すぎるものを提供している。

遺族の代理人・小長井弁護士は記されている。「医療の専門家は、致命傷がとりわけ前頭部へ加えられた打撃による被害の事実を、当日直後一致して認定し指摘した。遺体が搬送された牧田病院の院長、副院長揃っての所見である。東京都監察医務院の医師中原義行の死体検案書は、〝直接死因〟〝脳挫滅〟と明記した。決定的な動かし得ない事実、証拠資料である」。この言明を否定しうる証拠は見当たらない。小長井弁護士の「警察は、自己の犯罪行為を隠し、殺人の責任を免れるため、そして、反抗を制圧するため、学生が学生を殺したというデマを喧伝し、デモ隊の学生への責任転嫁をはかった」という指摘は重みがある（「寄稿」：85, 87）。

実際にはあの日の闘いでは、同志社大学の学生で闘争参加者T氏の回想に「信じられないことが、その時起こった。機動隊が潰走を始めたのである。これまでのことから考えるとありえないことが目の前で起っている」とあるように（「寄稿」：185）、はっきり言えば学生は機動隊にたいして一時は軍事的に勝っていたのであり、逆上した機動隊が攻勢に転じたのちの見境のない暴力は彼らの狼狽の現われであった。当日の現場写真――「寄稿篇」のグラビア写真⑥、「記録資料篇」のx頁（右上）と37頁の写真――がその現場をリアルに写し撮っている。政治権力とマスコミはその事実を隠し、架空のストーリーを捏造して、山﨑君殺害の責任を学生に押し付けようとしたのである。

ベトナム戦争の時代、引火性の高いきわめて危険なジェット燃料が当時の国鉄線で立川・横田まで東京を横切って運ばれ、現に新宿駅で大爆発を起こしている。そして住宅地のど真ん中に米軍の野戦病院が造られ、米軍基地や湘南の海岸からはベトナムからの多くの休暇兵が入管を経由しないで入国し、東京や横浜の繁華街にあふれ、板付基地から発進した米軍のジェット機が九州大学の建物に激突するというような、信じられないような事件が次々と起こっていたのである。

しかし反戦の論理は、その被害だけを語っていたのではない。日本は米軍に後方の発進基地を提供し、沖縄の基地からは連日のように北ベトナムに爆撃機が飛び立っていたのだが、それだけではない。米軍が武器弾薬から日用品まで買い上げるベトナム特需で日本の企業には多額のドルが流入していた。ベトナム特需は日本の経済成長が七〇年代まで続いた大きな要因である。このように日本はベトナムの民衆に敵対してアメリカのベトナム侵略を軍事的・経済的に全面支援していたのであり、戦争の加害者であるとともに、受益者でもあった。

そのうえ、ベトナム民衆の支持を失いアメリカの軍事力でかろうじて維持されている腐敗した南ベトナム政府を日本の首相が公式訪問することは、米軍のベトナム侵略を政治的にも支援することであった。それは許せないというあの日の日本の学生の闘いは、戦争に巻き込まれるのは嫌だという意味の反戦ではなく、侵略への加担を拒否するという意味の反戦であった。

そして先進的学生があのように果敢に闘ったこと、このことは闘いに参加しなかった学生たちにもおおきな感銘を与えたのであり、その後、六〇年代末から七〇年初頭にかけての日本のベトナム反戦闘争の急激な盛り上がりを生みだすことになった。当時を知っている哲学者T氏の「山﨑博昭殺害が同時代の人々に特に大きな衝撃を与えたのは〝彼が弁天橋の上で闘っていた時、お前は何をしていたのか?〟という問いを一人一人に突きつけたからである」というコメントは（「寄稿」：318）、その背景をよく表している。

そのことは収録されている多くの、闘争参加者だけではなく闘争に参加していなかったけれどもその衝撃を受けた諸君からの寄稿文から読み取ることができる。当時10・8闘争と山﨑君の死亡から受けた衝撃を五〇年経った現在も鮮明に記憶していること自体が、その衝撃の深さを表している。

闘争に参加した横浜国大のM氏の寄稿には書かれている。

一〇月九日朝からキャンパスの中は蜂の巣をつついたような状態になった。正門を入ってすぐの所からさして広くもないキャンパスのあちこちで一〇・八羽田闘争に参加した学生を囲む形で大勢の学生たちの白熱した議論が嵐のように巻き起こった。一日中それは続いた。次の日も、また次の日も連日続いた。一〇・八羽田闘争の衝撃が、戦後の反戦闘争の中身と思想とその闘い方と実効性について凄まじいほどの大衆的な議論を巻き起こしたのだ。（「寄稿」：233）

同様の状況は多くの大学で展開されていたのである。

その後の日本におけるベトナム反戦闘争は、佐世保、王子と続く学生の闘いだけではなく、米軍の野戦病院開設に反対する王子現地の住民の闘争や日本全土での反基地闘争、学生と圧倒的な戦闘的大衆によって闘われた米軍ジェット燃料輸送阻止新宿闘争、新宿駅西口のフォークゲリラ、高校生の闘い、べ平連とジャテックによる脱走米兵支援運動から米軍基地内での米兵自身による反戦運動・反軍運動の働きかけ、さらには沖縄全軍労の闘争から自衛隊内部での反軍運動にまで及び、学生から労働者・市民・農民そして家庭の主婦までが加わって多面的・重層的に闘われた。

自衛隊の内部からも反安保の声があがり、普通のサラリーマンが自宅に脱走米兵を匿い、べ平連の若者たちが戦車の前に座り込み、家庭の主婦が警察の嫌がらせをはねのけて逮捕者の救援に献身したのであり、それは日本の民衆の歴史において稀有な時代であった。そして10・8闘争はその起点であった。

しかしこれらの寄稿文が語っていることは、それだけではない。

当時「セクト間の対抗に戸惑っていた」というS氏の回想は、10・8闘争の前夜、先輩から言われて事態が呑み込めぬままに法政大学に向かった時の様子が記されている。

> 法政大学についてみると、異様な雰囲気だった。三派のうちブントと社青同解放派の二派は（そしておそらくML派も）中大で全国決起集会を開いており、中核派だけが法政に集まっているのだということがわかった。……夜遅くまで続いた決起集会は、国家権力との闘いのためか、対抗セクトとの闘いのためか、どちらなのかよくわからない雰囲気だった。（「寄稿」：266）

その夜、高校時代の友人たちが何人か来ているという理由で早稲田から法政に向かったK氏の回想には、社学同と社青同解放派が法大にデモをかけたのち中央大学に引き返した一部始終を見ての感想が書かれている。

> 物凄く大事な日の前に、何という馬鹿なことをしているのだ。こんな時ぐらい党派闘争を止められないのか。……私は理論に弱く中核派にも、社学同にも、社青同解放派にも何ら批判的な意見を抱いていなかったが、この時ばかりは、党派の愚劣さ、どうしょうもなさに芯から情けなく、身体が慄えた。（「寄稿」：207f.）

その場に居合わせた多くの学生が思っていたことであろう。

そしてH氏の回想には、10・8の前夜、「〔法政大学〕経済学部自治会の片隅で行われた中核派による社青同解放派の幹部にたいする凄惨なリンチ」が記されている。社学同と社青同解放派が法大にデモをかけた原因であり、そして「三派全学連はこの時点で完全に分解したわけで、じじつ羽田闘争も別々に闘われ、一九六八年の夏にはそれぞれが別個に全学連を名乗るという事態になった」とある（「寄稿」：245）。

三派全学連（実際にはマル学同中核派、社学同、社青同解放派、ML、第四インターの五派よりなる）は、成立して一年もたたずに、党派の主導権争いで瓦解した。当時中核派にいたA氏の証言にあるように「六六年十二月の三派全学連再建直後から、中核派は自分が主流派になることを最優先し、その結果として統一戦線が潰れてもしかたがないという路線に転換し始めた」のである（「寄稿」：326）。

しかし三派全学連の再建に当時期待していたのは、ゴリゴリの党派的活動家たちだけではない。「セクト間の抗争に戸惑っていた」という先述のS氏の述懐には、10・8の前日、東大駒場キャンパスで「三派合同で集会がもたれたということには多少安堵させられた」とある。当時反戦をともに闘いたいと思っていた多くの学生に共通の思いであった。早稲田の学生であったK氏の回想には、クラスで10・8の羽田デモを決議したさい、普段は政治に関心がなさそうだと思われていた女子学生が自分もデモにゆくと言った時のエピソードが書かれている。

> 一人が、……気懸りな様子で、遠慮しながら、「どこので行くの」と問いかけた。お洒落な女子学生はにっこり微笑んで、「勿論、三派よ」と答える。問い掛けた学生に心からなる笑顔が浮かび、彼女を囲むみんなが同じ笑顔を浮かべた。
> わたしは「もちろん、サンパよ」と答えた彼女の明るく響く関東のアクセントを決して忘れない。
> そのように三派全学連への憧れと期待も熱く広がっている時期だったのだ。（「寄稿」：206）

特定の政治党派の指導を排他的に受け容れなければ運動への参加が困難であったという状況が続いていたなかで、反戦の意志を持ちながら行き場のない学生が数多くいたのである。三派全学連はそういった学生諸君に結集軸を提供すると思われたのだ。しかしその内部における主導権争いによるその崩壊は、それらの多くの学生の期待を裏切ったと言える。そしてそのセクトの独善性は、やがて凄惨な内ゲバとなって、新左翼運動の崩壊へとつながっていった。

その芽がすでに10・8闘争に孕まれていたのである。はっきり言おう。そのことをも明らかにし記録したことにおいても、『かつて10・8羽田闘争があった』の二冊は意味があると言える。若い人たち、これからの人たちに残すものとしては、私たちは、負の過去を隠してはいけないのだ。

それにしても商業新聞から大学新聞まで、『前進』や『戦旗』や『革命』から『社会新報』さらには『赤旗』『祖国と学問のために』まで、英文の『ニューヨークタイムス』からハングル文字の『朝鮮日報』まで、そして山﨑君の虐殺に抗議する反戦高協のビラや、権力の轢殺宣伝を丁寧に論駁している医学連中央執行委員会のビラ、「追悼の言葉を血で書き記せ」と決意表明をした社青同東京地本のビラから、「羽田における一部暴力学生集団の〈実力闘争〉と称する挑発を断固糾弾する！」と題し、彼らを「今こそ学生運動から追放しよう」と訴える、一学生の死にたいするおよそ最低限の慎みさえも見られない東大中央委員会・都学連中執連名のビラまで、よく収集したものと思われる。闘争から五〇年経てのものとしては、ほとんど奇跡に近い。

たった一日の闘争に関わる記録であるが、現時点で可能なか

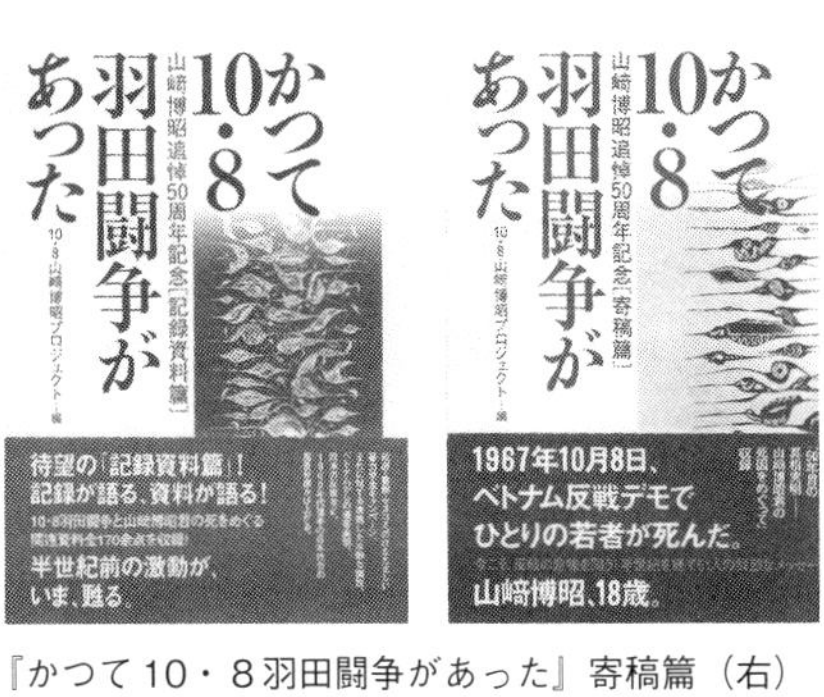

『かつて10・8羽田闘争があった』寄稿篇（右）記録資料篇（左）

ぎりの資料を収集し、その一日を細部にいたるまで復元し多面的に浮かび上がらせることによって、その一日の闘争の持つ意味に立体的・多角的に迫ろうとした本書は、「運動史」のひとつの形を創ったと言えるであろう。大部な書であるが、しかし読みだしたら巻を措く能わずという迫力を有している。

『かつて10・8羽田闘争があった』の二冊（図）はともに書店で入手できる。個人ではもちろん、大学の社会学や近現代史の研究室や学科・学部の図書室でも備えていただきたい。

2 『東大闘争資料集』について

『かつて10・8羽田闘争があった』は一日の闘争の記録であるが、それにたいして『東大闘争資料集』は、一九六七年の医学部第一次研修協約闘争から一九六九年二月末までの二年におよぶ長期の闘争の記録として、東大学内で配布されたビラ、パンフレット、討論資料、学生大会等の大会議案、そして東大当局発行文書の、集められたかぎりでのすべてを収録したものである。もちろん闘争の日々には、毎日発行したビラを残し配布されたビラを集め、それらを几帳面に保管するというような余裕はなく、当時のビラを集めて保存しようと考えるようになったのは、闘争が終息して一〇年以上経てからであった。

一九八七年に日大全共闘の諸君とともに「68・69を記録する会」を立ち上げ、資料の収集を始めた。もともと日大闘争では、芸闘委の諸君が撮影した未編集の8ミリフィルムが厖大にあったので、それをなんとか残したいということから始まった運動である。東大関係では映像資料はほとんど存在しなかったが、闘争の過程で夥しい数のビラが作成され配布されていたのであり、それらをなんとか集め残すことを第一の目的とした。名前とアドレスがわかっているかぎりで闘争に関わったすべての諸君に手紙を出し、資料の提供を呼びかけた。その際、すべて洩らさず、原型を損なわず、収録することを原則とした。

当時すでに、マスコミ・ジャーナリズムの回顧報道等では東大闘争があたかも一九六九年一月の安田講堂をめぐる学生と機動隊の攻防だけであるかのような歪曲した形で伝えられていたのであり、一般的にも相当広くそのように誤解されていた。実際には、医学部闘争としては二年の蓄積があり、処分をめぐって全学化してからもすでに半年の闘いがあった。まずそのことを事実で明らかにする必要があった。

そしてまた、安田講堂の攻防戦だけに焦点があてられた結果、闘争があたかも一握りの党派的活動家――マスコミ用語では「過激派」――のみによって担われたかのような誤った印象を与えていたということがある。

しかし全共闘は、党派的活動家だけではなく非党派・無党派の多くの学生や大学院生そして研修医や助手からなる運動体であった。後に私が貰ったある手紙には「学生運動にかかわることは、それまではセクトの一員でないかぎり不可能なことでした。全共闘運動のおかげで、セクトに加わらなくとも運動に参加できる回路が開かれたわけです」と記されていた。その意味では、前年の10・8闘争に触発されて何かをやらなければと思っていた学生や大学院生に、全共闘運動は活動の場を与えたと言える。この点は日大闘争にも共通している。

そして実際に、あちこちの学部のクラスやサークルや寮や研究室で激しく議論が交わされ、それまでは政治に無関心であった多くの諸君が、学部集会での教授会メンバーとの討論を聞いて、自分の口で語り始め、集会やデモに参加し、小さなグループ単位であるいは個人でビラを作り自分たちで配布し、ということをやっていたのである。それは通常の大学の状態からすれば稀有なことであり、その広がりこそが闘争の豊かさを表していたのである。バリケード・ストによる占拠闘争とその内部での討論は、学生に多大な解放感を与えたのであった。

闘争直後、たとえば『砦の上にわれらの世界を――ドキュメント東大闘争』（東大全学共闘会議編 亜紀書房 1969）のような資料集も何種類か発行されてはいたが、それらに収録されているのはやはり重要なビラにかぎられているのであり、それでは闘争の本当の広がりも豊かさも零れ落ちる。その意味で、ビラの重要度を問わず、発行主体を問わず、すべてを収録すべきなのだ。そういうものとして、『東大闘争資料集』は作られた。

六〇年代後半の慶応・早稲田・明治・中央と続いた学費闘争、そして東大・日大と闘われた学園闘争は、このように政治党派が主導する街頭闘争に収まりきれない広がりを持っていた。

学費闘争の背景には、日本の資本主義が高度成長に向けて拡大する企業活動を支えるための技術者・技術系労働者を大量に養成する必要に迫られていたことがある。理工系ブームは、そのための大学の理工系学部の新設・増設を指しているが、したがって本来ならば財界・企業が自身で担わなければならないそのための経費を学生およびその親に押し付けるための方策が、私立大学の学費値上げであった。その授業料の値上げは、在校生が対象ではなく、新しく入学する学生が対象であった。つまり、学生たちは、自分たちの直接的な利害ではなく、将来の後輩たちのために闘ったのである。

当時の学園闘争で、学生たちを突き動かしたのは、基本的にはやはり社会正義であった。ベトナム反戦にも通じるものである。

10・8闘争後のマスコミの暴徒キャンペーンにたいして、羽田で闘った学生たちを孤立させたのは、これまで何もしてこなかった自分たちではなかったのかと健全な感性を有していた多くの学生が自問し、その結果として運動に立ち上がっていった。それとまったく同様に、東大においても、一九六八年六月の第一次時計台占拠と機動隊投入にたいして、医学部生や研修生にたいする不当な処分にもかかわらず半年にわたって医学部闘争を孤立化させてきたのは、これまでなにもしてこなかった自分たちではなかったのかと多くの学生が自問したのであり、こうして今まで無関心であった諸君たちもが闘争に立ち上がったのである。それは、前年の文学部での処分を含め、大学当局と医・文教授会に過ちを認めさせ責任をとらせるという闘いとして始まり、やがて教授会の個々のメンバーの空疎で無責任な発言や、大学当局のあまりにも理不尽で強圧的な対応に触発されて、大学そのものの告発へと進んでいったのである。

　それは小熊英二氏の書『１９６８』（新曜社 2009）にあるような「高度成長を経て日本が先進国化しつつあったとき、……〝現代的〟な〝生きづらさ〟のいわば端緒が出現し、若者たちがその匂いをかぎとり反応した現象であった」といったものではなかったし、まして「〝現代的不幸〟に集団的に直面した世代がくりひろげた大規模な〈自分探し運動〉」であったわけでも、さらさらない（上 : 14, 下 : 794）。

　先に亜紀書房の『砦の上にわれらの世界を』の書に触れたが、当時発行されたこの手の資料集は、もちろん発行されたビラのうちのごく一部を収録したものであるだけではなく、当然のこととして、ビラを活字で組み直したものである。しかし私は、運動の実相をできるかぎり保存するために、ビラを元の形態で、つまり手書きのガリ版刷りのままで残したかった。

　現在、集会などにゆくと、パソコンで描かれ上質紙にカラーで印刷した綺麗なビラがいくつも手渡されるが、それにひきかえ当時の粗悪なザラ半紙にガリ版で刷ったビラは、今見るといかにも戦後的で「昭和時代」的な印象を与える。しかしそれらのガリ版刷りのビラを見ると、当時学生たちがビラ一枚作るのにいかに努力して手間ヒマかけてやったかがわかる。もちろん手慣れた旨いものも少なくないが、拙いものも数多くあり、そのこと自体が運動の広がりを示しているのである。

　「ガリ版」という言葉は今では死語になっているようだ。私がそのことを実感したのは、先述の小熊氏の書『１９６８』の次の一節に出会った時である。

> 当時のガリ版印刷機は、原紙に鉄筆で文字を書き、それを謄写版で印刷する。この文字を書く作業を「ガリ切り」といい、印刷を「スッティング」、印刷したビラを裁断する作業を「カッティング」と称した。（上 : 249）

当時の運動に少しでも実際に関わった者ならば、こういう誤りは決してしない。そう、「カッティング」とは「ガリ切り」のことであって、「裁断する作業」ではない。小熊氏は一九八七年大学卒とあるが、氏自身、多分自分でやったことはないと思われる。同書にはその手のミスが散見されるが、これも氏の一連の論考における現場感覚の希薄さの一例である。他方で、厖大なガリ版刷りのビラは闘争の現場感覚を今に伝えている。

死語としての「ガリ版」に触れたので、ついでに言っておくと、小杉亮子氏の『東大闘争の語り』（新曜社 2018）という、闘争参加者からの多くの聞き取りをふまえた書物がある。聞き取りの対象が文系学生に偏っていて、肝心の青医連の研修医や、中心的な役割を果した理工系の大学院生からの聞き取りがないのが欠点であるが、それまでになかった新しい試みであり、正直なところ使われている社会学の用語に馴染みの薄いものも多く、そのため意味が取り難い処もあったが、それなりに興味深い書物ではある。

同書にはジェンダー史の観点から、東大闘争や学園闘争が女性差別をしてきたとの指摘があり、当時の日本の学生運動を研究しているチェルシー・シーダー氏の議論に依拠した「女子学生が料理や掃除、救援、ガリ版刷りなどの補助的な役割を割り当てられるという性別役割分業が貫徹し、解放空間のなかでもジェンダーをめぐる社会規範は問い直されることはなかった」という記述がある（同：40f）。たしかに東大闘争では、闘争体においても私個人においても女性差別に無自覚であったことは事実であり、痛切に反省しなければならないと思っている。

しかし、細かなことにこだわるようであるが、「ガリ版刷り」つまり「スッティング」を女性に割り当てたという事実はないと断言できる。「スッティング」は、私自身も随分やったが、バリケード内で女性がやっているのを見た記憶があまりない。「ガリ版刷り」といっても、小学校の先生がクラスの子供たちのプリントを四十枚程度刷るようなレベルではなく、ザラ半紙一〆千枚単位を二〇分程度で刷るかなりの力仕事で、衣服も汚れるものであり、ほとんど男性がやっていた。ちなみに「掃除」など、誰もやらなかった。よほど汚れてきたら、気になった者が自発的に片付けた程度である。「掃除やガリ版刷りが女性に割り振られた」というのはいかにももっともらしく聞こえるが、これは闘争の現実を知らない人の想像の議論であると言わざるをえない。ついでに言うと「解放空間」のなかに「料理」はないだろう。せめて「炊事」とでも訳すべきものではないのか。

これまで、研究者や評論家やジャーナリストの書いたもので、いかにももっともらしいのだが、しかし闘争の実相とは微妙にズレているという感想を持ったものが少なくない。先述の小熊氏の例にしてもそうだが、後の世代に闘争の現実を伝えることの難しさと言うべきか。

「ガリ版印刷」と通称されている謄写版印刷は、和紙を蝋引きして作られた「原紙」を用いる日本発祥の印刷技術である。戦前のことは知らないが、少なくとも敗戦直後から一九七〇年代中期位までは、日本の学生運動・労働運動・地域闘争必須のアイテムであり、どの自治会室にも組合室にも一台は置かれていた。それは小中学校等の教育現場でも広く使われ、戦後日本の文化の底辺を下支えしてきた。たとえば四日市の反公害闘争を闘った澤井余志郎という人の『ガリ切りの記』という表題の本がある（影書房 2012）。鑢の上の原紙の桝目に鉄筆で力を入れて一字一字書き込む「ガリ切り」は、このように当時の運動を象徴する言葉でもあったのだ。そういった技術もまた、闘争の記録として残されるべきである。

千葉県佐倉市の国立歴史民俗博物館（以下「歴博」）に私たち「6869を記録する会」は収集した東大闘争・日大闘争の資料原本をすべて寄贈した。二〇一七年に同館で開催された企画展示「「1968年」無数の問いの噴出の時代」はそれら資料が基礎になっている。その準備過程で、企画の中心にいた博物館の荒川章二教授からビラやポスター以外の展示物としてどういうものが考えられるかと聞かれた時に、私は迷わずガリ版セットと答えた。私たち自身も「10・8山﨑博昭プロジェクト」と「60年代研究会」が共催で二〇一六年に京都精華大学で「ベトナム反戦闘争とその時代展」を開催した時に、今では入手困難なガリ版セットを展示したのであり、翌一七年に同展示会をベトナムのホーチミン市で開催した時も、日本からガリ版セットを持ち込んだ。これらはすべて、同様の考え、すなわち世代的に伝達の困難な技術的なるものも闘争の記録として残されるべきという考えにもとづいている。

少し脱線したが、話を戻すと、以前に『東大闘争資料集』をゼロックスコピーによる製本とマイクロフィルムに収めたのも、今回それをスキャンし直してDVDに収めたのも、闘争の資料であるとともに、ガリ版文化の資料として、大部分がガリ版刷りのビラ類を当時のままの姿で残したかったからである。

一九九四年完成の『東大闘争資料集』ハードカバー製本全二三巻・別巻五巻はマイクロフィルム三本とともに国立国会図書館に、そしてマイクロフィルム三本と総目録が東京大学文書館と法政大学大原社会問題研究所と歴博に収められている。

今回完成された『東大闘争資料集　DVD増補改訂版』では、その後に見出され、あるいは送付されてきた資料を追加するとともに、一九六八年八月七日から六九年一月二八日までの『東京大学評議会議事要旨』、および当時の東京大学文学部図書室の職員が作成した一九六八年一月初日から六九年三月末日までの朝日、毎日、読売、日経各紙の東大闘争関連記事の見出しを収録した『68年東大問題に関する新聞記事索引』全二三四頁、そして、必ずしも完備なものではないけれども裁判と救対関連のビラや法廷文書を新たに収録し、すべてスキャンし

『東大闘争資料集　DVD 増補改訂版』

直し目録も再校正した。できあがったものは収録件数全五千四百点余、総頁数一万三千余になる。

なお、ビラやパンフレット類は一九六九年二月までのものとしたが、後で考えると六九年いっぱいを通して各闘争委員会の総括文書がパンフレットの形でいくつも発行されていたのであり、それらも収録すべきであったと後悔している。

3　闘争のアーカイブ

当時の闘争のアーカイブとしては、歴博のほかに、立教大学共生社会研究センター、そして大阪産業労働資料館のエル・ライブラリーがある。立教大学のセンターには、各地の公害闘争や住民運動の資料の他に、ベ平連事務局長の吉川勇一氏が収集されたベ平連関係の厖大な資料が収蔵されている。

同センターにはまた、当時の日本各地と沖縄の米軍基地内部での反戦運動・反軍運動の資料として、反戦米兵自身が基地外の日本人協力者とともに作成し基地内でひそかに配布した、粗末な紙に印刷された英文の反戦地下新聞がほぼすべて収録されている。世界最強の軍隊が内部から自壊していったことを示すこれらの資料は、現在の合衆国国内の運動体も所有していないし、そもそもその存在すら知られていない貴重なものである。

「権力にたいする人間の闘いとは、忘却に対する記憶の闘いに他ならない」と言ったのは元チェコ共産党員でチェコ事件のときフランスに亡命した作家ミラン・クンデラだが（『笑いと忘却の書』集英社 1992 より）、闘争の記録はたんなる歴史記述のためではなく、まずもって闘争の継承と教訓化のためである。それは第一義的には私たち自身のためであり、第二に私たち以降の世代に正確な実相を伝えるためである。アーカイブの重要性である。私は、以前の国会図書館に納めた『東大闘争資料集』が完成した時の『68・69を記録する会　会報9』に「これで、国会図書館に通って資料を読むという労力を厭わない限り、ドキュメントという一面ではあれ、東大闘争について、意図的な捏造や隠ぺい、等々の歪曲を許すことなく、その実相に触れることが可能となったのではないでしょうか」と書いた。いまから四半世紀前である。言葉は堅いけれども「闘争の実相に触れること」の重要性とともに、その難しさは今ではなお一層強く感じられる。ともあれ、今回のＤＶＤ版の完成で、その閲覧はずっと容易になった。

学生運動・学園闘争の資料として、当事者である学生の作成したビラ等にたいして、それらは「借り物の言葉」で語られているから役に立たないという議論がある。たしかに背伸びした二十歳前後の青年が書いたものなど、その時その時の自分の気持ちにあう言葉を探し出し借りてきているのであり、大方「借り物の言葉」で綴られているであろう。しかしたとえ「借り物の言葉」で書かれていたとしても、精一杯の努力をして巨大な体制に抗ってきたのであり、まずもってそこから運動と歴史の実相を読み取っていくべきではないのか。「借り物の言葉」を歳とともに棄て去った者も勿論いるだろうが、しかしそれを反芻し自前の言葉に鋳直して了解し生きてきた者も少なくはないのだ。それらを十把一絡げに否定すれば何も見えなくなる。

過去の運動や闘争をどのように評価し、どのように批判し、どのように教訓化し、どのように継承するのか、その判断の根底には、正確な事実の認識が必要とされる。この点において、商業ジャーナリズムの報道にせよ、あるいは闘争の周辺や外部にいた評論家や研究者の評価や解釈は、たとえ良心的・好意的なものであれ、問題の根幹を捉えているとはかぎらない。もちろん当事者のものであったからといって、とくに回想録等では、記憶が浄化されていることによるバイアスがかかっていることも考えられ、必ずしも正確とは言えない。当事者ゆえに美化していることも、あるいは逆に語り得ないこともあるだろう。その意味では原資料の重要性は高い。

この『東大闘争資料集』の二一巻「当局文書」には、当時公開されていたものだけではなく、最高決定機関である評議会の議事録や、評議会や教授会メンバーにだけ配布された文書、さらには総長告示にたいする推敲の跡も見られる手書きの草稿のような珍しいものも収録されている。それらからは、当時知られていなかった大学当局の動きを窺うことができる。たとえば評議会議事録を読むと、加藤一郎が一九六八年一一月に総長代行に選出された時、そして翌六九年三月に正式に総長に選出された時、その度ごとに加藤はより多くの権限を総長に集中させてゆき、こうして雪崩をうって「正常化」にむかう過程で「紛争収拾のための特別措置」が常態化され、その後、今に至るまでの中央集権化された東大の管理機構が形成されていったことがわかる。東大そのものの歴史にとっても重要な資料と言える。

私は、予備校で物理学を教えるかたわら、在野の研究者として科学史に首を突っ込んできた。科学史では、判断の前提としてなによりも一次資料が重視される。同様に、過去の運動について現時点でなにがしかの判断や評価を下すに際しては、運動にたいしてどのような立場をとるにせよ、まずもって原資料に依拠しなければならず、そのためには信頼できる一次資料それ自身がなければならないと言えよう。

運動体が自身の手でそれらの資料を残すということは、実際にはやはり相当困難なことではあるが、少なくとも私たちは、10・8羽田闘争と東大闘争について、それなりのものを残すことができた。日本の歴史において稀有な時代である一九六〇年代末から七〇年代初頭にいたる時代を顧みるにあたっては、やはり欠かすことのできない資料である。活用していただきたい。

（2019年7月24日記）

【特集「1968」を編みなおす インタビュー】

古賀 暹《のぼる》さん

『情況』前夜――「1968」を準備した六〇年代前半期

「1968」を象徴する大学闘争や「新左翼」運動、そうした闘争と並走しながら、かれらの声を積極的に伝えた重要なメディアとして、月刊誌『情況』がある。古賀暹さんは、一九六八年に創刊された同誌の中心人物だ。『情況』刊行以降の歴史も興味深いが、古賀さんのライフヒストリーを辿る時、「1968」を代表する同誌が、六〇年代前半期の運動史に深く根ざしたものだったことが浮き彫りになるだろう。インタビューは二〇一八年三月二九~三〇日に古賀さん宅にて行い、松井が編集・再構成したあと、古賀さんが加筆訂正した。『情況』(第一期)の総目次(上・創刊号~53号)を資料として収録した。(聞き手:松井隆志)

六〇年安保後の学生運動

――古賀さんは一九六八年に雑誌『情況』を創刊しました。『情況』刊行以後の話もいずれ詳しく聞きたいのですが、今回は『情況』に至る前史として、主に六〇年代半ばまでのことをお聞きします。古賀さんは「六〇年安保世代」でもありますので、まずは大学入学前後のあたりからお願いします。

古賀暹 その前に、一九六〇年前後の左翼運動の流れを大まかにガイダンスしておきましょう。まず前提として日本共産党がある。そして一九五八年にそこから割れて出たのが第一次ブント(共産主義者同盟)。ちなみにブントは、共産党五〇年分裂の時の国際派の流れだと言われていますが、その内実は、たとえば、所感派の生田浩二さんなども加わっていて、必ずしも国際派だけというわけではなかったようです。大きなモーメントは、共産党中央の指導に対する全学連指導部による執行部批判に端を発したと言うべきでしょう。

背景には、国際的にはスターリンが批判された後、ハンガリー動乱が起こったことやユーゴのチトー主義登場などのソ連圏の矛盾の表面化がありました。直接にそういう問題と結びつき影響を受けながら発展した潮流としては、構造改革派（構改派）や第四インターがありましたが、間接的にはブントも影響を受けているとはいえるでしょう。

だが、ブントの場合は主として大衆運動的な要因、具体的に言えば、その源流は砂川の基地反対闘争を闘った反戦学生同盟にあります。反戦学同が社学同（社会主義学生同盟）になりブントになったわけで、つまり、闘わない党に対する学生を主体とする反戦意識の高まりが、ブント結成への実践的な契機だったからです。

だからブントの特徴は、学生を中心とする大衆運動主義だったと言えます。これに比べれば、構改諸派の方が党派主義だった。かれらの方は、構造改革という世界的な動きに根ざしていたのですから、ある意味ではインテリ性が高かった。ブントは学生細胞が主体だから、表面は党派主義に見えても、学生の急進派を代弁したと言えるでしょう。過激な方針という点もそうだし、なんといっても「若い」んです。それに対して、共産党にとどまった人々の方が、経験を積んでいる。いいだももさん、武藤一羊さんとか、廣松渉さんなどの私より上の世代の方が組織ということを知っているという意味で党派主義的。だから、市民運動ともくっつくことができる。一方、ブント主義は運動の過激化、長崎浩さんの言葉を使えば「叛乱」の拡大のようなことが課題となる。

――安保闘争後に一次ブントは分裂するわけですよね。

古賀　この分裂は、安保闘争の総括問題をめぐってです。革通派（「革命の通達」派）・プロ通派（「プロレタリア通信」派）・戦旗派。私の経験から端的に言ってしまえば、六〇年安保闘争の6・18において、安保条約自然承認前夜になぜ再突入できなかったのかというのが基本的な問題ということになります。代々木（日本共産党）や総評を主体とする数十万の巨大なデモが、「民主主義を守れ」と言いながら流れ解散をしてしまう。僕たち学生は国会をびっしり取り巻いていたけれども、そのまま夜を明かしてしまう以外になかった。あの空しい夜はいったい何だったのかということになる。

その総括をめぐって革通派は何を言ったかというと、姫岡玲治（青木昌彦）の国家独占資本主義論が悪い。あの理論は日和見主義だからだめで、もっと情勢分析を明確にして、ここが一大決戦だと位置づけられるような資本主義論が必要だと。理論があればよいという話ではないですよね。

次のプロ通派は、武装蜂起の思想がなかったことが問題だと総括した。三千人の抜刀隊があれば一気に革命に近づけただろうと、島成郎が言ったという噂があった。実際には島さんは、「抜刀隊」ではなく、単に「戦闘的労働者部隊」と言ったそうですが。ともかく暴力闘争の深化というのがこの系譜。だけど、それでもって現在の資本主義体制を根底から引っくり返すことなどできるはずがなかったでしょう。

最後は戦旗派で、プロレタリアートの思想がなかったと総括した。プロレタリアという言葉は一種の魔語であって、その言葉と現実の闘争はどうつながっていくかがない。安保反対の大衆闘争は、プチブルのあがきだったかのように言われれば反発せざるを得なかった。だが、党ということにこだわる人々は、黒田寛一ら（革命的共産主義者同盟＝革共同）の方へ行く。プロ通派の主流も全学連という組織や活動を維持したいがために、ちょっと奇妙ですが、不承不承ながら革共同に行っちゃう。

このように、指導層が右往左往するなかで、残されたのは空しさを抱えた東京の学生大衆でした。東京の学生たちは、安保闘争の過程で大衆運動とほとんど無関係であった革共同派が、学生運動の主導権を取ることが解せなかったわけです。この取り残された部分が、後の第二次ブントに成長してくる。僕は今、東京の学生と言いましたが、地方の学生はどうかというと、この「空しさ」がわからない。地方は、6・15、6・18と闘って、安保闘争は勝利したと思っていた。現場にいた東京のグループは涙を流しているのに。そうすると多くの地方は、ブントの有名な指導者を抱えた革共同の指導下に入ってしまう。それで全学連大会になるわけだ。

だから、革共同に行かなかった若い世代の学生たちと革通派の生き残り、それが東京の社学同となっていくのです。安保闘争を闘ったのはブント系の俺たちなのに、というところから出発する。言うなれば、あの「空しさ」の中にはすべてが凝縮しているはずで、それを思想化するには、まず我々が大衆闘争を組織しなければならない、となっていった。かつて砂川の基地反対闘争から反戦学同が生まれ、社学同、ブントと形成したように、自己の思想を闘争の中で鍛え上げなければならないというわけです。だから、何もやらないで党だなどと言っている革共同や共産党などは打倒対象なんですよ。打倒と言っても内ゲバをやるという意味ではなくて、大衆運動の高揚の中に巻き込んで、それらが戦闘の中で変質していくことを目指すという意味です。

――以前、古賀さんが「自分たちがやってた運動はノンセクトみたいなものだった」と言ったことがあって、二次ブントの人が何を言ってるんだろうとその時は思ったのですが（笑）、最近ブントの歴史を勉強して、言いたいことが少しわかった気がします。

古賀　だから、初期にはアナーキスト系の「犯罪者同盟」の平岡正明や宮原安春といった変わった連中も一緒だった。また、社青同解放派になっていったグループや、構改派の井汲多可史らとも組んでいた。現在、自分たちは学生運動しかやれないが、社青同の人たちには社会党なり労働運動などへのパイプを作っておいてほしい、と、思っていました。つまり、いずれは、合流しなければいけない存在だと、僕は思っていました。構造改革派の人たちだってそうだと考えていました。ちょっと大風呂敷だったと思いますが（笑）。

大学入学から東大新聞へ

――わかりました。ただその時代に行く前に、古賀さん自身のことを時間順に確認していきましょう。まず高校時代までですが、政治的にはどうでしたか。たとえば大学入学前後で皇太子結婚の「ミッチー・ブーム」がありますが、天皇制に対して何か思ったりしたのでしょうか。

古賀　高校時代の僕は「意識的なノンポリ」と言うべき存在でした。意識的というのは、本当は何かやらなければならないと思いつつ、それを抑圧していたという意味です。天皇制については、二・二六事件に連座した親父（古賀斌）の天皇観に影響されて、子供の時から「天皇は青い目をしている」、つまりアメリカの手先だと思っていました。敗戦で天皇は死んだと思っていた。天皇が死んだのだから、我々が天皇にならなければならないと。だからミッチー・ブームもバカみたいだとたぶん感じていた。

意識的ノンポリと言ったのは、政治的な人間には決してなりたくないという意味です。というのは、親父のせいでうちが貧しかったにもかかわらず、右翼はもちろん、左翼の来客も多く、その人たちの話を聞くのが小学校の三、四年生頃から好きでした。そうしたかれらの「敗北」を見すぎたせいかもしれません。

どうせ行きつく先は貧しさしか待っていないと考えつつも、片方では「しかし」、僕もやらねばならないと考えていたようです。そして、どうせ人生なんか空しいのだ、と半分ニヒリストみたいだったというのが本音かもしれません。

――荒岱介編『破天荒な人々』（彩流社 2005）に収録されている古賀さんへのインタビューでは、外交官かサラリーマンになろうかと思ってた、と話してますね。

古賀　どうせ「空しい」のなら、すべて忘れて楽に暮らしたい、何も主体的にはやらないで表面だけは華やかに見えるのもいいな、という意味です。こましゃくれた子供、「ニヒリスト」の身過ぎ世過ぎの方便だなどと言うと笑われるかもしれませんが。

――それで、一九五九年に現役で東京大学に入学しますね。最初は野球部で『東京大学新聞』（東大新聞）はその後ですか。語学担当教員である山下肇さんが古賀さんを野球部員だと勘違いし続けたエピソードを以前うかがいましたが。

古賀　すぐ野球部はやめて東大新聞に入った。だけど、ある一日、練習に出たら野球部の名簿に載ってしまって、『ベースボールマガジン』に僕の名前が出た（笑）。山下肇さんは、わだつみ会で知られている方で、『駒場の青春』という本も書かれている方です。その先生のドイツ語の授業に初めて出たのが、入学してから一ヵ月半後の五月中旬のことでした。その時、先生からいきなり、「古賀、お前は、来なくてもよい」と言われたのはびっくりしました（笑）。来なくてよいとはどういうことだろう、一ヵ月半もクラス担任の授業に行かなかったから大学を除籍にでもなったかと一瞬思いました。

ですが、山下さんがそれに続けて「野球で忙しいのだろう」と言ってくれたので事情がわかりました。ですが、その頃はとっくに野球部ではなく東大新聞だったので、気恥ずかしかったのを覚えています。東大新聞は定期的に発行し、学生にもバイト代も出し、事務員も5人ほどいる、きちっとした新聞社でした。ただ、なぜ東大新聞に入ったのかは自分ではよくわからない。事件記者にでもなりたかったでしょうね。そうすれば、忙しさに気がまぎれるから。それとアルバイト代わり。

――ジャーナリズムには興味があったわけですね。ところで古賀さんが最初に学生運動に関わったと思うのはいつ頃でしょうか。

古賀　六〇年の4・26くらいかな。かなり遅い。

――五九年から安保改定阻止国民会議が始まっていて、一一月二七日にはデモ隊が国会構内に入りますが。

古賀　それは全部知ってて、頑張ってると思って応援していた。クラス討論でも、断固ブント系を応援という感じだった。ただ、ブントの人との人脈はなかった。

——大蔵成行『安保世代一〇〇〇人の歳月』（講談社 1980）によると、後に自民党議員になった加藤紘一とは駒場（教養学部）文科一類の同じクラスですね。クラス討論に参加してたということは、一年生の頃は授業に出てたんですか？

古賀　いや。たまに出ると歓迎された。基本的に一年生から本郷の東大新聞に詰めていた。久しぶりに行くと、山下肇さんが昼食をおごってくれる。加藤も、お金があるはずなのに先生におごらせてた（笑）。

——その山下さんだから単位をもらえたんですか。

古賀　それが僕の運の尽きで（笑）。どういうことかと言うと、試験には行くじゃない。一年の最初の夏の試験から成績は「可」。冬も、二年の夏も「可」。「可」が三つついた。だけど最後まで「可」ではいけないと思って「良」くらいとれるように一生懸命勉強した。でもやっぱり「可」なんだよ。当時文科一類は法学部と経済学部に割り振られるけど、法学部の方が点数が高かった。これで法学部には絶対行けないと思って、どうせダメで落とされると期待して法学部に志望を出したら通ってしまった（笑）。

——経済学部の方がその時点では本来の志望だったんですね。

古賀　何かの機会に成績を見せてもらったら、四回とも全部69点の「可」だった。山下さんは、俺の答案なんか見ないで、「古賀遅」と書いてあると69点をつけていたんだね（笑）。それで間違って法学部に行ってしまった。

学生運動への深入りと吉本隆明

——大学一年生の頃から本郷に通って東大新聞をやっていて、学内外で安保闘争が騒がしい時期だったはずですが、現場取材には行かなかったんですか。

古賀　僕の担当は一面だった。一面というのは、学術会議とか東大当局の記事なんだ。だから三年生くらいまで学術会議には何回も参加してる。各学部の対応とかそういうのを通して安保闘争の動きは僕の目には入っていた。ただ、学生の動きは直接私の担当じゃなかったから、六〇年一月の羽田立てこもりにも行ってない。時々時間があればデモや集会に参加した程度。

——それが、六〇年の4・26あたりから「行かなきゃ」という感じになったわけですか。

古賀　そうです。どうしてかというと、感覚として、社会的には孤立しつつも果敢に闘う学生の姿には真剣さが感じられ、駒場に行くと西部邁のアジテーションの「悲壮感」にもその感じが強く出ていました。理論的には、日本帝国主義の復活を阻止するという主張にはもちろん共感してもいました。民青の言う反米というのは、まず自国帝国主義を打倒しなければ愛国につながってしまう、と生意気にも考えていたんでしょう。レーニンの帝国主義論くらいは読んでいたかもしれません。

クラスでは、加藤紘一が自治委員か何かになっていて、この主張を話してブントを支持しろとか言ったんです。加藤は代議員大会などでは支持してくれましたが、デモには「俺にはいろいろ立場あって」と言って参加しなかった。その時は事情がわからなかったのですが、彼は自民党議員の息子だからだよと友達に言われて、なるほどと思いました。だが、彼も６・19（自然承認）の朝には国会前で一緒に座り込んでいたような気がします。

――東大新聞で、その時期の古賀さんは学生運動について何か書いてないんですか。

古賀　三面の担当じゃないから学生運動については書いていない。一面の後、二面（評論）担当になり、吉本隆明さんのところに通いだして、黒田寛一への批判を書けないかとお願いした（1961.4.12/19付。後に『吉本隆明全著作集13』〔勁草書房1969〕に「睡眠の季節」として収録）。ブントと関係ができたのはそのあたりから。

印象に残っているのは、本郷に進学する二年生の時（六一年の初め頃）に、活動家はみんな単位が足りなくて、体育の時間に特別の補習があった。一週間くらい特訓で毎日走らされた記憶があるんですが、そのとき一緒に走らされていたのが、加藤尚武と坂野潤治だったかと思います。つまり、一次ブントの輝ける英雄たち。その英雄たちを、教員が竹刀を持ってきてケツを叩きながら走らせる。「捕虜収容所みたいだ」と思いました（笑）。ブントは安保に負けて、その半年くらい後に組織も分裂して、その後にお尻を叩かれていたんです。

そうやって一緒に走らされた後に、かれらから「この頃の東大新聞は面白くなってきた」と褒められたのを覚えています。かれらも吉本の評論を一生懸命読んでくれたと思う。

――逆に言うと、その頃はまだ古賀さんは二年生の新聞部員で、運動はまだ横から眺めていた感じがあったわけですか。

古賀　そうだね。なぜ負けたのか、あのカッコいい安保全学連がなぜ分裂してなくなったのかというのが僕の出発点だった。それに吉本の記事を褒められたりしたのがいけなかった。

――吉本隆明の六〇年安保総括の論文「擬制の終焉」（『民主主義の神話』現代思潮社1960）もありますが、それらも踏まえて依頼に行ったのですか。

古賀　吉本を読むことを東大新聞の先輩に勧められましてね。そこで、彼に書いてもらってはどうかと思って出かけていきました。当時の東大新聞には変わり者が多くて、広告を集める営業には後に「リクルート」を作った江副浩正さんがいましたし、編集には池田信一さんという人がいた。池田さんは文芸欄をいつも担当していて、影響をかなり受けた。もう一人、後に読売に行った北川重彦さんがちょうど三面を担当していたから、ブントなんかをよく知っていた。それでいろいろ飲みながら聞いたりするようになる。ともかくその池田さんから、花田清輝とか吉本がどうだとかいう話を時々聞く。ちなみに池田さんは、在学当時からすでに週刊誌のライターをやってて、後に『サンデー毎日』に引き抜かれるほどの人です。

――池田さんの助言で吉本に会いに行ったんですね。

古賀　直接の助言ではありません。僕なりに考えて出かけたわけですが、吉本さんの御徒町のガードのすぐそばの家に行って驚かされました。玄関から入ったすぐのところに八畳間があるのですが、そこはベビーベッドに幼児（娘さんだったでしょう）が寝かせられているだけで、ほかに何もありません。通された応接間も同様で、古びたテーブルだけ。原稿依頼の趣旨について述べてお願いすると、吉本さんは、ただ黙って僕に視線を向けている。僕も吉本さんを見つめました。三〇分ほど経ったような気がします。僕は、依頼者である私の思想が問われているような気がして緊張しました。その後も何回か依頼に伺いましたが、いつもそうでした。

こうして掲載できたのが、ブントの英雄たちも気に入ってくれた評論なのですが、逆の反応もありました。編集部の大先輩である伊藤成彦さんが、時々編集部にやってきていたのですが、その伊藤さんに「あんなゴロツキみたいな奴になぜ書かせるんだ」と怒鳴られました。ローザ・ルクセンブルクの研究をしているという方ですが、僕らの心情や吉本もわからずに何がローザだと、泣き出したくなりました。

新聞の評論面担当ということで、この時代に僕はいろいろな人に会っています。浅田光輝さん、村上一郎さん、三浦つとむさん、津田道夫さんなどです。それぞれの方にお話しを伺い、それが勉強になったのは確かです。そのなかで、政治的教訓になったというか、変な思いをしたのは、上田耕一郎さん（後に参院議員）でした。

六三年頃のことだと思いますが、上耕さんに共産党批判の論文を書いてくれと言ってお願いし書いていただいた。ですが、ゲラも出て版組をする段階で電話がかかってきて、「あれ、ちょっと具合が悪いからやめてくれ」と言われて、活字を崩して慌てて記事を差し替えたことがありました。この時に、上田さんが、党の中心的立場に戻ったのではないかと思っています。

――その頃、上田さんなどに依頼して書いてもらえるくらいの距離にいたんですか。

古賀　そう、上田さんは構改派だったもの。それに僕自身はいろいろな人に依頼することで、自己の成長を図っていきたいと考えていたからね。この姿勢は後の『情況』の編集をやった時にも持続していると自分では思っています。

――後の「ブント史観」からすると、六〇年安保闘争後に、共産党にまだ属してる潮流と仲良くしているというのは、不思議な感じがあります。

古賀　当時、構改派はもうすぐ共産党から分裂するという話だったこともあったでしょう。後で聞いた廣松さんなんかの話では、もともと駒場・本郷合わせて東大細胞で四、五百人くらいいて、五〇年代の代々木の最大細胞だったらしい。そこからブントを作った連中が、四〇〜五〇人分裂する。廣松さんなんかは時期尚早と考えていた。だからブントは第一次分裂に過ぎない。そして僕らの時代には構改派が分裂するということになったわけです。

――廣松さんとの出会いもその頃なんですか。

古賀　そうです。でも、先に挙げた吉本さん浅田さんなどと違って、廣松さんの場合は、彼はまだ大学院の学生でしたので、廣松さんの方から「学生運動の軌跡」という連載企画を持ってこられました。廣松さんは、当時活動家が好んで着ていたネズミ色のレインコートが印象的でした。その時僕は、このレインコートから、これは危険な思想の持主だと思いました。その後、何回か編集室に来られたのですが、なるべく深入りをしないように心掛けました。しかし怖いもの見たさというのでしょうか、ある日、東大新聞の近くにあったアートコーヒーに誘われ話をすることになってしまったのです。

「古賀君、人間とは何だと思いますか」と問われて、「『ドイツ・イデオロギー』によると社会関係の総体と書かれていますが、僕もそう思います」と生意気に答えたのがいけなかった。後の廣松さんのある意味での出発点が「ド・イデ」であることを知らずに。僕はただ単に自分が置かれている諸関係から脱出したいということを口走っただけなのですが。その頃から、なぜだかわからないのですが、ブントというよりそれ以前の古い活動家に呼び出され、オルグされるようになります。森田派と言われるグループの森田実さんとか、中村光男さんとかです。

苦難の学生運動デビュー

——それでそのまま東大新聞で編集長になるのですか。

古賀　いや、しばらく学生運動をやってから再び東大新聞に戻ってくる。行ったり来たりです。

——そのあたりのプロセスについてもう少し詳しく教えてください。

古賀　学生運動に深入りする動機は非常に簡単。六一年五月以降に政暴法（政治的暴力行為防止法案）粉砕闘争がありました。これの六月三日のデモに僕の親友の川戸康暢くんがデモ指揮することになり、「今日俺は絶対パクられるから」と言っていました。それを聞いて、僕は絶対パクらせまいと指揮者の彼の隣にずっとついていて、守ってやるつもりだったのですが、実に巧妙に彼が逮捕されてしまった。気づくと刑事（デカ）に抱きかかえられた彼が、ぐるぐると転がされ向こうの歩道に達している。後から聞くと佐藤さんという警視庁切ってのデモのパクリの名手だそうで、まさに「職人技」（笑）。

ちなみに、後に僕にとっても、社学同にとっても重要な人物となる佐竹茂と知り合うようになるのもこの頃です。彼は、一時、北海道の実家に帰っていて、この時期に復帰していました。

いずれにせよ、自分でデモ指揮までしようということになったのはこれ以降。これが、学生運動に加わった直接の動機ですが、思想的には、丸山眞男か何かの本で「決断の論理」みたいなものを学んだ。すべてはわからないにせよ、賭けてみなくてはならないと学んだことが契機になったとはいえるでしょう。とにかく、やってみなければダメだ。日本帝国主義の復活を許してはならない。その闘争をやり抜くことで、自分を取り巻いている諸関係から脱出できる。その過程で、その先が見えてくる。そういうふうに考え出したというわけです。その前後で全学連の二七中央委員会や、一七回全学連大会に出席しました。

——どういう「資格」で出席しているんですか。

古賀　二七中央委員会は、もしかすると、東大新聞の記者としての傍聴なのかもしれませんが、一七回大会は代議員の資格でした。中央委員会の人に言われて法学部自治会（緑会）選出の委員として参加したはずです。代議員の席に座っていたことは覚えているから。

その一七回大会の時は、マル学同（マルクス主義学生同盟＝革共同系の学生組織）の人の発言に対して我々がヤジを飛ばしたりして揉めました。そうすると、壇上の近くだったかに革共同の組織したゲバ部隊とおぼしきものが登場してきた。私は殴り合いでもやるのかと思って怖くもありましたが覚悟しました。まだ若く、血の気も多かった。ところが、理学部の山田恭暉さん（革通派）というのが総指揮者で、「総退場」と言うから私も一緒に退場した。しかしどうもすっきりしなかった。

――その頃、すでにブントかマル学同かの経緯や人脈については把握していたわけですか。

古賀　それくらいは察しがついてた。この全学連大会前日の「つるや連合（反マル学同の三派連合）」のフラクション会議には参加していましたから。東大から佐竹茂、京都からは浅田・中島、早稲田からは北村などの顔が見えました。

――この頃、古賀さんはまだ社学同の中心ではないわけですか。

古賀　まだまだですよ。そのフラクションを隅っこで眺めていました。社学同の再建はなされていなかったし、僕の活動が本格化したのは、緑会と中央委員会の役職についた後ということでしょう。

――いつ頃からですか、古賀さんの活動が本格化してくるのは。

古賀　時期的には、その一七回大会の後か前か記憶が定かではないけれど、緑会の役職をやったことが機縁となりました。これには、さっき話した廣松渉が関係している。廣松さんがある日、「法学部の緑会を知っているか。昼休みに行ってくれないか」と言うのです。そうすると、木村さんだったと思うけれど、委員長が待っていて、「君が古賀くんですか。どうぞよろしく」ということで、緑会の書類らしきものを差し出され委員長にされてしまった。これでは全く僕の主体性というものはないようですが、とはいえすでに述べたように、僕がその時期に「決断」していたことも事実です。

――しかし選出方法が安易ですね（笑）。選挙とかないんですか。

古賀　僕もそう思いました。だから聞いてみたんですが、委員長は、自分もこうしてなったんだからそれでいいんだというのです。そうなのかと思いました。たぶん、他の学生はみんな司法試験などで忙しく、自治会の委員長なんかやる奴がいなかったんでしょう。そうした法学部生のあり方に何となく憤りを感じました。

また、その時、委員長だった木村さんから、中央委員会の日取りを知らされ、経友会室にいくと、二〇名弱の各学部からの代表委員が集まっていました。「これから役員の選挙をしましょう」と。そこで、「私は緑会の」と挨拶しましたが、そののち議長選挙ということになり、驚いたことに、いきなり議長か副議長にさせられたような記憶があります。誰か知らないけど「古賀さんがいいと思います」と言い出して、そうなった（笑）。これは、誰が考えても変ですよね。

――蔵田計成『安保全学連』（三一書房 1969）のこのあたりの記述がその全学連大会の時期ですね。

「[全学連第一七回全国]大会の会場で東大駒場の旧ブント系活動家は社学同東大駒場支部名によって「社学同再建のアッピール」を配布したことから、大会終了直後の七月一一日に東大本郷・駒場、早大、明大、中大、女子美などの活動家が結集して「社学同東京都委員会」を発足させ、全国大会開催に向けて活動を開始していった。八月一一日には社学同全国準備委員会の名で機関誌「希望」を創刊……。しかし、「希望」が創刊号を出しただけで第二号から廃刊されてしまったという事実が示されているように、再建に向かって動きはじめた「東京社学同」は、すでに内部に二つの大きな潮流をもっていた」（同：228. ［　］は引用者補足、以下同）。

古賀　大筋はあっているけれど、細かく見ると事実とは違うところもあるよ。ひょっとすると、『希望』ではなくして、別の新聞ではなかったでしょうか。『蜂起』という機関紙が佐竹、川戸を中心に菅孝行さんも加わって出されていたそうですから。『希望』についていえば、これは「廃刊」なんかしてないで自然消滅だったし、それから「内部に二つの潮流」というのも言い過ぎじゃないかな。僕は『希望』の編集長をやってる。そうすると、この八月一一日あたりから東大新聞をやめて学生運動を始めてるんだ。『希望』というのはペラペラのものだけど、新聞制作の経験がある奴じゃないとつくれないから、私が編集長であることは間違いない。

僕は、この少し前から、中央委員会の人間として大衆運動をしなきゃと駒場に一人ではりついてた。だけど「社学同再建のアッピール」をそれ以前に出していた柄谷行人たちは何もしてくれなかった（笑）。寝ながらいつも本を読んでいた。こっちは本郷の中央委員会から来たつもりだったけれども、かれらにすれば「新品のノンセクト」に過ぎない。「おまえは学生運動のこと何も知らねぇだろ」って顔をしている。

とにかく一年生とか二年生の視線は、みんな僕を無視ないしは冷笑しているように感じられた。たしかに向こうの方が活動歴は長いわけだ。東大中央委員会だなんて名乗っても、「ばーか」という感じで相手にしてくれない。

だけど闘争のためにビラは撒かなきゃいけない。原稿書いてカッティング（ガリ切り）してくれと言っても誰もやってくれないから、仕方ないから自分でやらざるをえない。ところが、初めてガリ切りをするのだから、三～四百枚で原紙が切れちゃう。普通は二千枚は刷れるのに。さらに、自分でローラーを握って刷るともっとひどい。往生していたら金子万平とか、新潟で弁護士になった佐藤道雄君とかが、同情して手伝ってくれた。僕の苦難の時代であり、これが活動家としての第一歩だった。

――古賀さんとしては六一年夏以降にある種「学生運動デビュー」をしたわけですね。しかも「上部」からの突然のデビュー。

古賀　だけど「上部」といえるのかな。その頃は上部も下部もなく、ただ混とんとしていた。よその大学に残っている人も、かつての指導部はほとんど残っているわけではないから大して闘争歴のある人じゃなかった。だからまぁ、通用した。

僕は一人で一生懸命人を集めた。だがアジる奴が必要だ。それで、一時復帰していた佐竹茂がまた活動を停止してしまったので、呼び戻しにもいった。いつだったか、佐竹がアルバイトしていたデパートのネクタイ売り場に出かけたり、彼の実家である北海道の比布まで押しかけたこともある。「俺はわからんから、おまえちゃんと指導しろ」とオルグに行った。下部が上部をオルグしたわけだよ。

彼は、西部邁が駒場自治会委員長だった時の副委員長だった。後には、佐竹帝国主義論などと呼ばれることになる理論を唱えることになり、レーニン主義の権化のように見る人もいるが、実は繊細な人だった。駒場の委員長選挙の際に不正選挙（ボル選）で選ばれたことを気にしていたと言う人もいるくらいで、強気一辺倒の公式主義者に見えるけど、実際には思いやりある男だったと僕も思います。

――なぜ佐竹さんだったんですか。指導するだけなら、他にいろんな人がいたんじゃないかという気もするのですが。

古賀　そうは言うけれど、川戸は引いてしまったし、他に理路整然とものが言えるような活動家は見当たらなかった。昔の経験ある活動家はみんな引っ込んじゃって、それ以外は残っていたにせよ及び腰だし。たとえば『SECT No.6』だって、芸術的・思想的に優れていた人は何人かいたけれど、その人たちが運動方針を出せるかは疑問だった。

再建社学同の潮流

――蔵田計成『安保全学連』だとこうなっています。

「東京社学同の多数派は、東大駒場（中村、伴野、山崎）、早大（古賀、河野）、中大（福地）などだった。かれらは「社学同東京都委員会」と「社学同全国準備委員会」を組織し「全国事務局派」といわれ……主として安中派［六〇年安保闘争時に年長学年］の中堅が中心だった。このグループは機関誌「希望」廃刊に代ってやがて「SECT No.6」（創刊六一年一二月）派となり、その一部は谷川雁主宰の「大正行動隊」に参加していくことになる。他方、少数派東大本郷医学部（石井、黒岩）を中心にした「反事務局派」＝東大本郷グループであったが……東大中央委員会に拠って細々と運動を展開していた」（同：228）。

古賀　ちょっと、僕の記憶とはだいぶ違いますね。蔵田さんは僕なんかより一世代上の人だから、「安中派」の人たちの情報に基づいて書かれているような気がします。僕は、事務局派という人たちが立ち上げた『SECT No.6』のレイアウトやその内容はある程度評価します。だが、それは思想運動としてのものであって、学生運動を領導するようなものでなかったように思いました。それに、かれらは多数派ではなかったし、多数派になろうともしていなかった。

さらに、事実として「『希望』廃刊に代わって」というのは間違いで、むしろ『希望』に対抗して出されたようなものです。そうでなければ、学生運動に全くの素人だった僕が社学同の中心的な位置にいきなり行くなんて考えられません。また、僕たちのことを「少数派」は酷い。事務局派は五、六人しかいない。こっちは五〇人近くまでいました。まぁ、第一次ブントの同盟員に限定すれば、『SECT　No.6』の方が多数派といえるのかもしれませんが。こちらは各大学の一、二年生が主体で三、四年生は少数でしたから。

――古賀さんたちのグループにはどういう大学が集まっていましたか。

古賀　東大・早稲田・明治・中大・専修・法政大・お茶大・東女・日大・学芸大・医科歯科・慈恵医大・獨協・立教大・東海大・学習院大などですね。また、これとは別に、菅孝行さんや佐伯隆幸さんなどの東大劇研グループの存在も忘れられないものでした。菅ちゃんの「ブルースを唄え」の公演が六一年です。要するに東京の「残留孤児」グループですよ。今でも覚えていますが、こういう大学の学生が集まって支部代表者会議などを頻繁に開いていたのが、九段の東京学生会館の中にあった「雄飛寮」と呼ばれる大広間でした。五〇～百畳敷きの畳部屋です。なんでこんな大広間があったのか、当時は考えもしなかったのですが、どうもこの場所は近衛聯隊か何かがあったところのようなので、柔道場か何かだった場所ではないでしょうか。

――全自連系（全国自治会連絡会議＝六〇年安保闘争時の反主流派系）のグループとはどうでしたか。つまり構改派系ですが、教育大とか、東大本郷、早稲田一文にいましたよね。

古賀　向こうの中心は井汲が中心で、仙波輝之さんなんかもいましたよね。でも弱かったと思うな（笑）。他のグループだと、早稲田、東大に社青同の解放派になるグループ。それと、後で話に出てくる江田五月とかの社青同の構改派も駒場にいた。

――一次ブントが解体した後に、雑多な「残り」が集まったというのはわかったのですが、一方で、革共同は選択肢にないとしても、構改派なり、他のグループもあったわけですよね。必ずしも自分たちでグループを立ち上げなくても、既存のグループの周囲で活動するという路線でも良かったんじゃないかと思ったのですが。

古賀　いや、それは違う。

――古賀さんたちの結集軸は何ですか。なぜ社学同でなければならなかったのでしょうか。

古賀　大衆運動の先端にいて、つねに前衛が切り開くんだという自負だな。理論らしきものはなかったといえるかもしれないが、ブントの継承という目的があった。こう言うと、継承者争いかということになるが、そうではなくて、「精神」と言ってよいものがあった。つまり、砂川闘争ごろに発する反戦学同から流れている「日本帝国主義の復活阻止」という大目標です。これは、「スターリン主義を粉砕し、真の前衛党を建設し、世界革命を」とか「日本や世界の構造改革」などとは位相が違ったものです。

後者は「綱領」と呼べるものですが、僕らのは「綱領」ではなく、また「憲法を守れ」というような市民的なものとも違いますね。反戦の伝統を受け継ぎつつ、「阻止」という言葉でもって「阻止した次のプログラムを未定にすることによって未来に拓けているものだった」というようなもの。僕たちは、少なくとも僕は、そう考えました。後に三派が結成した三派全学連を「反帝全学連」と呼んだことにもそうした気分は表れていますよね。

――そのブントなり社学同を規定する際の「前衛」というのは、いつかは革命をするという含意ですよね。

古賀　まぁ、いつかは革命する。革命をするといっても、これは僕だけの、いや僕だけではなく当時「雄飛寮」に集まった「同志」たちの考えだと思うけれど、反帝闘争の中で大衆闘争が高揚してくれば、必ずパリ・コンミューンやソヴィエトというようなものが大衆の中から生まれてくるという信念のようなものです。それが革命の主体になると信じていました。この点と自国帝国主義の打倒の闘争を行わなければならないという意識とは、ほとんど全員が一致して抱いていたことじゃないかな。

だから、『希望』で佐竹が書いた憲法改革阻止論と僕が編集後記で書いたノンセクトに毛が生えたようなことを、みんなが容認したのだと思うよ。

ちなみに、この時「雄飛寮」に集まっていた人々は全部で五〇人程度しかいなかったし、その後、分派闘争が発生し、いくつにも割れてしまったけれども、ここに集まった東京社学同のメンバーが、六八、九年の闘争の中心部分を形づくることになる。今では、半分弱の人が亡くなってしまったけれど。

憲法公聴会阻止闘争

――少し話が戻りますが、古賀さんは東大新聞に吉本隆明の原稿を載せたものの、吉本に惚れ込むのは古賀さんよりちょっと上の世代という感じですか。

古賀　そうとも言えません。僕たちの上の世代というより、僕たちの世代の方が吉本を読んでいたのじゃないかな。当時の雄飛寮における支部代表者会議で、学習院は佐伯がキャップだったと思いますが、そこのある女子学生が「私たちはもっと絶望しなければならない」と発言したことがあります。その時みんなが苦笑を浮かべていました。「絶望」や「昼寝の季節」であることは、僕らにとって前提だったんです。それをどうするか、ということだったんです。とはいえ、吉本さんからは方針が出てこない（笑）。だから自分たちでというわけです。

――「昼寝」じゃ難しいですよね（笑）。逆に、古賀さんが読んで元気が出たとか、方針に役立ったとか、愛読した人はいますか。

古賀　方針というものは、情勢分析から出されるものだという先入観がありました。そして、その基礎は帝国主義論のような経済構造の分析にあると考え、鈴木鴻一郎の『経済学原理論』（東京大学出版会 1960）を学習会で一生懸命読んだりした。

――もうちょっと政治状況的なもので愛読した人はいないんですか。評論家とか。

古賀　僕たちの目に入るものでそういうものはあまりなかった。ですから、僕なんかは、『トロツキー選集』が現代思潮社から出たので必死になって読み、レーニンと読み比べたりしました。僕は、レーニンのものよりトロツキーが好きでした。政治力学のようなものを感じましたから。また、鈴木鴻一郎と宇野弘蔵を比較検討し、新しい「帝国主義論」も模索しようとしていた。早稲田の佐竹の下宿で、六二年の二月頃、社青同の北村や三島に浅田らも集まって勉強会で頑張ってた。構改派の文献も読んだけど、僕たちよりも理論水準がそう高くはないと思いました。自分たちで、理論的にも思想的にも、次の世界への足掛かりを築こうというわけです。気障に言えば「全世界を獲得するために」ですよ。

――結局それですか（笑）。やはり六〇年安保闘争のイメージがちらつくのでしょうか。

古賀　そうですね。基本的に六〇年安保闘争の再興というのがその頃のモチーフにはあったとも思います。だが、一次ブントも偉そうなこと言うけど、最初に話した通り、三つに割れてバカじゃないかと私は思っていました。古いものに縋るのではなくて、一から築きなおさねばと感じていました。しかし、具体的な運動から戦略・戦術を通じて革命に至るまで相当なギャップがあるはずでしょ。そこをどうするのか、それでずっと悩み抜いてたのが、『情況』につながる。

――『情況』に行く前に、六二年以降の話に戻りましょう。

古賀　六二年二月頃から、憲法公聴会阻止闘争をやってるよね。佐竹が威張って「これは専売特許だ」と言ってた。どういうことかというと、公聴会は全国各都市で行われるから、あちこち行って闘わなきゃならないし、闘えばそこの学生を巻き込んで全国組織ができるという展望のある闘争だった。だから、マル学同なんかにやらせてなるものか、ということで我々の専売特許だと言ったのでしょう（笑）。この憲法公聴会阻止闘争で、一番大きな闘争になったのは名古屋。東京から四〇人くらい行ったのかな、関西からも二〇〜三〇人来て、名古屋で大闘争をやった。それで、現場が名古屋城の近辺で、お堀に叩き落とされるわけよ。一〇名以上落とされたんじゃないかな。僕はその闘争には参加してなくて名古屋にも行ってなかったけど、向こうから電話が入って、事後処理に駆け付ける。二週間くらいいたかな。夏の暑い盛りだった。

――『安保全学連』によると、「七月二一日　名古屋　社学同七〇名、二五名の重軽傷」（同：260）とありますね。逮捕者の救援対策で大変だったんですか。

古賀　逮捕者もいるけど、向こうの警備責任の方が問題になる。むしろ病院の世話とか、そういう方が大変だった。名古屋にこちらの人員はいないから。親父の知り合いに名古屋の人がいて、その人に旅館をとってもらって、そこを救対本部にして事後処理をした。暑いところでくたびれたのを覚えてる。その名古屋公聴会阻止闘争が山場。

――そうすると、六二年は憲法公聴会阻止闘争一色ですか。

古賀　まあそうですが、その間の五月一一日に自民党総裁室占拠というのがある。これで逮捕された。この頃、駒場の委員長選挙があって、社青同の江田五月が全自連系を破って委員長になっている（六一年一一月）。五月ちゃんは好青年で、カッコ良かったんだ（笑）。さっき話した通り、僕は駒場に付いていたけど、社学同の連中は「ボル選」やって委員長取ろうとか、バカなことしか言わない。つまり、昔は票を入れ替えて西部邁委員長を実現したんだと。腐敗堕落している（笑）。

いずれにせよ、その江田委員長の時代に、佐竹が社学同の会議で、自民党総裁室占拠という方針を出した。それが社学同・社青同の行動になったんだと思う。私はそういう一揆主義的闘争は好きじゃなくて、原則的にやるべきだと言ったのだけど、佐竹が強引に押し通した。当時、佐竹が社学同の委員長で俺は副委員長だったから、決まった以上しょうがないということで、国会議事堂前の地下鉄の駅の出口に行きました。そうしたら、江田五月が「古賀さん、今日やるんでしょ」と語りかけて来ます。また、総裁室方面に向かうと、三〇人くらい集まってきます。そこで、僕が先頭で突っ込んだんです。社会党構改派の江田三郎の息子が自民党総裁室に突っ込んだから、新聞は大騒ぎになった（笑）。

再び東大新聞へ

――その後、東大新聞にはいつ頃戻るのですか。

古賀　この憲法公聴会阻止闘争が終わるあたりから、私は社学同の指導部からは引き下がる。その理由は、つまり分派闘争が起きるということが予測されたからです。マル戦（マルクス主義戦線）派になるグループができ始めたのはこの頃です。

その結果から言いますと、学芸大の望月彰さん、東大の矢沢さん、そして、安保ブントの革通派の指導者だった服部さんらがマルクス主義戦線派という組織を作り「党」を、つまり、学生組織の社学同ではなく、共産主義者同盟を名乗ります。この一派には「世界資本主義論」の岩田弘さんが加担しました。

それに対して、それまで社学同を引っ張ってきていた佐竹やその周囲の活動家たちは、当然のことながら反発しました。かれらも、旧ブントの労働運動の指導者であった松本礼二さんやさらぎ徳二さんなどを迎え入れて「党」組織を形成します。後のML（マルクス・レーニン主義）派がそれで、その理論が「佐竹帝国主義論」というものになりました。

これが結果ですが、こうした分派闘争が始まりそうでしたので、僕が真ん中にいてもどうしようもなくなると周りから言われ、しょうがないから引退して東大新聞に戻ったわけです。

その頃、東大新聞の方はどうなっていたかというと、さっき言った池田信一さんが追い出されて、あとの編集長の問題が生じていました。僕に言わせれば、あっちもこっちも事件だったのです。

――なぜ池田さんは追い出されたのですか。

古賀　もう、「池田さんはごめんだ」という声が起きていました。池田さんについていけるのは僕の世代まで。リクルートを創った江副さんや池田さんは「戦後派」ムードも受け継いでいる人です。池田さんは左翼というわけではありませんが、文学的にも思想的にも実にしっかりした人でした。ジャーナリストとしてもベテランです。

だから、学生のサークル活動として東大新聞に入って来た普通の東大生とは合うわけないのです。そういうなかでちょうど中間の世代の私が戻って来て編集長になり、両者の仲介的な役割を担ったわけです。

覚えているのは、東大新聞で「大学管理法に関しての資料集」を作ったことです。僕と一緒に社学同をやっていた多田康男さんの提案を受けて、早速、編集にとりかかりました。僕も彼も、「大管法を日本帝国主義による大学の再編などと政治的に位置づけることは、ブント系をはじめさまざまな党派はやるだろうが、それだけでは大衆運動はたいして起こらない。重要なのは法案そのものやその動機を事実に基づいて説明することだ」と考えたのです。

そこで、新聞8頁分だったか12頁分だったか忘れましたが、全頁をその特集で埋め、四つ折りしてパンフレットの形にし、数万部印刷。東大をはじめ全国の大学自治会に発送しました。

当時、東大新聞は資金が潤沢でした。というのは、新卒の人手不足で、東大生向けの企業広告がバンバン入っていた。僕は増ページを繰り返していたため、広告収入が多かったのです。東大新聞にいた僕たちが「大学管理法」闘争に協力できたのはこれだけでしたが、あとで全国のメンバーや地方の活動家に感謝されました。こうした具体的資料が必要なんです。

――『東大新聞縮刷版　第五巻』（不二出版 1985）を見ると、六二年七月五日付で臨時増刊が出ていますが、大管法ではなく「憲法の記録」という憲法特集ですし、これの「編集委員」の筆頭に先ほどの池田信一さんの名前があります。確かにこれも資料集ですが、時期から言っても違いそうです。一方、東大中央委員会が「大管法の資料発行」との東大新聞の記事が、六二年一〇月一〇日号に出ています。これのことでしょうか。

古賀　うーん、どうだろう。名前は中央委員会やその他を使ったかもしれませんが、僕たちが編集したことは確かです。第一その頃、東大中央委員会に資料を作る資金もなかったし、そのための人手もなかったからね。いずれにせよ、具体的な資料があって助かったと言われたことは確か。大管法闘争は、駒場・本郷、それと中大などが中心となり大きな闘争となりました。六二年一一月三〇日銀杏並木集会には六千人が集まり、六〇年以降、最大の動員と言われています。東大の銀杏並木集会でやるというのは、僕の方針でもありましたが、中大の味岡や学芸大の望月をはじめ、佐竹もみんなも銀杏並木集会で東大に押しかけるという気持ちだったようです。

――六二年度は古賀さんは大学四年生で、六三年の四月から五年生に入ります。この頃に東大新聞の編集長ですか。

古賀　ずっとやっていました。六四年二月に東京社学同が最終的に分裂してる。少なくともそのあたりまで東大新聞をやっています。大管法闘争のあとは、私もやってないからあんまりよく知らないが、日韓問題という重要な問題はあったけれども、大衆闘争になりにくい時代だったと思います。それで東大新聞を六年生までやったはずだから、六五年三月に卒業したのかな。

――卒業できたのもすごいですね（笑）。全然、授業に出てないですよね。

古賀　僕は法学部だったけど、「法」と名がつく科目はよくわからない（笑）。それ以外ならばだいたいできた。政治コースだから、丸山眞男の東洋政治思想史の試験も受けに行ったことには、特別な印象があります。

僕は、丸山さんの授業には、いや、他の科目もそうだったけれど、一回も出たことがないのに、この科目だけは絶大な自信を持っていた。というのは、彼の『現代政治の思想と行動』は、さっき話した山下肇さんの勧めで教養学部の時代から何回も読み返していたし、『日本政治思想史研究』は特に気に入っている愛読書だったからです。

ところが試験のため教室に行ってみると、Gパンを履いた変なおじさんが黒板に問題を書いているではないですか。私は手を挙げて、その問題の意味が二つの解釈が可能なような気がして「どういう意味ですか」と質問した。そしたら、そのおじさんがなにやら答える。そこで「あなたじゃなくて先生を呼んできてくれ」と言ってしまった。ところが、その人が丸山眞男でした（笑）。一度も出席していないことがバレて、こりゃあ落第かなと思ったけれど、全力で書き上げて、「優」をもらいましたよ。

明治大学での「独立派」活動

――その後、古賀さんは再度学生運動に復帰するわけですね。廣松さんが雪の日に訪ねて来たエピソードですよね。

「廣松さんが私の人生に、影響を及ぼしはじめるようになるのは、一九六四年の一月ころからである。そのころ、私はさまざまな事情があってそれまでやっていた学生運動から身を引き、そろそろ卒業でもしようかと、読んだことのない法律書を抱えアパートに引きこもっていた。その日はその前日に大雪が降り、路上はまだ雪に覆われている寒い日であった。突然、廣松さんが私のアパートに訪ねてこられたのである。住所を教えた覚えなどなかった。おそらく、誰か私の友人から聞き出してきたにちがいない。手には、当時非常に高価だったバナナをひとふさ土産だといってもってこられた。廣松さんと私は七歳も歳が違う。そんな大先輩が、寒い雪の日に番地だけをたよりに、高価なバナナを手土産にわざわざ訪ねてこられたのだ。話しをお聞きする前に勝負は既についていた。……要するに、このぼくにこの［社学同のマル戦派とML派の］分裂を何とかして、学生運動を少しでもまともなものとして再建しろということであった」（古賀暹「「実践哲学の復権」としての廣松渉」『廣松渉著作集　月報6』岩波書店 1996）。

古賀　そうです。石井暎禧の『聞き書き〈ブント〉一代』（世界書院 2010）の年表には、一九六三年九月のところに「独立社学同形成（古賀暹・東大、三上治・中央大、斎藤克彦・明治大、機関誌『争鳴』）」とあるけど、これ間違いだと思う。翌月の「一〇月一〇日　社学同第四回東京都大会――マル戦派、ML派、独立派の論争激化」というのも、論争した記憶が全くない。少なくとも一〇月一〇日の党大会に僕は出席してないし、論争してない。一切関知してないはず。

――その九月のところの古賀さんの名前が間違いということですか。

古賀　そう。論争したというなら、ひょっとすると、中大の味岡修（三上治）がやったのではないですか。僕はこの当時、全く運動に関係していませんし、「独立派」なるものはまだ、形成されていませんから。いずれにせよ、論争の主役はマル戦派とML派だったはずです。

――そうですか。マル戦派とML派の二つに割れて、それ以外の人たちが独立派とされたのかとも思ったのですが。ちなみに古賀さんたちの独立派は明治大学で活動していくんですよね。いつ頃からですか。

古賀　その辺の記憶が定かじゃないが、六四年の一月以降ということになる。廣松さんが『現代資本主義論への一視角』を社会主義研究会という名で発表してくれたのが、この年の七月です。ちなみに、このパンフは緑色の表紙ですが、なぜか「青パン」と呼ばれて、独立派の機関誌として一般には受け取られていました。ですが僕は、このパンフを配布した覚えはありますが、これを用いて研究会を開いたり、人をオルグした記憶はあまりありません。

というのは、僕がやろうとしていたのは、ポラリス潜水艦の寄港に反対する運動やベトナム反戦という大衆運動でしたから、そちらに全力を挙げていて、理論でオルグしようというわけではなかった。もちろん、このパンフの路線を中心にしていたことは確かですがね。

――ちなみに明治大学で始めたのはなぜですか。

古賀　二派に行かなかった連中は数人しか残っていなかった。東大は皆無に近く、一番多かったのが、四人くらいの明治。それ以外は、医科歯科大の土井、村田、中大の味岡、お茶の水女子大の戸田さんを中心とするグループ。この四大学くらいでした。その中で一番、学生運動らしい運動ができそうだったのが明治でした。明治の和泉キャンパスは教養課程が独立していて、駒場と似ている。

教養と専門課程が一緒な大学と別になっている大学とでは、運動のやり方が全く異なる。たとえば中大はサークル中心だったし、早稲田は複雑すぎて僕にはよくわからないけど、サークルはかなり強いと思う。それに比べると駒場や和泉はクラス中心でやれる。

——自治会が強いともいえますね。

古賀　そう。「ポツダム自治会」を活用するというのが、当時の僕の運動スタイル（笑）。そういう大学のあり方の違いを頭に置かないと学生運動は把握できない。ついでに言うと、学生運動で大きなデモが可能になるのは、「年三回」くらいだったというのは押さえておいてほしい。平時の学生運動は年三回。4・26あたり、それから五月末から6・15にかけて、秋は一一月の終わり、一二月に入っちゃいけない。基本的には、その年に三回しか大きなデモは組織できない。そうじゃないと学生を動員できない。

それ以外の日程での闘争は、活動家動員での闘争として先鋭化させることも、状況によっては可能なわけです。しかし、そうした闘争自体が目的ではない。それを次の刺激にして前述のスケジュールで盛り上げるものだと考えていました。クラス討論やって、自治会討論を積み上げて、というのは時間がかかるんだけど、そうしないと大衆運動にならない。しかし全共闘以降、そういう方式は完全に崩壊してしまった。

——明大の話に戻すと、今の感覚だと他大学の学生が指導に入っているというのは不思議な感じです。明大生のふりをしてたんですか。

古賀　いや。

——足がかりがないところで、どうやって入っていくんですか。

古賀　昔の社学同のメンバーが何人かいた。斎藤克彦や、委員長をやってた戸田、津田、沢口とか何人かの知り合いがいた。そういう知り合いを経由して若い活動家を紹介してもらい入っていくわけだが、最初に加わってくれたのは若山君だとか鬼塚君だったな。そこに次々と小森君、中沢君らが加わってくる。それで活動者会議をまず開く。テーマはベトナム反戦だったかポラリス。ともかく二〇人くらいは集まった。この運動は明治の生田校舎（農・工）の半田君や明大の二部にも広がっていった。

だが、この会議では僕はほとんど黙っていた。中核派のオルグとか、ML派とかが、情勢討論をするが、そういう議論には僕は加わらない。ご高説ありがとうございました、と。ただ、みんなが青パンを読んでいたようで、戦争や恐慌が当面は起きず、主体的に運動を起こさねばならないという点は浸透していた。ともかく僕の役割は、会議の討論が終わった後に、じゃあどうやってクラスに入りましょうか、という運動のつくり方の話だけした。

当時は「ポツダム自治会」があるから、クラス討論が成り立つ。クラス討論をさせる際に注意したのは、自分の意見を言うなということ。討論を始めると、たぶん最初に「右翼」が意見を言う。これをどんどん言わせる。そうするとそれへの反発が出てくるから、それで議論させる。これができればもう勝ち。それと、朝の新聞を読んで論調を把握するのが基本。日々新しい情勢を入れて、そのことをめぐって討論させて、大衆の雰囲気を確認する。こういうことを僕は言っただけです。

それから、先に述べた闘争スケジュールの概略を決定すること。つまり、6・15に焦点を合わせるなら、それに合わせて、一切の活動の日程を組む。いつ誰を呼んで講演会を開くとか、映画会を開くとか、いつその前のデモを行うとか。すべてを目標の日に合わせて組み立てることです。

――『破天荒な人々』では、そのやり方は廣松さんに教わったと言ってますね。他にも、校門のところの立て看に他大学からの連帯メッセージの電報を貼り付けておく「電報作戦」も廣松さんの提案だったと。電報は古賀さんの「自作自演」なわけですが（笑）。

古賀　あと、当時学生にも読まれていた真継伸彦さんとか柴田翔さんとか人気の作家を呼んで講演を依頼したこともあった。また、ベトナム反戦統一行動の時だと思うけど、朝から大学の前にバス七台を並べておいて、「今日は何時から行きます、ここにバスが待ってます」という宣伝をする。その時間になるともうぎゅうぎゅう詰めで、そのまま国会に行くという大動員をしたことがある。バス七台だから和泉からだけで三百名、圧倒的動員数だった。その勢いで、ブントを統一し、三派全学連への第一歩ができる。

社学同統一以後

――まず古賀さんたちとML派とを統一して、その次は関西だったと石井暎禧さんは述べてます。

古賀　ML派の中大の川口や中大の自治会委員長だった堀込征雄と、僕と斎藤の四人で関西に統一の話をしに出かけて行ったことがあります。そうか、その前にも味岡と一緒に関西に話をしにいったこともあった。味岡も変わった男で、京大の関西ブントとの話が終わってもその連中と飲みに行かずに、同やん（同志社大）とか立ちゃん（立命館大）の連中、つまり構改派と飲みに行ってた（笑）。ちなみにそのとき、京都では学生の地位が全然違うと感じた。東京だと学生はバーの末席に座らされるけど、京都では社会人を差し置いて、京大生が「学生はん」と呼ばれていて最上席。その次は「同やん」か「立ちゃん」。つまり、学生が上席。これは連れていってもらった飲み屋に限るのかもしれないけど、東京の学生の常識に合わない。その頃の東京では、学生はだいたい末席と決まっていたからね。京都では、学生は勤王の志士みたいに扱われていると思えた。

――今の話とも少し関連するかもしれませんが、石井さんの本や『破天荒な人々』の古賀さんの話では、関西ブントというか塩見孝也に対しては、当初から違和感を感じていたわけですよね。統一自体に不安は覚えなかったのでしょうか。

古賀　これは重要なテーマにつながってくるけど、僕には党というものがわからなかった。党とか、共産主義者同盟というものがいったい何をして、どういう指示を与えて、それが具体的な大衆戦線とどういう関係を持つのかについてわからなかったな。党はとりあえず作ったけど、それでどうなるのかという疑問がずっと続いたが、それは、同盟に加わった人々の討論に任せるほかないと思いました。

――廣松さんから言われたのは、日本の学生運動の再建で、社学同の大同団結までは了解していたわけですよね。

古賀　そう。全学連も作れた。三派都学連から三派全学連という道のりを歩いて、とりあえずそこまではできた。しかし、僕には、それ以上の先の展望を抱けなかった。

――廣松さんにはビジョンがあったんでしょうか。

古賀　知りません（笑）。廣松さんの『現代資本主義論への一視角』を、この前読み返してみました。世界資本主義の危機をアジることや、帝国主義間の矛盾の拡大というようなことを期待するのは、国家独占資本主義の国際的連携が取られているなかでは有効性がない、というところまでは納得できた。しかし、国独資的な体制の中へと絶えず「体制内在化」されてしまう労働者や人民を、どのようにしてその外部に引き出すのか。それには、具体的な方策が必要になるでしょう。そこが次の課題だと、あの当時から思っていたのです。

労働者階級の「体制内在化」は大量消費社会の成立とともに、現在でもあらゆる方面で矛盾を孕みつつ進行しているわけですね。だから、その「体制内在化」に対しては、あらゆる具体的な戦線や思想的な戦線においての全面的闘いが必要となるはずです。そして、そうした「津々浦々」の、あちらこちらの「叛乱」が、長崎浩さんの論理でいえば、「政治」へと転化することが要求されることになりますね。

その頃僕は、自分自身が経済的にも限界でしたので、運動を本格的に準備をしなければならないと感じつつ、この時点で学生運動から手を引かざるを得なかったわけです。

明大学費闘争、そして『情況』創刊

――大和書房に就職するのですよね。

古賀　六六年に入社したと思うんだけど、何月だったか覚えてない。運動の方は、一応の仕事をしたので、一時的だと思いながら、引退しました。特に、明治の若い活動家には、その方がかえって役に立つのではないかなどと考えながら。

――大和書房は山下肇さんの紹介だったそうですね。会社で素性はばれてなかったですか。

古賀　ばれてないよ。夏頃の中途採用でしたが。変な人が突然入社してきたと思われただろうけど（笑）。明大学費闘争までの間にも、何冊か本を作っています。

しかし、大和書房にいる時に明大闘争が起こったわけです。その時、親友の高橋茂夫から、第二次ブントの議長だった松本礼二と一緒に、明大当局との裏の工作に取り組んでほしいと言われました。それで、明大の学費闘争に引きずり出されたのです。

――そのとき古賀さんはブントの同盟員なんですよね。

古賀　第一回大会にも出席していないから、正式に同盟員であったかどうかは微妙ですが、本人の意識としては、飯を食わなきゃいけないから大和書房で働いていたけれど、同盟員だとは思っていたのでしょうね。だけど、明治が大変だというので六六年の年末か六七年の初め頃引きずり出されて、松本礼二の秘書的な立場で大学の理事に会い、「学生同士の血が流れることになる」と「恫喝」して歩いたんです。理事たちを一人一人呼び出して、「一年くらいかけて討論すべきではないか」とオルグをした。それで、理事会との間では、いったん話がついたはずなんだけれども、最終的には引っくり返されてしまった。

――『破天荒な人々』だと、勝てると思って煙草をふかしてたとありますね。

古賀　そうそう。かなり確実性のある話し合いをやっていたはずで、合図の言葉まで詰めたんだけど、当日その言葉に向こうは反応しなかった。

——それで、古賀さんはブントとの連絡を絶って「(六七年) 二・二協定の古賀・斎藤の裏切り」となるんですね。会社も休んだんですか。

古賀 呆然として、ものを考えることもできなかった。そうでしょう、明治だけの活動に限っても、二年近くの歳月をかけ、数週間も自治会室に貸布団を借りて泊り込みもした。それが、一瞬で無になってしまったのですよ。あの努力はいったい何だっただろうと考え込まないわけにはいきませんよね。しかも裏切者とまで呼ばれる始末。ようやく心の整理がついて再出発ができるようになったのは、一ヵ月以上経った後です。

——ちなみに、石井さんの本では、会議に出席しなかったからブントを除名になったと書かれていました。

古賀 そうでしょうね (苦笑)。

——それで『情況』の出版になっていくわけですね。『情況』創刊号は六八年八月号ですから、七月には出しているはずです。その編集後記に「一年間準備した」とありました。そうすると、六七年の夏に、廣松さんがサラシ (腹巻) に百万円の札束を巻いて、『情況』創刊をそそのかしに来たわけですね (「「実践哲学の復権」としての廣松渉」)。

古賀 その頃、運動からパージされてやることもなくなり、高橋茂ちゃんと、中沢教輔さんと、僕ともう一人とで、下宿で毎日トランプばかり、暗い時を過ごしていた。そういう時に廣松さんに会って、雑誌でもやろうかと考えますと言ったら、少ししてお金を持って登場した。最初のメンバーは、僕と教ちゃんと高橋茂夫と、あとは彼女 (連れ合い) かな。編集後記の「阿由葉茂」というのが僕のペンネーム。彼女の旧姓が阿由葉で、高橋の名前の「茂」をとったものです。葉が茂るというわけ。

——「阿由葉茂」が古賀さんであることは知られていたんですか。

古賀 もう、知られてたよ。

——「裏切り者」の古賀さんが雑誌を始めることに、悪評が立つとか、問題なかったんでしょうか。

古賀 変な話だけど、最初みんな「雑誌」に関心がなかった。要するに、新左翼の雑誌なんてものが成立するとは思ってなかったし、そんなもの皆さん読まなかった (笑)。自分たちの機関誌とかパンフレットとかが主体であって、商業誌を出すなんていう破天荒なやつはいなかった。三千部はじめに刷ったけど、これで採算がとれるかどうか全然わからなかった。

——お連れ合いも大和書房だったそうですが、彼女も大和書房をやめて『情況』に参加するとなると、採算の目途も立たないのに危険だったんじゃないでしょうか。

古賀 危険だよ (笑)。あの時、僕と彼女が結婚して僕が会社やめると言ったら、「君が残って彼女にやめさせろ」と会社が言ってきたわけ。それは嫌だということで、意地を通して二人してやめることになった。

——なるほど。そういう経緯で『情況』が始まるわけですね。ここからの話の方が長いと思いますので、これを助走として、次の機会によろしくお願いします。本日はひとまずここまでとします。ありがとうございました。

(2018年3月29〜30日)

【資料】

『情況』（第一期）総目次　上

（創刊号一九六八年八月～53号一九七二年一二月）

本総目次の表記は、各号の目次ページの記載に基づく。ただし以下のような補訂を行っている。
・明らかな誤字や表記抜けは訂正した。また、「★」等の強調は随時「・」などに置き換えた。
・ルビは（　）で表記した。
・特集タイトルが表紙または目次ページに書かれていない場合、「特集なし」と判断した。
・副題は「――」、タイトルと著者の区切りは「／」、著者が既に書かれている場合の訳者は「（　）」内に記した。
・複数名の共著（共訳）または対談・座談会は、すべて「＋」で人名を並べた。
・著者の肩書等は省略した。
・連載や上下で掲載された記事は、その回数表記の統一や記載の追加を行った。
・目次ページ内の区切りは、特集の範囲を示す場合のみ「――――」で区切った。

（作成・松井隆志）

訓／山本義隆
東大の死と再生を求めて――折原論文をめぐって／編集部
青医連・医学連の闘い／石井暎禧
批判大学論（最終回）／清水多吉

フランス五月闘争の記録――『パルチザン』を中心にして（2）／才木一訳
暴力論――ローザ・ルクセンブルク／野村修訳
編集部よりのアジテーション
1968・10・21

5号　一九六八年一二月―六九年一月

コンミューンと管理社会／佐々木光
シンポジウム・文化大革命とコミューンの思想
都市革命としての文化大革命／新島淳良
討論――毛沢東思想と世界革命／新島淳良＋太田竜＋藤本進治
実存主義的マルクス主義者の妄想／三浦つとむ
エンゲルスの復権／山口裕一
スパルタクス団68の分裂――SDAJとチェコ／清水多吉
誰れがいったい〝狂犬〟か／マックス・コンフォート
変わる歌変わらぬ歌――国歌の死滅についての討論／林光
亀裂の時代／菅孝行
フランス五月闘争の記録――『パルチザン』を中心にして（3）／才木一訳
東大11月22日

6号　一九六九年二月

五月の敗北――フランス・階級闘争の教訓〈上〉／トニー・クリフ（木幡和枝訳）
【特集　ドル・ポンド・フラン危機と現代帝国主義】
危機に立つ現代帝国主義／岩田弘
現代資本主義論の基本視点／下条寿郎
「世界資本主義」の虚妄／大内秀明

黒人における意識・表現・運動／仙波輝之
組合による組合弾圧の記録――東交労組と合理化／鎌田慧
座談会　反大学――日大・東大闘争の理念をめぐって／秋田明大＋佐久間順三＋山本義隆＋清水多吉
革命者の原像――トーマスミュンツアーにおける／菅谷規矩雄
フランス五月闘争の記録（最終回）／才木一訳
BLACK・PEOPLE／リロイ・ジョーンズ
日大　反大学アピール

7号　一九六九年三月

五月の敗北――フランス階級闘争の教訓〈下〉／トニー・クリフ（木幡和枝訳）
史的唯物論と「生活の生産」／田中吉六
【特集　大学闘争論】
大学共同幻想論／吉本隆明
ノンセクト・ラジカルの思想／最首悟
廃墟――それがはじまりである／秋山駿
大学占拠と文化――ハーバーマス批判／清水多吉

続「世界資本主義」論の虚妄／大内秀明
ナショナリズムの農的側面／松永伍一
連載　性活動論（1）／大久保そりや
1969・2・4

8号　一九六九年三月臨時増刊

【特集　叛乱は拡大する】
対談　近代合理主義を告発する／山本義隆＋海老坂武
対談　学生叛乱を総叛乱へ／秋田明大＋福田善之
東大闘争――運動の論理／塩川喜信
医局社会における叛乱／金村元
東大全共闘――この奇妙なる〝生態系〟／村尾行一
手記――不滅の根拠地〝駒場第八本館〟／菅井秀次
反大学の思想／福富節男＋清宮誠
日大における革命と反革命／鳥越敏朗
手記――バリケードとは何か／沢登誠
――日大全共闘からの出発／渡辺隆之
鼎談　京大闘争と批判大学・反大学／小俣昌造＋滝田修＋清水多吉
闘争の底辺から底辺の闘争へ／池田浩士
立命館方式の成立と破綻／師岡佑行
権力を持たないものは空間を持つことができる／松

下昇
新左翼諸潮流と東大・日大闘争——社青同解放派・革マル派・共産同・社労同・統社同・ML派・中核派

9号　一九六九年四月

マルクス主義における人間・社会・国家／廣松渉
スターリン主義からの訣別／ドゥチュケ（清水多吉＋岸哲利訳）
叛乱と政治の形成／長崎浩
学問論（1）／竹内良知
大学コミューンのために／新島淳良
「反大学」の思想（続）／清宮誠＋福富節男
ブルジョア大学否定の上に——教育大筑波移転阻止闘争／滝村一郎
ルカーチ論の試み——時代の転回と詩人／船戸満之
人間になった豹／ゴーディアン・トローラー＋クロード・デファルジュ
三〇年代とフランス五月危機／岩田弘
性活動論（2）／大久保そりや

10号　一九六九年五月

未来論と変革論——進歩への拒絶反応／佐々木光
反大学の理念——下からの永続的大学改革の提案・テーゼ／カール・フンボルト（永田次郎訳）
コロンビア大学の叛乱／雪山慶正
幻想としての生——吉本隆明批判／片岡啓治
疎外論と唯物史観／実方藤男
火にかけた鍋——沖縄／谷川健一
日本読書新聞闘争の意味するもの——執筆拒否声明・読書新聞読者へのアピール／編集部
性活動論（3）／大久保そりや
戯曲　ヴァカンス〈上〉／菅孝行

11号　一九六九年六月

知性の復権——『職業としての学問』をめぐって／折原浩＋清水多吉
教官層の精神構造——四・九声明批判／折原浩
【特集　都市暴動——大学占拠と反戦】
「自己否定の思想」とプロレタリアート／浅田光輝＋竹内芳郎＋長崎浩
日本文化大革命ノート／新島淳良
クリュゼレ将軍「市街戦論」について／N・レーニン
70年への思想——4・28沖縄闘争から／編集部
座談会　沖縄「かえせ」論を告発する／川満信一＋安里全勝＋伊藤博＋中村進＋山中弘

特別レポート　国鉄軍事輸送の実態
労働者評議会運動の提唱／大崎悟
性活動論（4）／大久保そりや
ヴァカンス〈下〉／菅孝行

12号　一九六九年七月

現代における権威と家族／マックス・ホルクハイマー（清水多吉訳）
【特集　大学を告発する】
「頽廃の園」との絶縁／折原浩
坂本「反駁」への論駁　倫理学科教官への公開質問状
偽りの「反戦・平和」の告発／師岡佑行
表現運動としてのバリケード／松下昇
解体の道はあるか／安東次男
実験における当事者／野村修
大学闘争の中における文学／高橋和巳
言語状況と学園闘争／天沢退二郎
徹夜討論　大学解体／最首悟＋塩川喜信＋長崎浩＋花崎皋平＋井上清＋滝田修＋新島淳良＋竹内芳郎＋清水多吉＋水田洋ほか総計一五〇名
教員集会へのアピール／秋田明大＋山本義隆
「大学立法」に関する声明
大学立法粉砕のために／滝沢克己

暗黒大学——日大アウシェビッツから／風倉四郎
「出入国管理法」——この帝国主義排外立法／宇野三郎
失われた光芒の奪還／仙波輝之
民主的改革か革命か——ある高校卒業式闘争／浅川澄子
性活動論（5）／大久保そりや

13号　一九六九年八月

【特集　世界諸帝国主義の現段階】

60年代におけるヨーロッパ資本主義／下条寿郎

後進国問題とその基本的意義／永田朝夫

現代アメリカ帝国主義と技術革新／岡本柊樹

アメリカにおける反体制運動／雪山慶正

表現主義論争におけるエルンスト・ブロッホ／船戸満之

科学論／岩井洋

解放大学――東京地区の設立にむけて／東大全共闘解放大学準備委員会

転換期に立つ沖縄闘争／川満信一

現代資本主義と否定の論理／八代謙＋坂口真吾

性活動論（6）／大久保そりや

想像力・革命的意志の覇権／仙波輝之

若き華僑青年の死／欧明

14号　一九六九年九・一〇月

階級形成の弁証法――党的指導と大衆運動／藤本進治

マルクス主義における人間・社会・国家Ⅱ／廣松渉

【特集　ファシズム論】

ファシズム論〈上〉／ボルケナウ（矢代梓訳）

イデオロギーとしてのファシズム／清水多吉

ナチス経済と国家独占資本主義／下条寿郎

戦術――階級形成論の一視点／黒木龍思

70年安保闘争の課題　権力闘争としてのマッセンストライキ／松本礼二

性活動論（最終回）／大久保そりや

15号　一九六九年一一月

【特集　60年安保と70年決戦】

反戦青年委と労働運動／藤田若雄

60年安保闘争における若き「前衛」／河宮信郎

60年ブントのめざしたもの／真樹朗

変革期におけるドイツSDSと知識人／ゼムラー＋清水多吉

階級闘争としての黒人解放闘争／ビックマン＋富岡倍雄

労働者評議会と70年安保／津和生

現代資本主義と否定の論理〈中〉／坂口真吾＋八代謙

疎外論と唯物史観／実方藤男

ファシズム論〈下〉／ボルケナウ（矢代梓訳）

16号　一九六九年一二月

【特集　10・11月決戦から70年へ】

共同討論　反戦派労働運動と70年代への展望1　10・21における反戦派／西村卓司＋前田裕晤＋中野弘＋松本礼二＋藤田若雄＋黒田元秀

拠点における反戦　中電マッセンスト／高浜幸治

都職労の闘い――10・21から11・13へ／高田靖

出版労働者の闘い／本山晃

反戦派労働運動の課題／白川真澄

革命運動史におけるブランキの再検討／安曇裕志

パルチザン前史　京大全共闘〈秋〉のレポート／滝田修

ソビエト運動への今日的視点／長尾久

死と理性／片岡啓治

十月革命への挽歌（1）／菊池黒光

希望の原理（1）／エルンスト・ブロッホ（船戸満之＋菅谷規矩雄訳）

17号　一九七〇年一月

【特集　70年代闘争への展望】

共同討論　反戦派労働運動と70年代への展望2　70年代闘争と反戦青年委／西村卓司＋前田裕晤＋中野洋＋藤田若雄＋松本礼二＋黒田元秀

座談会　パルチザン軍団と70年代闘争――パルチザン前史から／土本典昭＋仙波輝之＋岡田弓彦

死と理性（2）／片岡啓治

十月革命への挽歌（2）／菊池黒光

希望の原理（2）／エルンスト・ブロッホ（船戸満之＋菅谷規矩雄訳）

現代帝国主義論・序説／山岡健一郎

資料　ストライキ戦術論／ロゾフスキー
拷問時代の復活を告発する――反戦労働者救対ニュースから

18号　一九七〇年二・三月

自然の叛乱／ホルクハイマー（岩永達郎訳）
現代と世界革命のイメージ――マルクスの洞察と歴史的制約／向山景一
日共論／川村二郎
民主主義とマルクス主義――ロック・ベンサム・ルソーと商品経済／那須宏
座談会　組織論としてのパルチザン／滝田修＋煇峻章＋中本昇
イッピーの思想／宮原安春
希望の原理（3）／エルンスト・ブロッホ（船戸満之＋菅谷規矩雄訳）
十月革命への挽歌（3）／菊池黒光
資料　ストライキ戦術論（続）／ロゾフスキー

19号　一九七〇年四月

マルクスにおける「疎外」と「物化」／清水正徳
マルクス主義革命論の原像／廣松渉
ファシズム論のために／クルト・クレィム他（矢代梓訳）
日本ファシズム論（序）／さらぎ徳二
ファシズム論ノート／浅田光輝
対談　叛乱の原点／小西誠＋最首悟
ブラックパワーからアメリカ革命へ／宮原安春
希望の原理（4）／エルンスト・ブロッホ（船戸満之＋菅谷規矩雄訳）
十月革命への挽歌（4）／菊池黒光
死と理性（3）／片岡啓治
ストライキ戦術論（完）／ロゾフスキー
日大――中村克己君虐殺事件報告
全国反戦集会から

20号　一九七〇年五月

結社と技術――組織論のために／長崎浩
続・マルクスにおける疎外と物化／清水正徳
試論・マルクス存在論／対馬斉
過渡期とマルクス主義／酒井与七
帝国主義衰退期における労働組合／レオン・トロツキー（浦田伸一訳）
共産主義とサンディカリズム／レオン・トロツキー（浦田伸一訳）
NEP前夜の「労働組合論争」／湯浅赳男
中国ソヴィエト論／森川正
十月革命への挽歌（5）／菊池黒光
資料　レーニンの党組織原則／ヤ・チェルヌイシェフスキー

21号　一九七〇年六月

新左翼運動と沖縄闘争／川田洋
【特集　ノンセクト・ラディカルの軌跡】
後退のなかの突出／菅谷規矩雄＋大西廣
69年秋の教訓――全共闘行動委への提言／須田寛
新左翼統一戦線への展望／実方藤男
都立大解放学校／梅本俊
〈正常化〉と自己否定／寺山光広

グヮテマラ武装闘争／中村丈夫訳
FARの民族的かつ国際的性格に関する声明
FAR司令官セサル・モンテス少佐の声明
中国革命における党と軍／新島淳良
中国の赤色軍事コンミューン／森川正
レーニン哲学の一視点／福本昇
十月革命への挽歌（6）／菊池黒光

22号　一九七〇年七月

ナロードニキとレーニン／小西善次
思想と実践／対馬斉
労働の幻想性と国家／片岡啓治
ラスコリニコフのスターリン弾劾状／内村剛介
日本ファシズム論／さらぎ徳二
革命戦線の形成――コロンビア民族解放軍司令官ファビオ・バスケスとのインタビュー／マリオ・メネンデス（中村丈夫訳）
地域闘争パルチザン　学園から地域・職域へ／淡路闘争委員会
再び全国全共闘行動委の総括について／須田寛
〈告発〉の意味するもの／明大全学評
文革論の一視点／八代謙

之

国家幻想――昭和十年代への考察／菅谷規矩雄

ナチスは〈革命〉だったか――擬制としての合理主義／片岡啓治

書評『政治的ローマン主義』（カール・シュミット著）／ルカーチ・ジェルジ

現代ロマン派経済学批判〈上〉／大内秀明

28号 一九七一年一月

【特集 ナショナリズムと共同体】

天皇制共同体論／片岡啓治

〈儀式〉としてのナショナリズム／梶木剛

民族の神話と現実／玉城素

「差別」と「逆差別」／梶村秀樹

復帰運動の終焉／松島朝義

逆私小説としての三島自決／高知聰

スペイン内戦下における知識人――ウナムーノとオルテガ・イ・ガセット／ソペーニャ

ミュンヘン・レーテからナチス・ヒットラーへ①／清水多吉編訳

コンミューン組織論／マービン・ガーソン（宮原安春訳）

新左翼党派の提言1　新左翼の危機と前途／倉島昇

ジャコバン主義か社会民主主義か――「レーニン党」批判／レオン・トロツキー

十月革命への挽歌（12）　緑の叛乱／菊池黒光

29号 一九七一年二月

【特集 市民社会と国家】

市民社会と国家／浅田光輝

市民社会批判の根底／対馬斉

キリスト教と市民社会――続平田清明批判／田川建三

マックス・シュティルナーの無政府主義／水戸豊夫

物象化としての言語／関曠野

G・ルカーチの物象化論批判／吉村聖

政治的死と「転生」の思想――逆私小説としての三島自決（続）／高知聰

思想としての〈私有〉の感覚批判――北川透・柄谷行人批判／菅孝行

破防法――その弾圧の実態／西垣内堅佑

唯物史観における国家の問題――マルクス主義における人間・社会・国家Ⅳ／廣松渉

30号 一九七一年三月

本邦初訳　カール・マルクス論／エルンスト・ブロッホ（好村冨士彦訳）

【特集 日本ファシズムの再検討】

対談　戦後啓蒙主義の崩壊と三〇年代／橋川文三＋清水多吉

前期ファシズムと大正デモクラシー／秋山清

二・二六は革命だったか／末松太平

「昭和維新」の思想と行動／西山逸

西田税試論／鈴木正節

東洋におけるユートピア思想――陽明学左派の哲学／藤堂明保

現代ロマン派経済学批判〈下〉／大内秀明

十月革命の挽歌（13）　緑の叛乱（その二）／菊池黒光

31号 一九七一年四月

【特集 三里塚闘争と沖縄】

地下壕戦とバリケード戦――農民が自分の言葉を持ったとき／島寛征

脱〝農民〟闘争としての三里塚――古い共同体と新しい共同体／戸村一作＋田川建三

三里塚の〈包囲〉と〈逆包囲〉／山口武秀＋滝田修

沖縄＝国家を越える無限旋律／谷川健一＋松島朝義

国境・国家・第三次琉球処分／川田洋

執筆拒否解除の論理を問う――竹内好氏あての書簡と会見／中央公論労組有志

『知識人』のある終焉――『中央公論』執筆拒否解除の周辺／園原俊三

闘争宣言　劉道昌君を支持し「新入管法」を粉砕せよ／劉君の闘いを支持する闘争委員会＋在日中国人青年共闘会議

女の論理〈上〉／河野信子

市民社会イデオロギーの虚誕〈上〉／対馬斉

死と理性（完）／片岡啓治
コラム・デ・イエロー・パンサー
書評
現代思想講座への案内

32号　一九七一年五月

【特集　宇野経済学の再検討】
宇野経済学――その切り開いた道／宇野弘蔵（インタビュー・編集部）
反スターリン主義運動と宇野理論／大内秀明
完結的論理体系の意義――「原理論」の「段階論」に対する関連／鎌倉孝夫
理論・実践・イデオロギー／岩田弘
宇野経済学批判――「労働力商品の矛盾」論を中心として／榎原均
労働力商品の特殊性――大内秀明氏への反批判／向山景一

座談会　米・日・中のアジア戦略――日中国交回復とベトナム・朝鮮・台湾／宮本弘＋金井正男＋細田克彦
ナクサライト――インドのゲリラ戦争について／チャル・マルムダール
最高裁の暗黒人事と任官差別／仙谷由人
女の論理〈下〉／河野信子

33号　一九七一年五月臨時増刊

【特集　W・ライヒ――性の抑圧と革命の論理】
マルクス主義家族論の陥穽／清水多吉
狂気の人間学／片岡啓治
抹殺されたものの伝説／平田武靖
三〇年代ライヒ・二重の除名／山崎カヲル
性における悪魔の復権／伊東守男
性の解放と社会革命／江口幹
ソヴェト・ロシア――性革命のテーゼと反テーゼ／野田茂徳
孤独者ライヒ／種村季弘
対談　性による抵抗と革命の思想／平田武靖＋清水多吉
ライヒ擁護／B・フランケル（海原峻訳）
ライヒ本邦初訳論文
歴史研究への精神分析の応用／山崎カヲル訳
自由主義的性改良と革命的性政策との差異／山崎カヲル訳
性道徳の出現／片岡啓治訳
W・ライヒ年譜／平田武靖編
ライヒ賛絵／辰巳四郎

34号　一九七一年六月

【特集《辺境》論を越えるもの】
三里塚に総ての力を結集せよ――日本農民闘争における三里塚の位置／山口武秀
患者の魂との共闘をめざして――水俣病闘争／福本満治
〈六甲空間〉からの出立――神戸大・松下裁判闘争／仮装被告（団）
階級的裏切りと底なしの差別――矢田教育差別裁判／師岡佑行
「天皇制」論覚え書き――宗教としての天皇制批判／丸山照雄
対談《辺境》論を越えるもの――ラディカリズムとの接点とは／谷川健一＋石牟礼道子

マタイ試論――現実と観念の接点（1）／田川建三
革命的終末論への試み／好村冨士彦
シオニズムとパレスチナ解放／広河隆一
地下文書の内在的明証／野田茂徳
日本人にとって「尖閣」とはなにか／劉彩品
「昭和維新」の思想と行動（2）／西山逸

35号　一九七一年七月

【特集〈問い〉と〈暴力〉とマルクス主義】
私の〈大学闘争〉――その暫定的総括／滝沢克己
人民の「道理」とはなにか――M・ヴェーバーのエートス概念／花崎皋平
アドリブ派宣言――高橋和巳の死と全共闘／最首悟
実践と批判――マルクス主義哲学の課題／岩淵慶一
マルクス主義弁証法の理路――近代合理主義の地平と弁証法／廣松渉
「殺ること」と大衆暴力の復権――71年日大闘争の

地平／村木昇
〈左翼的メディア〉の崩壊風景――「朝日ジャーナル」と「構造」にふれて／穂坂久仁雄
〈サロマ〉の叛乱――セイロン人民解放戦線の武装蜂起／細井光子

犯罪者ジュネの〈聖性〉と〈教育〉／竹田美雄
とらわれと解放――一つの高校教師論／小倉聖
グラビア・琉球処分を撃つ！

36号　一九七一年八月

【特集　マルクス主義における〈関係〉の問題】
関係の絶対性と観念の自律性――吉本隆明『マチウ書試論』／田川建三
〈批判〉哲学としてのマルクス主義／岩淵慶一
〈国＝語〉的世界とはなにか／長沼行太郎

紙上完全収録　わが南京大虐殺／新島淳良
共同体の中国的質と個体／河野信子
「文化革命」論――レーニン・トロツキーと毛沢東／対馬忠行
反権力の砦の祭り／三里塚青年行動隊＋《祭り》実行委員会
沖縄レポート　毒ガス輸送の舞台裏／森敏
コロンタイ自伝／コロンタイ（瀬戸鞏吉訳）
「昭和維新」の思想と行動（3）／西山逸

37号　一九七一年九月

【特集　結社と組織】
一元的統合の神話／片岡啓治
『フランスの内乱』における国家／山崎カヲル
『宣言』前夜の結社と思想／高橋孝夫
宗教的発想法批判／三島康男
共同体と〈道〉論／北森拓
秘密結社の社会学／ゲオルク・ジンメル（長崎浩訳）
対談〈観念〉の絶対性を超える〈思想〉とは何か――キリスト教批判の原点／田川建三＋柄谷行人

世界革命戦争――大長征の準備のために／太田竜
地域住民闘争の自立から地域叛乱の陣形構築を／木暮仄
市民社会イデオロギーの虚誕〈中〉／対馬斉

38号　一九七一年一〇月

【緊急特集　北総台地の死闘】
人民戦争の新しい段階のはじまり――九・一六成田闘争に思う／井上清
泥と炎のなかの「戦闘宣言」／大木よね
機動隊殲滅の切り開いた地平――本誌・座談会による三里塚闘争の現局面
【特集　ドル体制の崩壊と「宇野経済学」】
世界通貨体制の危機と金融資本の論理／降旗節雄
ドル支配体制の崩壊と日本帝国主義／鎌倉孝夫
IMF体制破局の基本的意義／下条寿郎
管理通貨制度・その歴史と内的構造／加藤栄一
資本主義の腐朽――世界経済論覚え書き／馬場宏二

〈実践―哲学批判〉序説――マルクスの新しい〈読み方（レクチュール）〉にむけて／アンリ・ルフェーブル（今井成美訳）
〈琉球共和国〉独立の檄――日本滅亡のための十五年革命戦争を開始する／太田竜
「昭和維新」の思想と行動（4）／西山逸

39号　一九七一年一〇月臨時増刊

【特集　革命中国】
過渡期についての毛沢東思想／菅沼正久
社会主義革命論／藤村俊郎
中国対外路線と現代世界／太田勝洪
中国における経済政策の転換と農業／若代直哉
日本独占資本と日中貿易／内田剛
七〇年代中国の挑戦／浜勝彦
民主主義革命期の農民闘争―中国革命の主体形成／石田米子
日本帝国主義と中国／井上清
対談　せまられて梁山に登る――中国人民の「過去」と「現在」／武田泰淳＋野村浩一
編集部インタビュー　歴史における〈造反〉の意味――紅衛兵と全共闘の問うたもの／武田泰淳
日中関係の基本問題――8・15集会の発言／津村喬

中国の国づくり――〈人民公社〉を手がかりに考える／藤堂明保
《ドイツ》中国とロシアにおける社会主義とマルクスの歴史理論／フリッツ・クラマー（富田成訳）
《フランス》フランスにおける中国研究と中国認識／マリアンヌ・バステイド（聞き手・加藤祐三）
《イタリヤ》『イル・マニフェスト』派の綱領（テーゼ）／守山晃訳
資料　プロレタリヤ階級独裁の勝利万歳――パリ・コンミューン百周年を記念して／『人民日報』『紅旗』『解放軍報』編集部

40号　一九七一年一一月

【特集　ゲリラと武装闘争】
〈革命戦士〉の哲学・序説――時代の破壊にむけた戦士を創出せよ／杏村剛
革命戦争の大道――統一赤軍結成の革命的意義／八木健彦
大衆的武装闘争の戦略問題――軍事の戦略的防禦性の獲得にむけて／一条信路

赤色救援会の復権に向けて／上田吾郎
ブラック・パンサー党の分裂とアッチカ叛乱／大東武
自己批判は勝利への道／レジス・ドブレ（大城明夫訳）
東南アジアの武装解放闘争／草原麦生
沖縄闘争と軍用地問題／内水護
座談会　自立と団結への大長征――よねさんと三の宮君が問うたもの／三里塚青行隊
雁首おとしあるいは前段階的衝撃の告白／平岡正明
谷川雁試論／菅孝行
The Anarchist Cook Book

41号　一九七一年一二月

【特集　ウェーバーと現代マルクス主義】
マックス・ウェーバーと「大学問題」――学問における〈人為〉と〈運命〉／折原浩
諸マルクス主義へのウェーバー的視角／林道義
大塚久雄・内田芳明批判――その方法について／田川建三
ウェーバー組織論の基本的構造／湯浅赳男
〈近代知〉の限界と共同主観性――なぜいま〈ウェーバー〉なのか？／吉村聖
悟性の危機――ウェーバーに関する一章／モーリス・メルロ＝ポンティ（山崎カヲル訳）

沖縄解放とウチナーンチュウ／松島朝義
「岩波」神話の破砕――岩波臨労のたたかい／山田信二
近代医学批判――「医学」の解体をめざして／全国医学研究者共闘会議
〈生の哲学〉と現象学――その争論と克服〈上〉／佐伯省一
書評
「昭和維新」の思想と行動（5）／西山逸
『スヴェンボルの対話』／守山晃
『スターリニズム生成の構造』／黒木龍思

42号　一九七二年一月

【特集　戦後精神の解体と超克】
悟性的秩序の崩壊とその予兆／清水多吉
《死にきれぬもの》への挽歌／山崎昌夫
神と政治――バチカンの世界政治支配／丸山照雄
戦後解体期における時代精神／黒木龍思

物象化論の哲学の地平――マルクス主義の極北にむけて＝廣松渉ノート／芝田陽
『ドイツ・イデオロギー』文献批判の意味――廣松編集案検討のために／坂間真人
先進工業社会とヒューマニズム／ヘルベルト・マルクーゼ（片岡啓治訳）
破防法裁判闘争記録①――大菩薩・塩見孝也／丸山照雄
《政治的言語》の諸問題／宇波彰
戦後の公害・土地立法と拠点開発政策／内水護
〈生の哲学〉と現象学――その争論と克服〈下〉／佐伯省一
わが愛しのテロリアン〈第一話〉頭のさきまでまっ白けのけ／宮原安春（え・芳谷圭児）
書評
『人間疎外論』／吉村聖
『北井一夫写真集・三里塚』／天野道映

43号　一九七二年二月

44号　一九七二年三月

45号　一九七二年四月

46号　一九七二年五月

新左翼運動の未来と展望／ヘルベルト・マルクーゼ
日本革命思想の転生〈上〉②／黒木龍思
無過失賠償責任法案の陥穽／内水護
わが愛しのテロリアン〈第五話〉 摂氏一〇四度のダイアナ／宮原安春（え・芳谷圭児）
書評
『言語論の思想と展開』／今井成美
『永久男根16』／山盛光輝

47号 一九七二年六月

【特集 六〇年代の政治と文学の構図】
遠方の友へ――なぜわれわれは社会的な生の場面で自分に躓いてしまったのか／秋山駿
陰画としての文学――反情況的世界の迷路／磯田光一＋柄谷行人
持続する精神とぐうたらの精神――日常性・文学・運動／黒井千次＋最首悟
「無謬の党」神話との相剋――小林勝の死／岡庭昇
六〇年代感性の孤死――岸上大作論／西原和海
〈解体新書〉69～72／菅谷規矩雄

琉球独立運動の第三段階／太田竜
公益的人間づくりと教育政策／内水護
勝利への道――統一赤軍の総括／花園紀男
わが愛しのテロリアン〈第六話〉 地蔵和讃の歌が聞える／宮原安春（え・芳谷圭児）
書評
『暗い時代の人々』／船戸満之
『橘孝三郎』／有馬学

48号 一九七二年七月

権力の最新型弾圧＝冤罪と対決する――〈公舎爆破未遂〉事件の謀略性／桐野敏博
フレーム・アップとどう闘うか――弾圧に反撃し報復するための序／福冨弘美
非体系化・体系化・無体系化――竹内芳郎言語論批判／小林勝次
共同体論争の現況〈上〉――大塚久雄批判の基礎視角／園村奎
日本革命思想の転生〈上〉③――近代主義革命への〈ロマン的反動〉批判／黒木龍思
吉本隆明の世界――詩と真実／中村文昭
わが愛しのテロリアン〈第七話〉 あした天気になあれ／宮原安春（え・芳谷圭児）

49号 一九七二年八月

【特集 武装と人民】
キューバ・ゲリラの政治的基礎――十二名の革命戦士を支えたもの／冨岡倍雄
インドシナ半島の革命と反革命――南ベトナム解放民族戦線形成史／北沢洋子
《世界》革命と国家・軍隊――インタナショナルの原質は何か／千坂恭二
クラウゼヴィッツの政治とイロニー――マルクス主義軍事論とナチスの軍隊／清水多吉

共同体論争の現況〈中〉――大塚久雄批判の基礎視角／園村奎
日本革命思想の転生〈中〉①――近代主義革命への〈ロマン的反動〉批判／黒木龍思
ユートピアの精神――カール・マルクス、死および黙示録／エルンスト・ブロッホ（好村冨士彦訳）
わが愛しのテロリアン〈第八話〉 陽気なる死者たち／宮原安春（え・芳谷圭児）
腐蝕列島72
書評
『実朝考』／三光長治
『人間解放の理論のために』／矢代梓

50号 一九七二年九月

【特集 近代科学技術の宿命】
座談会 近代自然観の超克／広重徹＋村上陽一郎＋廣松渉
遺産としての近代科学／中村禎里
武谷技術論を超えるもの／若林一平
技術的整合体系の虚無／梅林宏道
科学的理性の成立と陥穽／青山武
自然保護から自然奪還へ／明峯哲夫

出版労働者における頽廃の超克に向けて――中央公論社労働組合少数派の闘い／中央公論社労働組合有志
テル・アビブ軍事裁判の欺瞞性／庄司浩

一発の銃声はなにを呼びよせたか／千葉正健
赤軍派の同志諸君への檄／太田竜
権力＝住民支配の構造を衝く／津川敬
共同体論争の現況〈下〉／園村奎
腐蝕列島72
書評
『批判的モデル集』／山崎昌夫
『わが死民——水俣病闘争』／高阪進

51号　一九七二年一〇月

【特集　平田共同体論と国家・市民社会】
平田「共同体論」とその位置づけをめぐって／園村奎
マルクス学説の再興〈上〉——「平田清明説」への批判的評注／坂間真人

カントと啓蒙主義的国家論の変容／廣松渉
快楽原則とシュティルナー／片岡啓治
日本革命思想の転生〈中〉②／黒木龍思
パレスチナ・ゲリラとイスラエル革命／イスラエル社会主義組織（広河隆一訳・解説）
住民闘争の革命的構図／山口武秀
反革命包囲網を粉砕せよ／三里塚青行隊ほか
民衆の反乱の原基を視よ／山波三郎
戦闘的労働運動の新しい展開／山中明
腐蝕列島72
崑崙山解放区
書評
『初期ルカーチ研究』／瀬戸鞏吉
『窓と破片』／田中淳一

52号　一九七二年一一月

【特集　天皇制への照射】
天皇と明治維新／対馬忠行
天皇制軍隊論・序説／針生清人
天皇批判と民族問題について／丸山照雄
天皇にクソを投げる日——コペンハーゲン天尿組始末

秩父事件のなかの党——そのスペクトル分析／長崎浩
ゲリラ戦から始めよ／千葉正健
対談　ロシア革命からの飛翔／藤本和貴夫＋菊池黒光
ヨコスカ——その戦略基地としての実態と問題点／小山内宏
中央公論社闘争・資料／折原浩
革命の神学者トーマス・ミュンツァー（1）／エルンスト・ブロッホ（今泉彩＋樋口大介訳）
腐蝕列島72
書評
『ヤマザキ、天皇を撃て！』／菅孝行
『爆弾三勇士』／高阪進

53号　一九七二年一二月

【特集　和人（シャモ）—日本人（チョッパリ）—大和人（ヤマトゥンチュ）】
クナシリ蜂起の志を継ぐ／太田竜
《騎馬民族》と朝鮮・日本／鈴木武樹
東アジア民衆史観の形成／後藤孝典
沖縄——分離—融合論の系数／松島朝義

和歌——その論理と構造／村井紀
東大裁判闘争公判記録／山本義隆＋折原浩
対談　米軍事戦略の転換とベトナム停戦／小山内宏＋久保綾三
成熟論——あるいは反主体性主義批判／山田泰利
蒼ざめた《群衆》へのメッセージ／野口光宣
バリケードの彼方に——北アイルランド叛乱の背景／ラッセル・ステットラー
マルクス学説の再興〈下〉／坂間真人
革命の神学者トーマス・ミュンツァー（2）／エルンスト・ブロッホ（今泉彩＋樋口大介訳）
腐蝕列島72
書評
『もし奴らが朝にきたら』／大東武
『アジアと日本』／鈴木正節

（『社会運動史研究3』へ続く）

戦後シベリア抑留者運動史概観――一九七〇年代からの展開を中心に

富田　武

はじめに

第二次世界大戦後の日本の社会運動は、労働運動や婦人運動をはじめ天皇制下で弾圧されていたものが急速に復活、台頭する過程を辿った。敗戦は「帝国」の解体でもあったから、それは海外に植民、派兵されていた約六〇〇万人の復員（将兵）、引揚（文民）を伴い、帰国した人々、帰国を待つ家族による運動も生まれた。帰国できた人々は財産を失ったばかりか、土地・家屋を捨てて移民し、あるいは残したとしても空襲で失ったので、まずは仕事と住居の保障を求め、また、留守家族が引揚促進を求める運動を開始した。

本稿は、引揚を一九四六年末までに完了した約五百万人の初期引揚と、ソ連及びソ連軍管理地域（南樺太、北朝鮮、旅順・大連）、中国に抑留（部分的には留用）された人々の冷戦下の後期引揚を区別し、後者を扱う(1)。後期引揚は米ソ対立下で行われ、ソ連が捕虜の政治教育を推進し、米国及び米国占領下の日本政府が「赤化防止」を重視したため、運動は政治的・イデオロギー的色彩が著しく濃いものとなった。加えて、国民の多数は米占領軍の言論統制下では、抑留はソ連による一方的蛮行であり、日本人は被害者だという認識に囚われた。ソ連の対日参戦は、米英とのヤルタ密約に基づいていたのに、である。日本人の「被害者意識」は、米国による空襲や原爆投下にも共通だが、冷戦下では対米ではなく、対ソに収斂された。

シベリア抑留及び帰還者運動の研究としては、冷戦期には対ソ「被害者」意識に基づく若槻泰雄の著作しかなく（若槻 1979）、日本人による客観的な研究が登場したのは、冷戦終焉からかなり後になる長澤淑夫の著作（長澤 2011）、富田武の著作（富田 2013）である。前者は、一九七九年に結成された「全国抑留者補償協議会（全抑協）の運動を、その終着点とも言うべき「シベリア特措法」（二〇一〇年）成立まで分析、叙述したものである。後者は、抑留発生の一九四五年から日ソ国交回復の一九五六年までの抑留の実態と帰還者の運動を分析、叙述したものである。したがって、一九五六年から一九七九年まで、安保条約改定反対闘争や平和・原水禁運動、労働運動、学生運動など社会運動が隆盛をみた時期が抜け落ちていることになる。

これは研究主体の問題というよりは、研究対象の問題でもある。五六年の日ソ共同宣言により、シベリア抑留者の大部分が帰国したため「抑留問題解決」の気分が生まれ、対ソ関係では、入れ替わるように「北方領土問題」がクローズアップされたことが大きい（六〇年一月岸首相訪米による新安保条約調印で、ソ連が歯舞・色丹島の引渡しを拒否）。しかも、この時期「ソ連帰りはアカ」と白眼視されるなかで、帰還者たちは仕事を見つけ、自営業にせよ会社勤めにせよ、頑張って「社会復帰」に専念するほかなかった。こうして抑留者運動は沈静化したのだが、彼らが定年近くになって、自分の半生を振り返る余裕が出てきた戦後三〇年＝一九七五年あたりから戦友会、収容所仲間の会が簇生し、それが七九年の全抑協結成の背景となった。

そこで本稿は、一九四五―五六年の運動は富田の右著作に譲り、また五〇年代後半から七〇年代までは右記のとおり抑留者運動の潜在期と見て運動史としての記述を控え、七九年の全抑協結成以降について、研究史の手薄な部分に留意しながら概観する。具体的には第一に、全抑協結成翌年の分裂を、①捕虜か抑留者かという自己認識、②抑留体験の評価、③労働補償の要求先はソ連政府か日本政府かの論点で説明する。第二に、従来ほとんど顧みられなかった戦友会と収容所仲間の会の活動を一九七五年あたりから二〇年ほどの期間につき、可能なかぎり紹介する（もはや解散し、資料も入手し難い）。第三に、ペレストロイカとソ連崩壊に伴う、①旧ソ連の抑留関連資料の公開、②日本政府への抑留者名簿の引渡し、③本格的な墓参と遺骨収集の開始により、抑留者運動が全国的に再度活性化したことを紹介する。④「シベリア特措法」成立後の運動では「被害者意識」の克服と世代交代、運動の重点の「記録と記憶の継承」への移行を取り上げる。

1　全抑協（全国抑留者補償協議会）の結成と分裂

結成翌年の分裂

一九五〇年の日本共産党分裂に起因する日本帰還者同盟の衰退、五六年日ソ共同宣言によるソ連抑留者の大部分の帰国により、抑留帰還者の全国組織は、五三年末から帰国した長期抑留者の団体「朔《さく》北《ほく》会」、南樺太からの初期の脱出者と五〇年代後半の帰還者を糾合した「全国樺太連盟」（一九四八年設立、北海道中心）を別とすれば、存在しなくなった。全国組織が保守系、革新系を統一して復活したのがようやく一九七九年五月、全抑協の結成である。朔北会が掲げて実現できなかったソ連抑留中の無償労働に対する補償を、東シナ海で中国当局に拿捕された漁船と乗組員に対する特別見舞金支給をヒントに求めてきた「戦時捕虜補償金慰謝料獲得推進協議会同盟」の発展、全国化であり、結成時点の会員数は一七万人超だった(2)。

この大会で会長となった（正確には、初代でごく短期の大塚道夫に次ぐ第二代）斎藤六郎は、抑留中の無償労働に対する補償を要求するが、日ソ共同宣言で相互に放棄した請求権のソ連分を差し引いたものとする（額は後述）という現実的で、柔軟な主張を唱えた。運動としては国会で補償法を成立させることを目指すものであった。ところが、その年の末には全抑協内外の自民党議員が、翌年の参議院議員選挙に対する思惑もあって斎藤会長を攻撃し、一九八〇年一月「全国戦後強制抑留者補償推進協議会」を立ち上げ、相沢英之が会長に就任した（まもなく「補償」を外して「全国強制抑留者協会」と改称）。この分裂は永続化し、九五年の斎藤死去、二〇一九年の相沢死去に至るも、なお克服されていない。

斎藤団体と相沢団体の相違

二つの全抑協、厚労省による便宜的な呼称に言う斎藤団体と相沢団体との相違は分裂後しだいに明確になったが、ここでは細かい経緯は省き、主要な対立点を整理する。

第一は、補償を日ソいずれの政府に求めるのかという、運動の対象の違いである。斎藤六郎は、先に触れたように日本政府を相手とする方針をとったが、国際法学者の助言に従い、一九五四年の西ドイツで成立した補償法に倣うことにした。すなわち、ジュネーヴ条約（一九二九年）が一九四九年に改正され、捕虜に対する労働補償を、捕虜をとった国（この場合はソ連）ができない場合は、捕虜の所属国が行うとなったことを根拠としたものである（富田 2013: 36-7）。これに対し、相沢自身をはじめ自民党議員を幹部とする相沢団体は、自民党政府に対する運動はできないため、日ソ共同宣言の請求権放棄により事実上不可能になったソ連政府に対する要求に固執した。

関連して、補償要求に対する切実さの違いも無視できない。相沢団体は将校、下士官といった職業軍人が中心で、サンフランシスコ平和条約発効の翌一九五三年に復活した軍人恩給を受給できるようになった。他方、斎藤団体は赤紙召集の兵卒が圧倒的多数を占め、帰還後は「アカ」差別もあって就職に苦労し、斎藤自身がそうであったように、日雇い労働者になった者も少なくなかった。軍人恩給が復活しても、受給要件として軍在籍一二年以上があり、抑留期間二倍加算の特例によっても資格が得られなかった（兵役二年、抑留四年でも一〇年）。こうした「恩給欠格者」の受給要件緩和は、労働補償請求そのものではソ連政府相手で事実上何もできなかった相沢団体の方がむしろ熱心だった。

第二に、両団体のソ連抑留体験の評価の違いがある。相沢団体によれば、ソ連は日ソ中立条約を一方的に破棄し、満洲に侵攻して略奪、暴行を恣にし、満洲の日本産業施設を撤去した上に、五〇万超の日本人をソ連に移送して強制労働に就かせ、彼らを共産主義に洗脳しようとした悪逆非道な国家である。しかも、米ソの送還協定（一九四六年一二月）にもかかわらず、労働力確保のために送還を遅らせ、数千の捕虜を「戦犯」に仕立て、長期刑を課して囚人並みの扱いをしたことを糾弾してやまない。相沢団体は、ソ連とスターリンに対する憎悪と軍国主義的な精神の持ち主が多かったのである。

むろん右の評価は「洗脳」部分を除けば、すべての捕虜に共通だった。大きく異なるのは政治教育と「民主運動」の評価で、斎藤団体には、抑留地のタイシェットで「民主運動」に携わった斎藤本人をはじめ、経験者が多かった。「民主運動」の行き過ぎ、たとえば「スターリンに感謝する」署名運動や、将校、軍国主義者に対する「吊し上げ」を行ったアクチヴ（積極的な活動家）を別とすれば、給食の加配と早期の帰還を期待して同調していた者が多数である。一九五〇年までは帰国後共産党に加入した者が少なくなかったが、党がコミンフォルムによる批判を契機に分裂し、武装闘争に走って支持を失うと、帰還者は社会党を選ぶほかなかった。斎藤は全抑協が日本帰還者同盟（共産党系）の後継だと言うが、説得力に乏しく、本人は社会党員になり、鶴岡支部長・市議になった（白井 1995: 190-2）。

捕虜か抑留者か

第三に、自分たちが「捕虜」だったのか「抑留者」だったのかの位置づけの違いがある。これは単なる呼称の問題ではなく、運動の原点にかかわる重要問題にほかならない。

ジュネーヴ条約では、捕虜とは戦闘中に捕縛され、敵国の管轄下に入った者とされるが、日本政府・軍部は、一九四五年八月一八日付大本営陸軍部命令で、ポツダム宣言を受諾して自発的に武装解除した日本軍の将兵は捕虜ではないと表明した。しかし、ソ連から見れば、ヤルタ密約によって米英に認められた南樺太及び千島の占領までは「戦争中」であり、九月二日の日本の無条件降伏文書調印までに捕縛した日本軍将兵は捕虜なのである。日本の保守派の議論は国際法的には通用しない。ただジュネーヴ条約自体、戦闘に従事した軍人・軍属の捕虜（Prisoners of War）とそれ以外の抑留者（正しくは被抑留者 Internees）を区別しておきながら、捕虜を「抑留する」と動詞形では紛らわしい表現をとったことも、概念的な混同を助長した。

保守派は軍人精神、とくに「戦陣訓」（一九四一年）の教え「生きて虜囚の辱めを受けず」を維持し、自分たちは捕虜ではないと考えていた。しかし、敗戦でそれを公然とは主張できなくなったから、右の表明はいわば「渡りに船」であった。これにより、各地の日本軍が、武装解除に激しく抵抗すると予想した連合軍にとっては予想外にスムーズに降伏したことも否定できない。しかも、日本はジュネーヴ条約を批准しておらず、将校たちは抑留中も帰還後も「捕虜ではなかった」と主張した。この流れを汲む相沢団体が「全国強制抑留者協会」と名乗ったのも、宜なるかなである。ソ連政府に労働補償を要求するのも、捕虜に関するジュネーヴ条約の準用だということになる。

他方、「民主運動」派は抑留中も帰還後も、ジュネーヴ条約を根拠にして労働補償を要求できるとは思いもせず（兵卒は条約自体を教えられていなかった）、労働の機会を提供して自分たちを「改心」させてくれたソ連政府に要求するなど、もっての外であった。保守派にとっての「奴隷労働」は「民主運動」派にとっての「社会主義建設への貢献」であるが、労働補償を請求しない点では奇妙に一致していた。ようやく、斎藤六郎が西ドイツの先例（右条約の四九年改正）を知り、捕虜規定を堂々と掲げて労働補償請求運動を開始するようになったのである(3)。

とはいえ、斎藤団体の中でも「戦友」という言葉は使われるし、

「民主運動」アクチヴだった高橋大造も遺稿となった小説において、一九四五年八月一九日の所属中隊の集団自決で自分だけが生き残ってしまったことに対する罪障感を生涯引きずってきたことを示している（富田 2013: 217-8）。この種の戦死し、抑留死した戦友に対する罪障感は、回想録に散見されるし、抑留体験を決して語らなかった者の心理かもしれない。「戦陣訓」がそこまで将兵を縛っていたのかとも言えるが、それだけでは説明しきれないと思われる。

2　戦友会と収容所仲間の会

一九七〇—八〇年代の団体活動

一九七〇—八〇年代は、右の分裂からすると一見して運動の停滞期のようだが、そうではない。帰還した抑留者が苦労して職につき、自営業を軌道に載せ、生活に余裕が出てくると過去を振り返り、集まりを持つのは自然であろう。兵卒の多数を占めた一九二〇—二六年生まれが五〇歳台になり、定年退職（当時は六〇歳）が近づく頃さまざまな団体が生まれた。

①所属した部隊を単位とするもの、②満洲の各種学校（軍官学校、経理学校等）卒業生を単位とするもの、③収容所ないし分所を単位とするもの、④やや特殊だが、抑留中に各地で作られた楽劇団メンバーが帰国後に結成した「カチューシャ楽団」（青山 1984）、などである。抑留体験者は、その悲惨な経験ゆえに口を閉ざし続けた人が多いが、家族には語らなくても戦友、収容所仲間には胸襟を開く者が少なからずいた。

このうち①は数多く、「満洲〇〇部隊戦友会」（〇〇には四ないし五桁の数字が入るが、正式名称—連隊・大隊—を秘匿する通称）が最も多い名称である。駐屯地の名称を冠した団体もあり、その例として「愛琿《あいぐん》会」（満ソ北部国境の愛琿の守備隊、一九七六年）、「全国虎頭会」（満ソ東部国境の虎頭要塞の守備隊、一九六九年）が挙げられる。戦地と抑留地の名を併せた「ハイラル・シベリア戦友会」（前者は満ソ北西部国境の守備隊、一九七二年）もある。苦楽を共にしたとはいえ、上官と部下との微妙な意識の違いもあった。

②としては、石頭会（石頭予備士官学校卒業生たる軍人の捕虜、一九七一年結成）、緑園会（新京陸軍経理学校卒業生軍人の捕虜、一九七三年）などが挙げられる。のちに首相となった宇野宗佑は、緑園会メンバーだった。同徳台軍官学校卒業生たる軍人捕虜は、収容所単位の団体の一つ「ヤゴダ会」（後述）に含まれる。ハルビン学院（一九二〇年日露協会学校として創立、三三年改称）は、ロシア語話者を育成し、官界・実業界等に卒業生を送り込んだ高等専門学校で（改称のさい満洲国立大学に）、敗戦とともに廃止されたが、同窓会は早くも一九四七年に発足した。卒業生二六期1392人のうち敗戦当時満洲に千余人いたと見られ、その四分の一ほどの238人が抑留されたが、発足の時点ではまだソ連に抑留されている者が数多く、慰問品の郵送、帰国した仲間の就職等の世話もした結束の固い同窓会であった（哈爾濱学院同窓会 1987）。

③としては、タタール自治共和国のエラブガ収容所にいた将校が中心（大佐級から相沢のような少尉まで）の「エラブガ会」が名高い。ただ将校は最大時9千人超もいたため、エラブガ都人会、近畿

エラブガ会など地域ごとに分かれて活動してきた。チタ州ブガチャチャ鉱山付近の収容所にいた捕虜からなる「ヤゴダ会」（野いちごの意）も歴史が古く、発足は彼らの帰還直後の一九五〇年頃と言われる。アムール州第二〇収容所（ブラゴヴェシチェンスク市内の分所）にいた捕虜からなる「ブラゴエ会」（一九五八年）、イルクーツク州第三二収容所にいた捕虜が抑留二〇年を機に結成した「アンガラ会」（一九六五年）、アムール州第二〇収容所ミハイロ・チェスノコフスカヤ分所にいた捕虜からなる「ミハイロ会」（一九六八年）も古い方に属する。

一九七〇―八〇年代に設立された団体としては、バイカル・アムール鉄道の建設に従事した第七収容所の捕虜からなる「タイシェット会」（一九七〇年）、同じく同鉄道建設に従事した第八収容所（ノヴォ・グリシェヴォ）の捕虜からなる「白樺会」（一九七二年）が挙げられる。斎藤六郎は第七収容所にいたが、この時期は郷里の山形県鶴岡市の実業界で活動していたので、「タイシェット会」に参加していたかどうかは不明である。「ウランバートル戦友会」（モンゴルでは旧軍組織が維持されたので戦友会の名称、一九八四年）は比較的新しい。「三合里戦友会」（一九八五年）は、北朝鮮平壌郊外の三合里収容所に収容された人々だが、ソ連に移送されずに留められた捕虜と、シベリア・極東に移送されたのち四六年夏に衰弱のため送り返された（逆送された）捕虜とからなる（補充＝ソ連移送は前者からなされた）。食糧難と伝染病に苦しめられ、生き残って帰国した人々の集まりである（三合里収容所同窓会 1986）。

記録と記憶の継承

彼らの活動は主として親睦だが、記録を残す活動に熱心な団体もあった。「シベリアを語る会」（一九七七年、収容所は多様、全国各地に会員）は、語りをもとに『いわれなき虜囚』シリーズを出し、抑留絵画展を催すなどの活動を行った。中心人物の一人、神戸須磨寺管長の小池義人は、ハバロフスク第五分所の火災（一九四七年一二月二六日、日本人捕虜１２２人焼死）の作業大隊副官としての責任を取らされ、裁判で自由剥奪刑二五年を受けた人物である（小池 1978）。同様に、「極光の集い」（一九八六年）も、京都を中心としながら全国に会員を持っていた。『地獄を見た男達』という文集を15号も出し、二〇〇九年の総集篇が最後となった。

なかには「アンガラ会」のように、代表が一九七二年に訪ソを果たし、自分たちが働かされたイルクーツク市のクイブィシェフ重機械工場を訪問したケースもある（七九年には日本人墓地で三三回忌法要）。代表の一人伊藤登志夫は会の活動について書いている。

『アンガラ会』ができて、多くの友と親しく交流するうちに、自分の小さな体験をより大きな全体像の中に位置づけ、その意味を考えたいというぼくの願いは、同時に他の人々の願いでもあることを知った。……それぞれの体験の持ち寄りの中から、当時の第一収容所〔分所〕での事実の関連と、そこに生きた人々の埋もれていた感情の共通部分が、おぼろげに浮び上がってきたのである。

会ができた当初から、いつかイルクーツク第一収容所の歴史をまとめようではないかと、数人の友と話し合ってきた。個人の体験記は多いが、一収容所全体の、集団としての体験記はほとんどない。これはそのささやかな試みだが、ここに記されたさまざまの事実やエピソードは、聞き書きと、『アンガラ会』の会誌に掲載された会員の原稿にもとづくものである。……（伊藤 1979: 48）(4)

ウズベキスタンのアングレンに抑留されていた池田幸一は回想記に、戦友会の性格を伝えるエピソードを記している。一九七九年大阪での捕虜体験者の集会で出会った別の収容所にいた男の言葉である。

「戦友たちとは年に一度は会います。……もう十五年も続けていますが、私は初めから欠かさず出ています。年に一度の里帰りのようなものですね。集まっても同じ顔ぶれが、逢う度に同じ話を繰返し、何回も何回もですね。その度に笑ったり怒ったり、いい年の男がヘンな話ですわ。あの四年間が、どうしてこうなのか判りません。……シベリアの会だけは特別ですね」

と。また、別の会合での次のような発言も書き留めている。酒の席でソ連憎しをぶつ仲間への静かな反論である。

「お前のいう通り戦後いくら人手が足りないからといって、ソ連は愚かなことをしたものさ、それは判るよ。しかし日本人の口からはいえないんじゃないかね、日本人にその権利はない。我々が大陸でどんなことをしてきたか、戦争中だから仕方ないでは済まされない、例えばシベリア出兵は戦争ではないだろ。あの時日本軍はいわれのない侵略をした。そして何をしたか、罪もない人間をどれだけ殺し、犯したか、俺はその罪ほろぼしを三年間やったつもりでいる。」（池田 1981: 253-6）

こうした戦友会や収容所仲間の会の活動こそが、全国組織のいったんの統一とペレストロイカ以降の大規模墓参（出発点は八二年墓参）や補償請求裁判（出発点は八一年東京地裁提訴）を可能にしたのである。

3　ペレストロイカ・ソ連崩壊後の運動

一九八五年にソ連で始まったペレストロイカは、歴史の見直し、とくに矯正労働収容所（国内刑事犯・政治犯対象）と捕虜収容所の見直しを促し、まずは部分的な情報公開とソ連人による研究成果をもたらした。日ソ関係史の見直しは、領土問題と抑留問題の両面で進み、一九九〇年キリチェンコ博士が抑留問題につき「非は我〔ソ連〕にあり」と東京で表明した（写真）。九一年ゴルバチョフ大統領は日本に、抑留中死者約3万8千人分の名簿を持参し、両国間協定でソ連による埋葬地保全・日本人墓参の受け入れ、抑留者名簿をはじめとする情報の提供を義務づけた。同年末のソ連崩壊により、右の流れは加速された。九三年エリツィン大統領が訪日して、抑留につき「謝罪」を表明し、情報公開と学術研究が進んだ。

裁判闘争と墓参事業の活性化

社会運動の観点から重要なのは、第一に、一九八一年全抑協（斎藤）が日本政府による抑留中労働の補償を請求する裁判を東京地裁に提訴、八九年に請求が棄却されると東京高裁に控訴し、併せてロシア政府に労働証明書を交付させたことである（『全抑協広報』142号）。残念ながら労働証明書は、九三年高裁による請求棄却のため最高裁に上告しても事実審理をしないため、役立たなくなった。打つべき手は尽くして、九七年最高裁でも敗訴した。総務長官の諮問機関「戦後処理問題懇談会」が一九八五年に報告を出し、「戦争の被害は国民が等しく受苦すべきもの」であって、シベリア抑留者だけ特別扱いすることはできないと判断したが、それがそのまま司法府にも継承されたわ

1990年6月20日シベリア抑留をめぐる日ソ・シンポジウム開会式。演壇は斎藤六郎全抑協会長。左はキリチェンコ博士
（出典）斎藤六郎『続・回想のシベリア』全国抑留者補償協議会 1990

シベリア抑留関係主要裁判の概要

原告	提訴日	提訴内容	判決日	判決	理由
①神林共弥ら（62名）	東京地裁 1981.4	未払い労働賃金支払い，労災補償，没収品補償総額２億6410万円（１人あたり１ヵ月10万円）	1989.4	請求棄却	条約改正の1949年以前に帰国。国際慣習法も成立しているとは言い難い。国民が等しく負担すべきで憲法の予想範囲外
	東京高裁		1993.3	控訴棄却	一審判決支持
	最高裁		1997.3	上告棄却	（労働証明書は入手したが，最高裁は事実審理せず）
②呉雄根 小熊謙二	東京地裁 1996.9		2000.12	請求棄却	国民の等しく受忍すべき戦争被害ゆえ，補償できない。公式陳謝は「立法府の裁量的判断」
	東京高裁		2001	控訴棄却	
	最高裁		2002.3	上告棄却	
③池田幸一「カマキリの会」	大阪地裁 1999.4	未払い労働賃金の支払い	2000.12	請求棄却	
	大阪高裁		2002.3	控訴棄却	
	最高裁		2004.1	上告棄却	受けた損害に対する補償は憲法の予想しないところ
④韓国シベリア朔風会	東京地裁 2003.6	謝罪と労働補償	2006.5	請求棄却	
	東京高裁		2009.10	控訴棄却	
	最高裁		2011	上告棄却	
⑤林明治 棄兵棄民の会（30名）	京都地裁	国家賠償請求（1人あたり1100万円）	2009.10	請求棄却	戦後の抑留ゆえ通常の戦争被害とは異なるが，受忍せよ
	大阪高裁		2011.1	控訴棄却	
	最高裁		2013.5	上告棄却	政治的決断に待つ

けである。その後も、池田幸一（大阪）の「カマキリの会」や林明治（京都）の「棄兵・棄民政策による国家賠償をかちとる会」によって、また、元朝鮮人兵士＝捕虜によって労働補償請求の裁判が粘り強く続けられたが、すべて敗訴に終わった（表参照）。

他方、全抑協（相沢）は、日本政府による補償に反対する立場から、会長が与党幹部である点を利用して一九八八年に「平和祈念事業特別基金に関する法律」を成立させ、総務省管轄の同基金から抑留体験者に慰労金10万円と銀杯を支給したこと、恩給欠格者への資格緩和を要求したことくらいで、全抑協（斎藤）のような署名運動や裁判闘争への動員はなかった。

第二に、従来は一九六二年以降細々と続けられてきた墓参、遺骨収集、慰霊巡拝が大規模に行われるようになった。これは右協定に基づいて厚生労働省の協力のもとに進められ（とくに埋葬地発掘と遺骨収集にはロシア地方当局の許可が必要なため）、全抑協両団体とも夏期を中心に実施した。ここでも、全抑協（相沢）が官庁主導であるのに対し、全抑協（斎藤）はロシアの地方民間団体（ウラジオストク、ハバロフスク、コムソモリスク・ナ・アムーレ、イルクーツク等）を重視する違いがあった。

ことに、一九九一年コムソモリスク市以北の抑留地・埋葬地を訪ねた墓参団のリーダー高橋大造の「四十六年目の弔辞」は、当時の埋葬地の荒廃した様子、鎮魂碑を立てる際にスターリン弾圧犠牲者のそれが先だとするロシア側と議論になったことを伝えている貴重な紀行文である（『民主文学』314–325号 1992）。また、岐阜の僧侶、横山周導が斎藤とともにアムール州イワノフカ村を九一年に訪問し、一九一九年三月のシベリア出兵日本軍部隊による同村民虐殺を初めて知り、「日本人被害者」論を反省して九五年に共同慰霊碑を建立したこと、横山主宰の「ロシアとの友好・親善をすすめる会」が毎年イワノフカ村とアムール州各地の慰霊巡拝を行ってきたことは特筆される（富田 2019: 11-3）。

第三に、一九九五年＝戦後五〇年を機に、七〇歳台に入った抑留体験者が重い口を開き、子や孫に語り、書き始めた。全抑協（斎藤）系の「ソ連における日本人捕虜の生活体験を記録する会」（発足は一九七六年、中心は右の高橋ら体験者）による『捕虜体験記』全8巻（1984〜95）が完成し、全抑協（相沢）系の平和祈念事業特別基金編『戦後強制抑留史』全8巻（2005）がこれに続いた。最近では、舞鶴引揚記念館や平和祈念展示資料館（東京新宿）で、体験者による「語り部」の活動、「語り部」後継者の育成も開始された。

抑留体験者の村山常雄が「ゴルバチョフ名簿」を基に、各都道府県に残された兵籍簿、帰還者諸個人・団体が持つ名簿を詳細に比較・検討して、日本人姓名のロシア語読みで奇妙なものを本人の姓名に戻すという気の遠くなる作業の末、二〇〇七年に約4万6千人の抑留死亡者名簿を作成したことも特筆される（村山 2007）。これによって遺族は、従来も自分の父、伯父・叔父などに限って個人資料（個人登録簿）を厚労省に請求できたのだが、親族以外の友人・知人がいつ、どこで、どんな原因で死んだのか、どこに葬られたのかを知ることができるようになった。

第四に、シベリア抑留犠牲者追悼の行事は、全抑協（斎藤）が八月二三日（日本軍捕虜五〇万人をソ連領に移送するスターリン指令が出された一九四五年のこの日）に、全抑協（相沢）が九月二三日（秋分の日＝秋季皇霊祭）前後に別々に実施してきた。実は一九九三年四月一七日には、両団体のほか、朔北会（草地貞吾会長）、太平洋戦争戦没者慰霊協会（瀬島龍三会長）、日露親善慰霊協会（性格、会長不明）が主催して、千鳥ヶ淵戦没者墓苑で合同慰霊祭が行われたことがある（参加者約８００人）。これに倣って合同慰霊祭を、八月一五日の「戦没者記念式典」と同じく政府主催で実施してほしいという抑留体験者の願いは、今日に至るもなお実現されていない。

斎藤六郎と周辺の人々

斎藤は一九九五年に亡くなったが、彼こそシベリア抑留者運動の非凡なリーダーだった。軍隊での法務実務の経験、抑留中に「民主運動」アクチヴとして活動しながら批判を受けて引き摺り下ろされた体験、帰国後多くの抑留帰還者と同じく日雇い労働を経験したこと、組合運動と市議活動で揉まれたことが、その後の全抑協運動に役立った（白井 1995）。斎藤のすぐれた運動感覚は、すでに述べたように、日本政府を相手とした労働補償請求を主張し、運動化したことでも明らかである(5)。このほか、①南樺太、北朝鮮、旅順大連の民間人への補償の必要に早くから気づいたこと、②日本軍の朝鮮人・台湾人兵士への補償を早くから主張したこと、③アムール州イワノフカ村訪問の経験からシベリア抑留の「被害」ばかりではなく、シベリア出兵の「加害」も取り上げたこと、④「戦犯」名誉回復の情報をいち早く紹介したこと（『全抑協広報』88; 151/152; 153/154; 158/159; 179/180; 13/172/173号）などが挙げられる。

他方、捕虜の「労務提供」については公文書の裏づけが弱いのに、大本営や関東軍が「（満洲ではなく）ソ連での労役」を申し出たかのように政治的な主張に先走るなどの問題があった。また大衆動員を重視し、組織内では機関誌拡大・募金「運動」で好成績の県連を誌上に掲載するなど「民主運動」や社会党活動の尻尾を付けていたことも見逃せない。ワンマン的で（長澤 2011）、毀誉褒貶の多い人物だったが、斎藤の抑留者運動に対する貢献は大きい。

斎藤を運動面で支えた人々も忘れてはならない。モスクワ東洋学研究所のエレーナ・カタソーノワは斎藤の秘書としてモスクワでも、全抑協本部の山形でも活動した。関東軍降伏時の押収文書を公文書館から引き出せたのは、彼女のおかげである。学者としてシベリア抑留に関する著作を二冊（うち一冊は邦訳『関東軍兵士はなぜシベリアに抑留されたか』2004）書き、著者や若手の研究者に公文書館アクセスの手ほどきをしてくれたのも彼女である。

白井久也は『朝日新聞』モスクワ支局長を務め、その後は編集委員としても、ペレストロイカ期に多数の記事でシベリア抑留に対する日本の世論を喚起した。著書『ドキュメント　シベリア抑留　斎藤六郎の軌跡』（1995）はすぐれた斎藤伝であり、抑留問題入門書でもあった。

4　特措法の成立とその後の課題

シベリア特措法、正式名称「戦後強制抑留者に係る問題に関する特別措置法」は二〇一〇年六月、民主党政権下で全会派一致の議員立法により成立した。生存するソ連・モンゴル抑留者に対し、抑留期間に応じて25万―150万円を「慰藉」の形で支給したものである（平和祈念事業特別基金の残金が充てられた）。しかし、支給額が長年求めていた労働補償額（一九八一年訴訟の場合、一人月額10万円）に遠く及ばず、政府から明確な「謝罪」表明もなかった。日本軍軍人・軍属だった朝鮮人、台湾人は「国籍」条項により支給対象から除外され、また「捕虜」の概念は回避され「強制抑留者」が用いられた。ここに、全会派一致の議員立法の限界が見られる。それでも、抑留体験者（6万数千人）が平均年齢八七歳を超える実情では、これが運動の限界だったと言えよう（結果論になるが、二年後に民主党政権は退陣した）(6)。

日本軍軍人・軍属の朝鮮人のうち韓国籍の人々は、一九九一年、韓ソ国交樹立の翌年に日本政府に謝罪と補償を求める「シベリア朔風会」を結成した（会員六〇人、一九四八年韓国に帰還したのは約五〇〇人）。二〇〇三年六月日本政府を相手取り、謝罪及び補償請求を求めて東京地裁に提訴したが、地裁・高裁で敗訴、二〇一一年に最高裁により上告を棄却されて敗訴が確定した（『オーロラ』46号2011）。実はこれに先立って、中国籍（延辺自治州）の朝鮮人・呉雄根《オユングン》が一九九六年九月に東京地裁に提訴していた。チタの収容所で一緒だった小熊謙二が共同原告として、国籍があったから兵士として召集し、国籍がなくなったから慰労金を支払わない点の不合理を鋭く衝いた。小熊は八八年に慰労金の半額（5万円）を「苦労を共にした」呉に贈ったことがあり、それが縁で再会し、呉の裁判を支援するようになった。裁判は、二〇〇二年に最高裁の上告棄却により敗訴が確定した（小熊 2015: 363-71. 前掲表参照）。

さらに、二〇一五年南樺太、千島、北朝鮮、遼東半島に抑留されていた日本人の送還収容所における死亡者名簿がロシアの公文書館で発見されると、彼らも「慰謝」金支払いの対象外だったことが問題とされ、厚労相が国会で、従来の抑留認識及び施策がソ連・モンゴルだけを取り上げ、しかも軍人・軍属に限定されていたことの非を事実上認めるに至った。

特措法成立でいわば使命を果たした全抑協（斎藤死後の会長は神林共弥、寺内良雄、平塚光雄）は、二〇一一年五月に解散した。後継団体として「シベリア抑留者支援・記録センター」が発足した。特措法第一三条に定められた政府による「実態調査」義務履行を促進するとともに、記録を収集し、記憶を後世に伝承する課題を負うことになった。二〇〇三年、全抑協本部の鶴岡から東京への正式移転に伴い、事務局長格として会長を支えてきた有光健が、抑留体験者の世代に代って代表世話人になった。元来「戦後補償ネットワーク」代表世話人として、ともすれば抑留を日本人の一方的被害と受け止めがちな体験者と世論に対して、韓国人・台湾人抑留者の問題を取り上げ、日本軍による米英豪兵士捕虜処遇の問題にも関心を向けさせてきた有光の代表世話人就任は当然であり、適任であった。

以降、支援・記録センターと二〇一〇年末に発足した「シベリア抑留研究会」（代表世話人・富田）とは、車の両輪の如く抑留問題に取り組んできた。戦後七〇年の二〇一五年一〇月二四―二五日には日比谷図書文化館で「シベリア抑留七〇年の集い」が開催された。「映像・映画の集い」、「歌とトークの集い」(7)、「体験者に若者が聞く集い」、資料展示と「遺家族相談コーナー」といった多彩な催しが行われ、のべ五百人の参加をみた。百歳を超える体験者も参加し、三つの「集い」と「相談コーナー」で運動のネットワークが広がる成果を挙げた。

おわりに

以上の抑留者運動の概観から言えることは、①抑留者運動は、親族・友人等による早期送還を求める人道的な運動からスタートし、引揚者運動の一環だったこと、②引揚が遅れたソ連抑留者の運動は、冷戦激化とともに著しく政治的なものと化し、体制側にとっても共産党にとっても政治的利用の対象になったこと、③抑留体験者はこれを嫌い、あるいは日本社会に受け入れられるために、何よりも日々の生活に追われて運動から手を引いたが、戦友会や収容所仲間の会の形で体験を共有し、語り継いできたこと、④それを土台にした一九九〇年代の運動の再活性化は、一面では政治的な性格を帯びたが（裁判闘争と立法運動）、他面では墓参や回想記執筆を通じて各々が人生を総括したいという気持に支えられていたこと、⑤九〇年代は冷戦と自民一党支配の終焉、韓国・中国から「過去の清算を求められた」時期だったため、「被害者的」抑留観を見直す機運が生まれたこと、⑥二〇〇〇年代に入って抑留体験者が鬼籍に入るようになると、運動の中心は子や甥・姪の第二世代に移り、さらに若い世代への継承が切実な課題となっていること、以上である。

抑留者運動は被爆者の運動など他の社会運動と共通する点もあり、筆舌に尽くしがたい体験を語りづらかった点は被爆者と同じである。初期引揚者が帰国後に「空襲に遭わず、いい思いをしたではないか」と言われた（子弟は身につけた植民地の習慣・言語のゆえに差別された）のに対し、冷戦下の抑留帰還者は十把一絡げに「ソ連帰りはアカ」と白眼視された点が異なる。また捕虜の負い目と同時に「死んだ戦友に申し訳ない」という生き残った罪障感を長く抱いた点、ソ連憎悪と被害者意識に囚われ、侵略戦争の加害者だったことを忘れがちだった点も挙げられよう。本稿は、戦後社会運動の中の抑留者運動の位置づけがなお不十分なので、さらに検討を重ねたい。

今後の運動の課題としてとくに重要なのは、①史資料の収集はむろん、厚労省が保存し、「個人情報保護」を理由に開示しない個人登録簿（40項目のデータ）へのアクセスを少しずつでも実現し、データベースを作成して実態解明を進めること（富田 2019: 197-208）、②青少年（小学生から大学生まで）に対して、映像（テレビと映画、演劇とそのDVD）、絵画、ソーシャル・ネットワーク等を用いて、抑留の歴史をわかりやすく伝えること、③若い世代の研究者を日本史、ロシア史、社会学、文学のどの分野からでも育て、ジャンルをまたがる専門家、フィールド・ワークを大切にする専門家に成長させること、である。

注

（1）島村恭則編『引揚者の戦後』（2013）、成田龍一「「引揚げ」と「抑留」」（2006）は「抑留」と「引揚」の概念を整理し、個人の回想記等（藤原てい、石原吉郎など）を分析したものである。先駆的だが、文学作品・ルポルタージュに依拠していて、歴史実証研究ではない。なお「留用」とは、中国で戦後に国民党、共産党いずれもが日本人技術者、医者などに給与を払って一定期間残留し、復興に協力してもらった施策を指す。南樺太や北朝鮮でも日本人「留用」が見られた。

（2）より正確な経過説明は以下の通り。斎藤は一九七七年「全国抑留者補償協議会」山形県連合会を結成し、東北近県に連合会を組織した。他方、九州地方を中心に「全国強制抑留補償要求推進協議会」（大塚道夫会長）が形成された。七九年一月に両者が合体し「全国抑留者補償要求推進協議会」となった。しかし、二代目会長の斎藤のリーダーシップに反発した相沢英之らが脱退して「全国戦後強制抑留補償推進協議会」を結成した。両者の勢力は斎藤派15万人、相沢派2万人と言われた（長澤 2011: 42-4）。なお、『全抑協広報』が転載した『朝日新聞』世論調査によれば、一九九四年半ば過ぎの時点では、斎藤派約7万6千人、相沢派約6万人だったという（『全抑協広報』172/173号）。

（3）斎藤は統一全抑協会長期には慎重で、「奉勅命令の下　日本将兵は俘虜にあらず」と述べていた（『全抑協ニュース』4号）。

（4）伊藤は「民主運動」についても、戦前日本社会にも帝国軍隊にもなかった「素朴で初々しい初期民主主義」の側面を見るべきだという（伊藤 1979: 222-3）。

（5）日本側の賃金請求1711億ルーブリは、ソ連側のシベリア出兵等による被害の総額試算820億ルーブリを大きく上回っているという（『全抑協広報』101号）。

（6）一九八七年に「特措法」の原型ともいうべき社会党提出議員立法案が出されたが、時間切れで廃案となった（『全抑協広報』89号）。

（7）ソ連抑留帰還者が持ち帰った「仕事の歌」「ともしび」などのロシア・ソヴィエト歌謡、俗にいうロシア民謡で、昭和三〇年代に「歌声喫茶」で愛唱された。出演は松島トモ子、古川精一、山之内重美ら。

参考文献

青山一夫（荒居善助）（1984）『三十三年のあゆみ』音楽舞踊団カチューシャ

池田幸一（1981）『アングレン虜囚劇団――ソビエト捕虜収容所の青春』サンケイ出版

伊藤登志夫（1979）『白きアンガラ河――イルクーツク第一収容所の記録』思想の科学社

小熊英二（2015）『生きて帰ってきた男――ある日本兵の戦争と戦後』岩波新書

エレーナ・カタソノワ（2004）白井久也監訳『関東軍兵士はなぜシベリアに抑留されたか――米ソ超大国のパワーゲームによる悲劇』社会評論社

小池義人（1978）『シベリヤの鉄格子の中で――我が戦争と青春の墓銘碑』芸立出版

島村恭則編（2013）『引揚者の戦後』叢書戦争が生みだす社会Ⅱ　新曜社

白井久也（1995）『ドキュメント　シベリア抑留――斎藤六郎の軌跡』岩波書店

富田武（2013）『シベリア抑留者たちの戦後――冷戦下の世論と運

動 1946–56』人文書院
――（2019）『シベリア抑留者への鎮魂歌』人文書院
長澤淑夫（2011）『シベリア抑留と戦後日本――帰還者たちの闘い』有志舎
成田龍一（2006）「「引揚げ」と「抑留」」倉沢愛子・杉原達・成田龍一・テッサ・モーリス-スズキ・油井大三郎・吉田裕編『岩波講座アジア太平洋戦争4　帝国の戦争体験』岩波書店
村山常雄（2007）『シベリアに逝きし人々を刻す――ソ連抑留中死亡者名簿』私家版
若槻泰雄（1979）『シベリア捕虜収容所』上・下、サイマル出版会
全国抑留者補償協議会『全抑協広報』（初期は『全抑協ニュース』）
三合里収容所戦友会（1986）『三合里収容所小史』
哈爾濱学院同窓会（1987）『哈爾濱学院史　一九二〇―一九四五』
「ソ連における日本人捕虜の生活体験を記録する会」機関誌『オーロラ』
シベリアを語る会『いわれなき虜囚』各年
『地獄を見た男達』各年、『極光の集い』1―15号
戦後強制抑留史（2005）『戦後強制抑留史』全8巻平和祈念事業特別基金
ソ連における日本人捕虜の生活体験を記録する会（1984～95）『捕虜体験記』全8巻

追記

本稿執筆後の二〇一九年九月に、アレクセイ・キリチェンコ博士（一四〇―一頁参照）は、モスクワ市内の自宅にて八三歳で亡くなられた。歴史家・日露関係の専門家であり、抑留者運動に欠くべからざる存在だった。

【インタビュー】

徐　翠珍さん

「人間としての誇り」にもとづく闘い

――在日中国人・徐《ジョ》翠珍《スイチン》（Xú Cuìzhēn）氏の生きざま

聞き手・解題：大槻　和也

徐翠珍氏は一九四七年に神戸市に生まれた中国籍の在日中国人二世である。本インタビューではおもに国籍条項撤廃運動と在日外国人指紋押捺拒否運動というふたつの運動時の心境や状況について、そして現在から運動を振り返った時の思いについて、さらに一九六〇年代までの華僑社会との関わりや両親についてもうかがった。国籍条項撤廃運動時の在日朝鮮人との出会いなど、後述する先行研究では触れられていないエピソードや徐翠珍氏自身の現時点での心情なども数多く収録しており、まさに在日中国人・徐翠珍氏の生きざまを伝えるものとなっている。また、中国人渡航史に関しても話を聞くことができた。なお、本インタビュー中の〔　〕は聞き手による補足である。末尾に、当時の運動の経緯・展開について「解題」を付した。

父、母について

――徐翠珍さんの父、母、祖父母の経験についてお聞かせください。

徐　祖父母は知らんのよ。親の代で日本に渡って、私らが生まれているから、祖父母は写真で見たくらいかな。

――お母さんが上海で？

徐　父親は丁稚奉公やから。まだ子供の頃〔父の渡日は一九二九年〕に来てるからね。直接、戦火の中におったわけじゃない。母親は日本に渡るのが遅かったからね。結婚して渡ってるから、二十何歳まで中国におったから。母親は上海にいて、製糸工場で働いとったから、それこそデモやらストライキやら労働争議がいっぱいあった時期やからね。そこで上海事変(1)が一九三二年に起こってるから。〔第一次〕上海事変の真っただ中におったわけよ。でそういう経験をして、第二次上海事変の時〔一九三七年〕にはもう日本に来てた〔母の渡日は一九三六年〕から。

――母親がその時の話を語ってくれたんですか？

徐　そうそう。上海事変の話はもうしょっちゅう聞かされてたからね。

――母親から聞いた中国での侵略の話などが徐翠珍さんのアイデンティティに脈々と流れているんですか？

徐　戦争は嫌やなあと、それはもうすべての原点や。今に至るも。今は靖国問題とかをやってるけれども、それも含めてね。臆病やから、戦争に出会いたくないと。ほんまそれが一番のメインで、私が戦争を経験したわけじゃないけども、私が〔一九〕四七年生まれやから、戦争が終わったの四五年やから色濃いわねまだ、終戦の雰囲気がね。でも、戦争自体の話、リアルに聞いたのは母親からの話。

それから、目で見える戦後、戦後二年で生まれているから、まあ五歳やとしたら五、六年先くらいやったら覚えてるから、日本の兵隊が復員してくる時の雰囲気ね。あれが、ごっつい。見る目が、日本人の見る目じゃないよね。で、戦争の話を聞いてるでしょ、親から。ほんで、いっぱい悪いことしてる日本兵を、ゲートル巻いた復員兵やから目の前におるのは、「ああ、中国人をいっぱい殺した人たちや」と。そういう見方をしてた。中国人やからやろうね、日本人はそんな目で見ないかもわからへん。日本人が嫌いというわけでもないけども、でもそういう種類の人なんやと。母親らの村をつぶしたり、逃げ惑うのを追っかけまわして銃で構えて行進させたとか、ものすごい細かいこと聞いてるから。まだめっちゃ小さいけどね、本当に子供やけど、そう思ってた。

ほんで、〔神戸市〕三宮あたりやったから、傷痍軍人がよくおるの。白い病衣を着て、足がないとか、手がないとか。そんな人が街で小銭を集めてて。それを見てても、普通はかわいそうやなあと思うんやろうけど、かわいそうやなあとは思わないことはないけども、あの頃の戦争ってみんな中国行って殺してるからね。戦争自体が中国でやから、「中国人殺して怪我したんやなあ」と、そう思ってた。でも、もっと複雑で、この傷痍軍人たちは実は朝鮮人やったりね、台湾人とかね、それはもうちょっと大きくなってからわかんねんね。もっと残酷ですよね。

だから、親の代から聞いたことがものすごい、下地にはなってるね。戦争というのがすごく身近。言葉だけじゃなくって、戦争と言った時にいろんなことが想起できる。だから、それが今に至ってもね、戦争法〔我が国及び国際社会の平和及び安全の確保に資するための自衛隊法等の一部を改正する法律、略称は平和安全法制整備法〕とか、スパイ防止法〔特定秘密の保護に関する法律〕、共謀罪〔改正組織犯罪処罰法第6条の2〕とかいった時に、戦争というのを想起するよね。そういうことがリアルに想起できる年代なんかもわからへんね。聞いてるというのも大きかったやろね。

――では今に至る活動の原点という意味があるということですね？

徐　やっぱり親からの話がね、ちゃんと残ってるしね。

華僑社会の中で

――徐翠珍さん自身が、中華同文学校で学ばれている経歴があるじゃないですか。小、中学校の段階で中国的な雰囲気〔在日中国人同士で中国語、中国史を学べる雰囲気〕の中で、しかもそれを否定しなくてすむような環境の中で育った。そういう経歴も抵抗との関係があるんでしょうか？

徐　やっぱり人間っていうのは、負の中で生きていくと、人間が破壊されていくでしょ、精神が。それはもう在日朝鮮人の同化の過程というか、そういう場面がたくさんある。それが中華学校に行ってると、マイナスの部分じゃなくて、どっちかというたらプラスの面の方が大きい。だから中国人ということで否定的にみるんじゃ、少なくともなかったですね。そりゃ、そんな子供の時から「中国人の誇りです」というようなことはたぶん言っていないけども、すごく自然に、自分は中国人であり、日本人とは違うんだと。他人《ヒト》の国に住んでるんだと。その時はまだ中国人がどんな形で日本に来たのかという歴史も勉強しているわけじゃないんで大まかにしか知らない。だから基本はマイナスからのスタートじゃなかったというのは、やっぱり人間にとってはとっても大きいことやなと思っているけどね。

――雑誌『世界』の中で徐翠珍さんの生活歴が出てきて、華僑の青年運動にも関わっていたという話〔田中 2001: 79〕がありますね。

徐　バリバリの活動家でした（笑）。中国人のグループの中でね。だから、小中と中華学校行って、中国人の立場から歴史を見ることができるわけでしょ、日本人の立場じゃなくて。だから、そのままごっつ自然に華僑の青年たちとの交流と、それと華僑幼稚園、同文学校の小学校のもうひとつ前に華僑の幼稚園があるんですよ。そこの教諭として三年ぐらい働いてたんで、そこにも中国人の先輩たちがいるんで、その頃は入管法案〔出入国管理令の改正案〕(2)や「外国人学校法案」(3)のデモとかがあったんで、それに初めて参加して関わった。活動は、日本の政治にいちゃもんつけるわけじゃなくて、子供たちに民族的な学びを保証するという、そういうことをやるのがメインだったね。別に華僑運動といっても革命運動とかではなくて、一生懸命子供たちに、中国人としての誇り、今は好きじゃない言葉ですけど、誇りっていうのを、子供たちに伝える役割っていうのを私たちは果たしていたと思います。

――入管法の運動とかにも？

徐　その頃初めて。まあ古い話やけど、昔の入管法〔出入国管理令及び一九六五年に制定された出入国管理特別法〕ってすごいひどいでしょ。たとえば私らの場合でも強制送還というのはものすごいリアルに条文にあったし、その強制送還の要件がだいたい貧困とか、病気とかね、そういうのも全部入るくらいひどいもので、そういうのんが反対する理由に上がっていたと思います。それは日本人の学生が中心やったやろうと思うんやけども、日本人が入管法運動やって、私らがそこに一つの隊列で入ったと。別に主体的には、まあ日本人の問題やからね。自分たちの国の法律やから。だから主は日本人。私らはそこに加わっていった。だから華僑の青年たちがみんな関わったわけじゃないんです。日本の団塊の世代の、いろんな学生運動がごっつい盛んやった時なんで、それに触発されるわね、同じ年代やし〔当時の学生運動では、日米安保条約の破棄に向けた運動や、一部の運動では上記の入管法案への反対運動なども展開していた〕。触発されて、日本の運動に初めて接触したという感じかな。

そうして見てみると、華僑の、中国人の中におっただけでは見えないことがいっぱいあるんやという風に思い始めたんやね。ところで、華僑運動の中ではね、日本の政治に触れてはならないという、中国の本土の内政不干渉という絶対的な方針があるんですよ〔現在もあるにはあるが有名無実化している〕。不干渉やから触ってはいけない。でもそれはおかしいんじゃないかと、私らは日本にちょっと滞在しているんじゃないんやと。ここで生きてるんやのに、ここの国が変わらないと私たちはなんぼ何を言おうが、どうしようもない。この国を、日本が変わることに関わらないというのはおかしいんじゃないか、と私は思ってた。

ほんで、中国では文革が起こるでしょ。文化大革命が起こって、なんかわからんけどあれよあれよというちに、わけのわからんようになって、ほんで華僑の運動から出た〔離れた〕んですよ。だいたい終息した頃に出たんかな。で、物事は自分の頭で考えて進めないとだめだ、というのが文化大革命の教訓や、私にとっての。熱がバアッとこもってそういう雰囲気に流されるわねどうしても。それで、ハイ、違いましたとかいって終息してくるとだいぶんダメージ大きいですよね。何を今までやっていたんだろう、そういえば自分でものを考えてないんじゃないか。だから出た後は、自分で感じたことをやる、自分で感じたことを一番大事にせないかんのやと。青春の転換期ですわ。それで、中国人のグループから離れた。

西成へ

徐　ほんで、神戸にいたんですが、中国人のグループから出たときに引っ越したんですよ。それで少しうろうろして、〔大阪市〕西成に落ち着いた。そこで初めて「世の中が違うんだ」と感じた。在日朝鮮人がものすごく多い、西成区は。大きい部落がある〔二〇一〇年現在、大阪市内で三番目に在日朝鮮人人口が多い地域〕。それまでは朝鮮人のことを知らなかったです、ものすごく大まかにしか。本当に差別ってどういうものなのか、日本の社会の中でどういうふうに生きてきたんかとか、そんなことは本当に知らないですよね。中国人の中にいて、それで事すんだから。で、保育所にその時に保育士として勤め、保育所の中の子供たち、親たちと接していくなかで、あら、私は井の中の蛙であったということに気がついて、そこから今にずうっと続く。ほんで保育所の中で国籍条項を撤廃させるでしょ。ほんでそれが指紋につながるでしょ。ほんで指紋拒否をする。指紋拒否するとまたいろんなもんが見えてくるから、まあそういうことですわ、拒否したいきさつは。

——一つの運動が、次の運動につながっている部分がある？

徐　そうやね、一〇〇％間違っているとは思わんけれども、こんな考え方もあるんやとか、いろいろ思ったときに次のステップを踏んでるというね。それがまた広がっていく。よう考えたらそういうのんで今まできて、とうとうここまで来たと（笑）。どんな風にして自分が変わるのか。

それと、日本の社会の中で在日朝鮮人の存在、在日中国人の存在が、どのように日本の民主主義とか政治を含めて、どんな風に関わっているのか。私はそのことが意識できないような日本の政治はもうだめやと思ってる。それは植民地の後始末やからね。そんなこともできないで新しくステップ踏めるわけがないの本当に。だから世の中おかしいんです。そこに行きつくというのには、いっぱい差別され、差別の具体化でしょ、普段おっても何となく差別の対象にはされるけれども、具体的に職奪われるとか、具体的に逮捕されるとか、具体的に身動き取れない、がんじがらめになって、外登法〔外国人登録法〕を拒否することで外には出れないとか、いろいろな形で縛りがかかる。

そういうのを通してやっと、日本の中で自分が何をしてきたんか、在日は何をせないかんのか、もう状況としては二世、三世、四世、五世でしょ。五世もおるんよ。そしたら、日本の中で現に混ざっている人々に目線がいって、日本の社会、ありように目線がいくやろうし、と今は思ってる。で、それにもとづいたいろんな関わりを今はやってる。

国籍条項撤廃運動に対する反応

——国籍条項撤廃運動の時の状況、反応についてお聞きします。日本人の反応と、在日朝鮮人の反応は少し違う部分があるんじゃないですか？

徐　そりゃそうやね。日本人はわからへんというか、そこまでやらんでも嘱託で雇ったる言うてるんやからとか。日本人に言われたことはね、「日本人でも公務員になるの難しいのに、中国人は、そりゃあもう無理ですよ、諦めなさい」って感じのこと。それとか、まあいつものことやけど、どっかの時点で話がこじれてくるんです。組合〔大阪キリスト教社会館職員組合〕を通して話をしているけれども、こじれてくる。市〔大阪市〕は絶対こういう理由でだめっていうし、当初は組合も「いや、全員の希望通りにするべきや」という風な反応ではあったけれども、だんだんこじれてくると、もう時期も迫ってくるでしょ、移管の日は決まっているからね。そしたら、組合は空中分解して、市職員になるための手続きに入るんですよ。それで捨てられるんです。でもそれはみんなじゃないですよ。中にはやっぱり本当に心苦しく思っている人たちもいて、のちに、組合じゃなくって支援する会〔西成徐翠珍さんを支援する会〕という形の中に入ってきてくれるとか、そういう組合員、同僚もいた。でもまあだいたい日本人の反応ってそんな感じで。これは職場の周りね。

世間では、新聞にでっかく出てたから、いっぱいハガキ来るし、怖いのが。激励のも来るけど、10対1かな。10対1もないかな。今も家に置いてますけれども。それが日本人の反応。

ほんで在日〔朝鮮人〕の人たちは、それは私が指紋の時に思ったのと同じように、「抵抗してるわあ」と。頑張ってや、私らはでけへんかったし、という感じ。〔在日朝鮮人の〕オモニたちってその頃は私と歳が似たようなもんでしょ。みんないろんな形で、まだ差別も露骨な時代を生きてきてるから、やっぱり「頑張って」って、「私らはいっぱい苦労したけど先生頑張ってや」というのがおおよその反応ですわね。まあそれがどういう形で出てくるかは、みんなも必死で生活してるからべったりと支援ということには当然ならないけども、支援の会の催しの時には来てくれたり、それから署名を地域でとったからね、そういうので手伝ってくれたり。

また生活の面倒というか。地域では靴〔の製造〕が産業やから靴のいろんな仕事があるんですよ。甲皮とかヒール巻きとかミシン掛けとか、分業してるから。〔在日朝鮮人が〕それを内職で回してくれたり、もう長いことその内職をしながらちょっとでも助けてもらったとかね。それが大きかったね。独りでやってないというね。一人でやってるけれども独りじゃない。在日〔朝鮮人〕の人たちはこんな風にして生きてきたんやなあってのが、すごい勉強になったね。

だから、自分は井の中の蛙で、なんぼいうても中国人の塊の中にいたらなかなかね。違う感覚やから、〔在日朝鮮人でありながら〕同化されていく過程と、〔在日中国人として〕敵国人であんまり当たり障りのないように、処世術というか上手に日本社会の中でいくというね、それとはずいぶん違う。だから、西成に来たというのは大きい、一つの最初の転機かもわからへんね。

——では内職をするなかで、在日朝鮮人の生活をより具体的に知るようになったわけですか？

徐　そうそう。その頃はみんな仕事も大変やし、ものすごい劣悪な条件の中で。だいたい靴職人いうたら、ボンドとか使うから火事も多かったですし、パッと火つくからね。それとかべたっと座って仕事したら遅々まで仕事してはるし、部屋の中はシンナーの臭いがするし、そんな中で子供育ってはるから、まあ経済的にはみんな大変やったと思うね。そしてほとんど日本名で生きてるからね。日本名やからといっても朝鮮人だと別に隠してない人もいるし、創氏改名を経てもうすっかりと日本名が身についちゃっている人もいるからね。なかなか一概には言えないけれど。

——在日中国人との関係というのは？

徐　西成に移って、いろんな地域で、在日朝鮮人との交流とか、その頃まだ「密航」(4)が多かったんで、そういう人の、在留資格を取る運動とか、そういうのをぼつぼつやってたんで。それには中国人の仲間も、ほんのちょっとのひと塊やけど〔関わっていた〕。近辺で一緒に支援していた人たちが、中心とまでは言えへんけども、周りにはいましたね。

でも、もともと私がいた中国のコミュニティ、それから中国人の運動、青年会〔神戸華僑青年会〕とか聯議会〔神戸華僑聯議会〕(5)とかいろいろ大きな華僑団体があるんですけれども。そういうところは無視ですわ。あんまり良い評価はないです。「頑張ってるなあ」とかそんなのないですね。特にそういう運動の中心の人たちはね。そりゃ華僑というか中国人はいっぱいおるから、個別には「あれ、あんなことやってるわ」とか私が思ったように思っている人も当然いるやろし、それからかつて、公務員になって、国籍条項を取っ払ってしばらくは外国籍でも入れるようになったでしょ。その時には「あなたのおかげよ」って言ってくれる華僑のちょっと若い世代もいた。個別にはそういう風に見てる人がいた。保育士とか看護師になったりしている中国人とか多かったですね。でも、個別と団体とは違う。団体はそんな派手なことするなと、だいたいそういうのが基本やったですね。やっぱり理解できへんかもわからへんね。

そういう中にだけおるから。私は華僑の団体〔神戸華僑青年会〕でかつては中心的に活動してたんだけど、そこの専従さんから言われたのが、「あの人はほんの一万円の差でワイワイと文句を言うてるんだ」と。

その一万円の差というのは、正確に一万円かどうかは忘れたけど、民間の保育所というのは劣悪な条件なんですよ。今でも福祉って言ったら本当に劣悪やけどもね。公務員になるとグッと安定する。ほんで、中国人や朝鮮人は保母、かつては保母と言っていたんですが、保母の資格は取れるんですよ、国籍条項ないから。だから、保育所にはいっぱいおるんよ。でもその人たちは公務員にはなれないからずうっと民間で下支えをするわけよ。日本の労働者の中のシステムですよ、それは。保育所だけじゃなくて、その頃は朴鐘碩《パクジョンソク》さんやなんかの、日立の闘い(6)があったでしょ。あれが象徴的やけど、大きいところには入れません。小さい、零細のところでみんながでっかいところを支えると。公務員も同じ。だから、そういう形にずうっと追いやられていくんや、ということをある集会で言ったことあるんですよね。それを聞いて、その時に給料がそのぐらい違うんやでという話をしたのを聞いて、「そんな、一万円くらいで運動やってるんやな」という風な反応もありました。

もう一つはやっぱこの、じかに差別する、中国人だから首切って当たり前ということが許せんということが、その心情がわからないんかなと思ってね。給料がどうのこうの〔上記の「一万円の差」〕というのは要するにそういうシステムを言ったんであって、そのこともピンとこないのかなと思って。いろんな場所で、いろんな反応があって、面白かった、よかったです（笑）。

――とても興味深いと思います。民間で下支えさせられている外国人労働者がいて、その上の中核の部分は日本人の、中核労働者で固めていくというようなヒエラルキーが六〇年代にはすでにあるということですよね。今の新自由主義化と似ている部分がありますね。

徐　ちっとも変わってないね、基本のところはね。その頃は在日朝鮮人や中国人はみんな国籍も外国籍でしょ。だから必然的に重層的になるわね。今は日本国籍の朝鮮人、中国人が圧倒的に多いですよね。なんでいうたら国籍法が変わったから。日本人と外国人が結婚したら日本人になれるわね。選べるとかいろいろあるけど基本はそうなんよね。

だから圧倒的に日本国籍が多い。だから国籍条項の問題はちょっと変わるわね。日本国籍やから、ルーツが朝鮮であるとか中国であるとか関係なく、たとえば公務員なろう思うたらなれるわけですよ、今はね。せやけど、少ない数でも朝鮮・韓国籍のままとか、私も含めて中国籍のままっていうのもおるわけですよ。それは国籍条項に引っかかる。だけどもうそれは少ない。

それがどうなるかというと、今度からの出入国管理法(7)の対象者である外国人労働者の子供が、二世か三世か四世って将来できるわけですよ。その人たちは、外国籍なわけですよ。その時に、私がせっかく取っ払った国籍条項が今もう一ぺん復活して、えらい目に遭うのはそこです。だから、私たち自身が頑張らへんかったら後の人たちにどんだけ背負わすことになるんかという、それが見えないのかなと。今の入管法というのは、私の目から見るとそういう負を負わされる。私たちの一世が差別で苦労したのと同じ、一世の苦労をし、二世の苦労をし、何代にもわたって。その人たちは、日本国籍は「帰化」でとることになるよね、もしもとろう思うたらね。

せっかく国籍条項を取っ払って、だいぶ開けた。公務員問題だけじゃないでしょ。国籍条項は外さないかんのやということが広がっていくと、いろんな福祉なんかでも国籍条項いっぱいあったでしょ。市営住宅入られへん、健康保険はダメ、厚生年金はダメ、児童扶養手当はダメ、全部ダメやったのが、私の〔国籍条項撤廃運動〕が〔地方公務員に対する国籍条項を〕取っ払った後に徐々に全部取っ払ってきた。

それは取っ払ってんねんけども、今でも教員とか、途中で「やっぱりダメです」というような都道府県がいくつも出てきて(8)、いまだにそのことで苦労している若い人たちがいるんやもんね。だからつねに闘いは続けとかんと、安倍政権みたいになったらとんでもなくひっくり返ってしまう。今は本当に、「ええ〜、いまだにそんな状態かいな」と思うくらい、びっくりする。もう五〇年近く経ってるんです、国籍条項撤廃してから。そう思いません？（笑）

指紋押捺拒否のいきさつ、きっかけ

――指紋押捺拒否の裁判に関連して、指紋を拒否する際のきっかけがあると思うんですね。裁判時の徐翠珍さんの被告人供述の中では、在日朝鮮人の朴愛子《パクエジャ》さんが指紋押捺拒否をしていて、その際に警察からの嫌がらせがあって、それに対してともに抗議に行ったとありましたが、いかがですか？

徐　抗議に行って、逮捕されて、その警察署の中での対応がね、奮起させる動機になったんです。その前の国籍条項撤廃の運動の時に吐きかけられた、「公務員になるなんてとんでもない」とか、「嫌やったら国へ帰れば」とか、排外的なことをいっぱい言われているんですよね。逮捕されて、警察署の中でその時と同じことを言われたんですね。まあ日本人の意識って同じようなもんやから。

初めは指紋、子供の時からずうっと押させられてるから、不快ではあるけれどもこんなもんやとずっと思ってたし、いっぺん取られたらもう、十回取られようが一回取られようが、そんなに拒否しようとか思ってなくって。最初に拒否した人をテレビで、韓宗碩《ハンジョンソク》さんかな、見た時はびっくりしたね。「オッ、抵抗できるんだ！」と思って。在日朝鮮人も在日中国人も抵抗できる。どんな場面でも、日本に住んでいるんだからしょうがないと、そういう風に思って抵抗なんかできると思っていなかった。それが韓さんの拒否で、まずやっぱり「抵抗できるんだ」ということを思った。それでも、何べんも取られてるし［押捺は仕方のないことで］まあいいわ［という感覚でした。だから］、私自身は韓さんの拒否がきっかけで拒否したわけじゃない。

ところが逮捕されて、警察署の中でそういう言葉を吐きかけられて、まあ言ったら警察権力がこういうことを思っているんだなと。これは、指紋とはただごとじゃないんだなと、日本にとってはたいそうなこと、大変なことなんだと。なんとなく漠然とそう思ったんです。これは、他人事のように思っているわけにはいかんなあと思ったんです。で、中国人はその時誰も拒否していなかったからね、在日朝鮮人が当然中心でやっていた。在日中国人としては全然いなかったと。それで拒否しようと。それがきっかけです。

――在日中国人の中で拒否をしようという動きは？

徐　ほんのわずかしかなかったです。まあ、私の今のテーマでもあるんだけど、在日中国人というのが日本の中で特に最近ね、知られていない。どういう立場におるんかとか、在日朝鮮人とどこが違うんかとか、全然わかっていない。朝鮮人と違うのは、朝鮮と台湾は植民地で、日本にとったら同化政策［の対象］やね。日本名を名乗らせたり、朝鮮語、中国語使うなとか、ともかく懐柔して同化してしまうという、当時はそういう政策やったでしょ。

ところが、中国人の渡日の歴史はものすごい長いんですよね。戦争前に来ていた人たちは、植民地じゃないでしょ。敵国人なんですよ。だから日本の中では監視の目が、在日朝鮮人以上にものすごい厳しい。そりゃそうやね、敵国の人らがそばにおるわけやから。弾圧が厳しかったです。いろいろな弾圧が具体的にあるんやけれどね、在日中国人に対する。だから中国人は、私の親もそうやけど、静かに、抵抗してはならない、ともかくおとなしく、ここにいる以上ね。中国におったらいろんなことできるかもわからんけれども、日本の中では取り囲まれてるわけでしょ。だから抵抗しないです。

昔から、私も不思議やなあ、朝鮮人はいろんな所で自己主張したり、いろんな形で抵抗して、入管法案でも外国人学校法案でも、ものすごい勢いで在日朝鮮人は声を上げて。せやのに中国人はほとんど全然動かない。なんでかなあ、とずっと思ってたんですけれども、それは、大きな要因の一つは、立場の違いね。敵国人であるが故の慎重さがあったというふうに私は理解しています。ホンマはどうか知らんよ。でもまあ、そういう面はすごく大きい。

で、中国人はあちこちで敵国人として、たとえば日本の中だけじゃなくて、シンガポールの華人が、日本が軍を入れた時にものすごく殺されている(9)とか、疑心暗鬼になるからスパイちゃうかとか、そういう疑惑をかけられて中国人がスパイ容疑で逮捕されたり、獄中死したり、そういう歴史があるんですね。なので中国人はなかなか、反対の声を上げるとか、抵抗とかしないで、おとなしいんですよ。

指紋押捺拒否と子供への思い

――お子さんがいらっしゃることが指紋押捺拒否に関して何か影響、あるいは葛藤になったりはしましたか？

徐　私らは先ほども言ったように何べんも取られてるからね、管理されているというのは消えるわけじゃないし、指紋制度がなくなるとは思ってなかったですよ、全然。日本にとって指紋制度ってのは、まつろわない者を管理するためのシステムやから、国家である以上絶対そんなことはないと思っていたんです。でもやっぱり運動してるんやから、ないと思ってやるんじゃなくて、いつかはなくなると思ってやらんとダメやし。

子供たちは、登録は生まれてすぐするけど、指紋押捺は一六歳から。まだ取られてない。だから、できることなら子供らの世代でもう取られなくてすむようにという風に思ってたんで、それは私自身が抵抗をとことんして子供らの世代にちょっとでも、なくなる方向で進んでいってくれたらと思ってたから、葛藤はないです。

私はあまり子供とそういう話をしないんです、ほとんどしてないですよ、子供は見てるだけ。だから私が逮捕される時も子供は驚いた様子で、警察がワーっと来るのを子供は見てたんですよ。でも、何も子供には言ってないけども、二人とも押捺の時期が来た時に自分から「ワシ、拒否するで」とかゆうて。だから、話はしてないけども、見てて、指紋って悪いんやと、自分らも時が来れば押さなあかんけども拒否できるんや、という風に思ったんやろうね。二人とも一応拒否してるんですよ。その後、指紋押捺撤廃が一応されるので、取られてないんですよ。

国家による民衆の管理

徐　でも、そんな甘くないわね。今は国を出入りする時取られるでしょ。こないだまでは中国人だけやったけども、今はみんな取られるらしいね。あんま細かい話知らんねんけど。もともとは〔一九九九年に〕全部撤廃した後に、私らだけ、中国人だけ。出るのは出れる。入るときに、十指〔両人差し指〕と顔と(10)。指紋の運動やってる頃はそんな風に思ってないから指紋なんてなくならないと思ってたけど、今は指紋なんか要らん。あった方がいいやろうけど、目でもいけるし、静脈でもいけるし、もうシステムがものすごい大幅に広がって、それがあるから撤廃に踏み切ることだってできるわけだよね。指紋でそんなうるさく言うんやったらこっちにはこれがあるさ言うて。〔指紋の運動を〕十年とか二十年とかやってたら、科学的なことも一緒に進んでるから、指紋がどうにもならんと思うたら、こっちの方で変わってくるというね。結局はシステムが変わっただけや。

だいたい、外国人登録法が〔二〇一二年七月に〕なくなったもんね。

登録法がなくなって、当然指紋もそこについてるからなくなる。そやけども、カード〔在留カード〕にはチップがついてるから、登録証〔外国人登録証明書〕見たらなんぼでもできる。指紋なんて古臭い、こんなことやってる場合やないでと。だから、本質は何かということやね。

——本質として、まつろわぬ者たちを監視するっていう思想自体は。

徐　当然そのままやね。でもそのことが、十年二十年やってなんも意味なかったんじゃなくって、〔運動によって〕そのことをはっきりさせるというか。国家にとっては譲れないところやから。

——ただ、管理したいという国家の意思と行為が、管理の客体にいろんなダメージを、精神的なものも肉体的なものも含めて、与えるじゃないですか。人を中心に考えたときに、国家の管理したいという意思そのものが問題化されるということが必要なんじゃないかと思うんですけれども。

徐　国家によるわね。国というのは民衆の委託やから、自分たちが安倍を支持してるんやということやね。だからそういう政府やったら、戦争とか、金持ち優先とか、そういうのに反対するのが気に食わんことになるよね。だからそういう管理の形になるやろし。戦前のああいう状態に、黙ってたら管理されて、管理され尽くすと中身まで管理されて、国家が何を狙っているのか見れなくなるという。

だから、戦前を想起すれば、それはいかんやろって普通は思うけどね。だから共謀罪やら秘密保護法〔特定秘密の保護に関する法律〕やらまさにそういう状態になりますよということで現に、みんなの目には見えてないけど、ものすごい弾圧してるね。もう、十年ほど前とはずいぶん違うね。ちょっとしたことで、ここの近辺の人で最近逮捕されたり。そういうのも見えないでしょ、新聞にも出るわけじゃないし。それでも、秘密保護法とか共謀罪とかってこんなふうに活きてるんやな、黙ってそんなんが通っていくと、そういう社会にじわじわと変わっていく。それは戦前もそうでしょう。

だから管理されるって、人間の中身まで管理されていくことになるんじゃないかなあって、この頃は実感するね、本当に。戦争法とかができて、じわじわ本当に変わっているという風に見えてきだしたね、最近は。

うちらの裁判の場合は侵略する時の民衆のコントロールというのがものすごくはっきりしてて、それが継続して戦後も続いていて、管理する人たちとか、権力の側からしたら、本当につながって考えてたんやと思うね。ほんと言うと、〔一九〕四五年の終戦でぴったし、きれいに切れて新しく模索すべきやのに、切ってない。それは管理のシステムだけじゃなくってね、いろんなとこで切ってないところがあるから、今に至るも、日本人の意識も含めて、なかなか、新しく歩みだしたというようにならない。少なくともドイツみたいに国旗も国歌も変わる、システムとしてもものすごい変わるし、侵略の歴史もしっかり教えるとか、そういうのが日本は全然ないわね。

たとえば指紋制度を活用した「満洲国」には何百万という指紋を指紋管理局というところで統合してたし、ものすごく他民族を抑え込むのに有効やったと。そんな有効なものを戦後も後生大事にしたいわね。それが戦後の指紋制度やし、外国人登録法やし。だから登録法が今なくなったのはさっき言うたように他のシステムがしっかり引き継いでいるからであって、別に「もう管理するのやめよう」というわけじゃない。いっそう管理したいやろうからね、これから外国人が入ってくるから。

ただまあ、登録法を作った当時は朝鮮人が六〇万人くらいおった。いつ抵抗されるかわからへんでしょ、ひどい目に遭わした民衆がそこに塊でおるんやから。今入ってくる外国人と全然違うでしょ。だから登録法とか、入管法とかは元植民地人、それから中国人がターゲット。

いまだに戦争中のことを日本は認めない。でもやられた側の苦しさは解消されない。そういう状態やから、日本はビビってんちゃいます、芯のとこで。自分たちがきっちり後始末してないから、そういう残存が残ったまんまの民衆がおるんやから、管理をどんだけきつくしとこかと思うわねそりゃ。今はもう登録法もないし、もう二世、三世、四世、五世になったから。もう日本は安心してるんですよ、ある意味ね。もう戦争を知らない若い人たちが圧倒的に、在日も多いし、国籍も変わっているから、もう一緒じゃないわね。かといって解決したわけじゃないですよ、当然。解決のしようがないわね。そんなことない言うてんのに、日本の側が「もう終わりや」言うんやから。終わりにはならないし、それは二世、三世、四世だって何を思うかそれはわからない。しっかりそういうのを引き継ぐかもわからないしね。

韓国の中ではね、若い子たちが、少なくとも自分たちが主人公やと、民衆が主人公やと、自分たちが政府を監視せなあかんという考え方はものすごくもってはるでしょ。そういう経験をずっとしてきてるから。でも、日本はないからね。政府はなんぼ嘘ついても、やりたい放題。なんぼ嘘ついてもいい国会って、いいよね（笑）。いつも言ってる、政治家になるなら日本よって。なにやってもええねんね。目の前で「違うやろ」って証拠出しても「いや違いません」って、そんなんよそであるんかなと思うぐらい、ちょっとひどすぎますね。

「指紋なんてみんなで〝不《プー》〟の会」の活動

――徐翠珍さんの裁判では、どういう議論があったか覚えていますか？

徐　「満洲国」〔で運用された〕指紋〔制度〕というのは、「指紋なんてみんなで〝不〟の会」〔以下「〝不〟の会」〕が、運動を進める班と、研究班とで班分けして、研究班がすっごい古い書類とかを見つけ出したりいろんな図書館行って。研究者並みの調査をして、いろんな事実を掘り出してきて。で、中国へ行こうということで中国へ行って、現に取られてた状況とか、取られた人の話とか、いろんなことをしたのが『抗日こそ誇り』という報告書〔指紋なんてみんなで〝不〟の会編（1988）〕にまとめられたんです。

ほんで、なんで「満洲国」指紋に行き着いたかというのは、一九五五年の中国人の見本市（11）の話が始まりです。私自身が拒否した時に、新聞にも私が中国人で第一号って書かれとったけども、まだ国交がなかった頃、中国から商売で来た人が、見本市っていうのは大きなイベントみたいなもんで、政治的にも大事な行事だった。その時は六〇日以上滞在する人には指紋を取るという登録法やったんやね。ほんで来て、いろんな商売の話やら見本市やら全国でやって、そしたら六〇日過ぎるんですよね、帰るまでに。指紋を押さないかん。そのときに、断固として拒否したんですね。それが、「ええっ」と思って。大事なイベントで、大成功で終わって、最後の後始末終わって帰るいうのに、なぜ拒否したんかなと。それが不思議やなと思って。田中宏さんがそういうのをちゃんと調査して。

ほんで、中国人にとって指紋というのはただ単に印鑑の代わりに押すとか、そういう代物じゃなくって、民族的にものすごく、怨念というか、そういうものをもっているものなんだということが、なんでやろというので、「満洲」を支配する時にものすごい数の指紋を採取して、その指紋を使って、いっぱいの人が殺されたやろし、労働者指紋とか、居住者指紋とか、抗日分子を洗い出すための、警察指紋とか、三種類の指紋を取ってたと。それを取るためには、たとえば集団部落やったら農民の家を焼き払って、抵抗するものはなんぼも殺していったと。それで指紋を取っていったと。労働者指紋がものすごく早く、一九二四年くらいに撫順炭鉱で始めた。過酷な労働させるのに管理する必要があって、それと逃亡した労働者を捕まえるために指紋を取って照合してやるというね。もう、労働者指紋に警察指紋に集団部落の居住者指紋いうたら、もうほとんど全部の人から指紋を取って。

他にも、赤木由子という児童文学の作家が書いた『二つのくにの物語』〔理論社 1980〕という小説があるんやけどね。「満洲」で暮らしてた子供の友情みたいなことを書いてあるんやけど、労働者の工場の中で、みんなの労働者の指紋が〔ある台帳を〕めくっていくと押されてると。それを見て、指紋がまるで血の指紋に見えたと、そういうくだりがあるんですよ。本当に中国人にとったら指紋っていうただけで連想することは侵略された側の悔しさとか、悲しさとか、憎しみとか。そういうのを思い浮かべざるを得ないような指紋の使い方をした。それが全土に、労働者指紋だったら上海でも取ってるからね。中国全体の中で指紋を使っている。たとえば労働者の争議の時に、それは一箇所や二箇所やなくて、多くの場所で争議が起こるでしょ、上海を中心にして。そこではほとんど「指紋を取るな」というのが要求項目やからね、一番の。ほんで二番目くらいから賃金とかいろんな。

だから、日本ではピンとこないかもしれないけど、指紋っていうただけで〔拒否感が強い〕、中国ではですよ、朝鮮でもないんですね。朝鮮では戸籍、日本の戸籍制度をもって入るからね。指紋は必要なかった。でも、中国は植民地じゃないからその代わりに、ものすごい数の指紋を取っていく。中国人にとって指紋って「ふうん、そうですか。押します」というようなもんじゃない。国家レベルででも、「押すの嫌やから帰るわ」となる。それは日本政府と交渉をずっと続けて、次の見本市までに、六〇日の滞在で指紋を押すというのを、法改正したんです、一年にね。そのくらい、指紋のもつ意味というのは、歴史的にも、そんなに簡単に語れるようなもんじゃない、というところに行きついて。だから他の裁判はほとんどが人権論ということになるんだけど、私の裁判はそれ以前に中国での指紋制度の利用のされ方の話だったんですね。

――徐翠珍さん自身は「〝不〟の会」とどのように関わっていましたか？

徐　一緒に。

――運動を一緒にやっていく？

徐　そう、そのうちの一人という感じで。

――なるほど。弁護団も一緒に「〝不〟の会」に入っていたんですか？

徐　いやいや、弁護団は弁護団で別に。「〝不〟の会」〔の運動班〕は運動をどうやって進めるかとか、いろんな所にチラシをまいたり、大阪市役所、西成区役所と交渉したりしてるんで。そういう運動関係。研究班は研究班で別にやって。そらもう、頻繁にやってはったけど。それには私は出てなかった。

――では、徐翠珍さん自身は「〝不〟の会」の運動班にいらっしゃって、裁判の過程で指紋拒否のデモなどにも「〝不〟の会」として出たと？

――徐　はい。

意見陳述「抗日こそ誇り」について

――意見陳述があるじゃないですか、「抗日こそ誇り」。あれも「〝不〟の会」のメンバーと議論しながら作ったんですか？

徐　いや、あれは私個人が。個人がううんとひたすら頭ひねって。陳述やからね。私の思いを書かなあかんからね。みんなでこう思いますじゃなくって。

――「抗日こそ誇り」を読んでいて、指紋が中国人の被侵略の歴史と密接につながっているところに、自分が指紋を拒否する理由があるんだという始まり方がされていて、グッとくるものがあったんですよね。そのへんの重要性について教えていただけますか？

徐　いろんな裁判があって、切り口はいろいろだけれども、大体やっぱり人権が侵されているというのがメインになってくる。でも私の運動の要点は、日本に対して戦争責任を、戦争の後始末をしなさいと。そのための運動やと思ってるんです。後始末の問題やと。だから、外国人登録法と入管法は、日本の戦後処理の問題。戦後処理ができていないというの象徴や。というのが、私の指紋拒否の運動の要点というか、中身ですわ。

――「抗日こそ誇り」という題をつけられていますよね。徐翠珍さんにとって「抗日」ということの意味が強くあるんじゃないかと思うんですが、「抗日」という言葉に込めた意味についてお聞かせください。

徐　まあ、〔当時の考えとは〕いろいろ変わっている〔部分もある〕けれども、その陳述の一番最後にちょっと書いてるけど、「抗日」というのは、民族の誇りとかって何べんも出てくるやんか。それと重なってるとこがあるけど、民族の誇りというのは、人間としての誇りをね、まあ中国人や、朝鮮人やということで拒絶され貶められているから、そのことを強調せざるを得ないから民族の誇りとか言うてるけども、まあ人間として生きたい。人間として生かされていないと思うのよね、古い時代の在日の人も含めて。だから、そのことをかつて朝鮮人も中国人も、あんな大きな帝国日本に屈することなく抵抗してきたという、その抵抗の「抗」が、自分の、人間としての誇りなんだと。跪いてしまうんではなくて、立ち上がるということ。そういう意味で「抗」。

で、最近思うてん。「抗」して生きるし、しかし「愛」して生きてるんだと、抗は愛やと。愛は抗やと。この頃の到達点。私らは日本で生きて、国籍は中国やし、ルーツは中国やけれども、そんなに中国を知らん人がほとんどでしょ。朝鮮もそうやけども。だから、ふるさととしての日本を、まあ生まれが神戸やから、日本であり神戸である。これは私の国ではないけれども、誰の国でも、本来国という概念はええかげんやろ。だからふるさとではある、確かに。ふるさと、嫌いではないわけよ。ふるさとってのは自然とか山とか人とかいろいろ。そういうもののトータルをふるさとっていうなら、ふるさとは愛してるよと。愛してるからこそおかしなことをする奴らには、抵抗して生きるという。だから、愛なのよ（笑）。抵抗は愛なのよ。立ち上がらないで、それこそ支配者の思うままに生きてね、何もなかったような顔をしているのは、「抗」しないのはね、「愛」がないからよ。愛しているのよ、これでも日本を（笑）。まあなんや言うたってね、やっぱふるさとはここやからね。思い出すのは、子供の頃の神戸の光景やし、中国のどこどこをもう連想することはできない。写真で見たり、旅行で行ったりはするけど。

でも、アイデンティティは、う〜ん、どうかな。自分が中国人やというところで何かが残っているとしたら親とのつながりだけやわね。親から聞いたこととか、それが辛うじて、なんちゅうか、自分のルーツ。私は二世やからね、二世はまだ親の代から直接聞いてるからまだルーツは中国ですよといえる。これからの、何代も後の子ってなんかわからへんね。ルーツは中国ですって、たぶん言えるけども、それが実際にどういうものを連想して言えるかっていうたらもう何もないよね。その代わり日本の、自分の生まれた所とか、自分の触れたもの、感性で感じたこととか、それが自分のふるさとになるし、アイデンティティになるんちゃうかな。

だから、抗日っていうのはそういうことに行き着く。なんかごっつい抗日って悪いみたいよね。日本人から見たら、あいつら日本を恨んでるんやったら日本におることないやないかって。そりゃあ、悪いことは悪いって言わなどないすんのというのがね。黙っているほうがずっとええかげんで無責任や。自分の社会を、それこそ全部含めて、愛してないんかいって聞きたいわ。愛してたら、ちゃんと文句言わなあかんし、ちゃんと抵抗せなあかんねん。

大赦拒否訴訟へ

――指紋押捺拒否の裁判は一九八九年に天皇が死んで、大赦、そして免訴されますよね。

徐　そうそうそう。大赦やからね。赦す。天皇が赦してくれるんです。

赦というのはそうやね。

――それを聞いた時の気持ちは？

徐　それは、めちゃ腹立ちましたね（笑）。もう、「えええっ！」とか言って。もう相当な腹立たしさやったね。裁判がほとんど終わって、ちょうど侵略戦争と天皇の関係をね、〔自分が〕陳述したんですよ。〔「抗日こそ誇り」とは別の〕最終弁論でね。天皇がどんだけ侵略戦争に関わっていたのか、どんだけ儲けたのかも含めてね。天皇制っていうのが深く関わっているというのを陳述して、その後くらいに、天皇が「赦したる」とかいうんですよ。

それとな、私は無罪が出ると思うとってん。無罪やないけども、良い判決が出ると思うとってん。その頃はもう、他の裁判で判決がだいぶ出てて、罰金の執行猶予、が一番近々に出とったんで。罰金の執行猶予やで。そんなん本当は無罪出さなあかんけれどもよう出せへんでそんなん出したんかな、と思うくらい、本当に無罪に近いとこまで来てたから。心情としては、ここまで来てんねんから判決が、もしかしたら良い判決、中身に触れる部分がすごく良いとかね、中身で勝たしてくれるか、という風に思ってたん。ほんで天皇の話を陳述して、そういう時期やったん。それでめちゃ頭にきた。せっかくそこまで来て、もうあと判決だけやったのに免訴ってのに腹立つやろ。もう最後終わるってとこまで来てなんで判決くれへんのよ！と思うやんか。判決の状況とか、私の最終弁論の終い方ね。天皇制にひっついて弁論したという。そういう時期だったんで、めちゃめちゃ腹立って、これは黙ってたらいかんわ思うて。

それで大赦拒否。大赦拒否なんて訴訟になれへんけどね。訴訟になるということは要するに損害があるということやから。向こうから言うたら、赦したる言うとんのになにが損害なんやと。弁護士とか、いろんなとこに相談したらみんなそういう反応やね。「気持ちはわかるけど、裁判にはならんよ」と。で、しつこくいろんな弁護士と話して、逮捕違法も入れてね、二本立てにしたんです。そしたら裁判になるでしょ。そやけども実際には大赦には触れもせんとな。逮捕違法だけは一審で勝ったんですよ！　それで最高裁で負けて終わりや。で、裁判はすべて終わりました。

――最高裁の敗訴は、予想ができたことなのでしょうか？

徐　まあ最高裁で良い判決はね、そんなには出ないから。でも、わからんかったけどね最後まで。だって、別に大赦が違憲やとか、指紋押捺拒否が違法や違憲やとか言うてるわけじゃなくて、逮捕がいきすぎやというのが一審の判決やからね。そら当たり前でしょ。最高裁でそれを追認するという可能性も全然ないことないね。逃げるわけないやん。公に一生懸命運動やっとんのに逃げてどうすんのと（笑）。そんなんわかりきったことやのに。

――一審の判決の中身はどうだったんでしょうか？

徐　たいそうな中身書いてなかったと思う。家族と一緒に一定のところで生活していて、逃げ隠れするということはないとか。そんな大した内容じゃなかった[12]と思うわ。

中国人の渡日管理政策について

徐　在日中国人の背景だけ簡単に言うとくとね。中国人は、日本の中になんでおるんやろと、私も思うとったんやけど、日本の外国人労働者の一番初めは中国人やねん。明治時代に鎖国を解くやんか。そしたら外国人が居留地で生活するやん。ほんでオランダを中心とした外国人は日本語全然通じひんし、漢字がちょっとでも通じる中国人を連れてくるわけよ、使用人として。あるいは料理したり身の回りのことしたり、漢字を使ってちょっとした通訳をしたりで、連れてくるわけ。その人たちが始まりで、その人たちも、長崎の出島の近辺で住まわしてもらっていくねんけど、それがだんだんと、労働力としても単純労働とかちょっとずつ増えてきて、中国人労働者が固まるようになった。

何が言いたいかというと、要するに外国人登録法とかいうのは、実は一番最初に中国人にあてて、中国人を管理するために、一八九九年に内地雑居令という法律を作るんですよね。少し前まであった外国人登録法とそっくりのものを。その頃はまだ朝鮮人は日本にいないでしょ、ほとんどね。だから塊としておるのは中国人だけになるわけよ。オランダ人とかは、また別扱いになるやんか、貿易とかで来てるし、いつくわけじゃないし。で、中国人はもともとは外へ出る民やから、華僑とかものすごい数が外に出てるでしょ。だから、そういう機会に日本に塊として来て、それを管理しないかんということで登録のシステムを考え出したのが明治の早い時期。

それが何べんも改正するんですよ。だんだん増えてくるから、改正して改正して、そういう過程をずうっと通って登録証〔外国人登録証明書〕になって。だから朝鮮人の管理のためにしたんじゃなくて、朝鮮人の管理のためはまた別のルートでするんですけどね。植民地にする頃やからね。その前から中国人の管理が中心で、外国人の登録をするシステムというのを試行錯誤してきた。それがもともとの登録証の始まりやったんです。外国人労働者の塊としても、中国人が初めて。日本が外国人労働者として対処せなあかんようになったのは中国人の塊からで、中国人が増えたらいかんということで、内地雑居令を作って、単純労働者を入ってこれなくした。雑居を禁止してたのが雑居できるようにして、外国人は居留地から出て雑居しても構わないというて居留地を開放したわけよ。それとともに、外国人はどこへ行ってもいいけども、中国人はダメ。中国人に関しては、多少の移動はあるけども、移動が全部把握できるようになっている、そういうシステムになっている。

で、だんだん増えてくるやんか、郷里の親戚を呼んだりなんかして、労働力として入ってくるやん。でも新しく入る中国人については、職業規制したわけ。特定の職業の人はオーケーするけども、単純労働とかは、日本の下層労働者とかち合うからダメやと。日本の方針で。ほんで入ってくるのをオーケーしたのが、華僑にとっては有名な、三本の刃物っていうて「三把刀《サンバータウ》」っていうの。三つの刃物の職人に限って入れたと。散髪屋と洋服屋と中華料理屋ね。他にもいくつかあるけれども、基本的には三つの刃物。だから日本の華僑にはこの三つの刃物の人たちだけがなっていった。そしたら日本と競合しない。単純労働者が入ってこないし、わりと治安を維持しやすい。

だから昔から、日本人の中でも華僑っていうたら金持ちを想像するけど、実は職人群がほとんど。うちの親も洋服屋やからこのうちの一つや。その時の規制の法律がまだずっと活きてる。中国人はそれ以外は入ってこれなかったから、ある程度抑制が効いたわけ、人数的に。決して華僑イコール金持ちではない。金持ちっていうのはそれ以前に貿易で入ってきた人たちが、貿易の仕事をそのまま継続しながら、うまいことやった人たちの中に、金持ちも確かにおるけども。

だから、最初の頃に来た中国人の塊と、内地雑居令ができてから、職業規制されて来た中国人。で、ほとんどは後者やねんな。私らもそこやし。そこから今度は、いま中国人っていうたら連想するのは新しい中国人もようけ来とるやんか、それは何十万って来てる。で、もう今は、二世、三世、四世の多くは日本人になってるから中国籍者はものすごい少ない。もう一万もおるかおらへんか。もう最後の、絶滅危惧種やねん、私らは。

で、新しい人をどこで区切るかというと、今度は一九七二年に国交回復してから。戦争中におって、国交回復するまでの間の在留者、私らのような存在が、華僑でも法律的にいうと、いわゆる一般永住者になるわけ。これが特別永住の、植民地の人たちとは違うわけ。特別永住の人は、まあそれなりに、ちょっとずつでも安定してきている。ところが一般永住いうたら昨日来た外国人とおんなじ扱いや。私ら何十年おる思うてんのと。言うたら一番最初からおる種類の外国人やんか。それが、在留期間三ヵ月の人と一緒やねん。それが今の入管法。だから私らは、おかしいんじゃないのって一生懸命運動してきたけれども全然ダメやったけどね。もう一万人も切ってきてる。そのあと国交回復してから、どおっと中国人が来るやんか。今中国人だらけやろ。だから中国人いうたらそこを想像すんねんな、今の若い子は。でもものすごい違いがあるわけよ、いろんな。職業規制をされて、戦争中日本の中で敵国人の扱いされてえらい目におうて、それこそ大変な思いをしてたの。

だから黙って、何があっても黙って、やり過ごしていこうというおとなしい華僑というのは、戦中から国交回復前までに来た私らで。その後から来た人はみんな自己主張がしっかりしてる。でもその人らの二世、三世も私らとおんなじになるんやなあと。だから中国人ですっていう時に、私らは当然戦後処理の問題あるし、それなりの権利があると思ってるわけよ。でも、中国人一般で言うたら、そうじゃないわな。ちょっとずつ、微妙に違うわけよ。いや、大きな違いがあるかもわからん。でも、その辺のことがなかなか理解されない。

貿易商として来た人、戦中から国交回復時までに来た人、そしてそれ以降に来た人、この三つの種類があるよと。でももう私らも、それ以前の人たちも、もういなくなるね。最初の人たちはもっとはように日本国籍取ったり、国籍法が変わる以前に「帰化」する人とかも、ものすごい多かったから。商売するから日本国籍のほうが楽やんか。

ほいで次の、私らのとこはもう自然淘汰されて、月日が経つと。だってもう中国人同士で結婚するなんて、おれへんもん、近辺に。ほとんど日本人と結婚するやろ。とするとその子供たちは日本国籍になるわけよ。だからもう、実際には中国系日本人はたくさんおると思う。そやけど、中国国籍のままの中国人というのは、それも国交回復以前に渡日した、私らみたいなのはほんのちょっとしかいない。だから主張も難しくなってくる、だんだんと。

だから今度は、新しい入管法が想定している、いろんな国から来てる外国人にやっぱり焦点を当てる必要がある。少なくともその人たちの代が変わればそんなに大きな変わりはないようになってくるわね、実際には。だから、今の入管法が積み残した、いろんなことを清算せえへんかったらまたおんなじことをやってしまう。本当に、困ったもんです。

（２０１９年３月７日、28日　市民共同オフィスＳＯＲＡにて）

注

（1）一九三一年九月の柳条湖事件以降、傀儡国家「満洲国」の設立工作から目をそらさせるため、一九三二年一月に関東軍が中国人を買収し日本人僧侶襲撃の謀略を企て、これを口実に日本海軍、陸軍を上海に派遣し局地戦争となった。

（2）占領下の一九五一年一〇月にポツダム政令として出された「出入国管理令」の改正法案のこと。当時の在日朝鮮人、在日台湾人の大半は一九五二年施行の通称「法律126号」2条6項の規定により、「在留資格」のないままで日本での在住権を認められていた。また在日中国人は一般永住による在留であった。上程された入管法案は、対象者の政治活動を禁止し、違反者に退去強制を適用できる点、また退去強制執行過程で対象者が行政訴訟などを通じて争う権利を剝奪し、法務大臣の恣意性を拡大している点が特徴である。入管法案は法律126号適用者および一般永住者のもつ在住権を侵害するものとして主に当事者による批判、反対にさらされた（梶村1971: 48-53）。

（3）学校教育法を改正して外国人学校の制度を設けるための法案。一九六八年三月から数度にわたり国会に提出された。当該学校の閉鎖や教育の中止命令を含み、文部大臣による民族教育管理の色彩が濃厚であったため激しい反対に遭い、不成立に終わった。

(4) 日本の植民地支配によって朝鮮半島での生活基盤を破壊された朝鮮人は、生きるために渡日を余儀なくされた。それでも朝鮮半島の親族との血縁的・文化的紐帯は保持され、その結果日本と朝鮮半島との「国境をまたぐ生活圏」が形づくられた。しかし一九四五年の解放後、朝鮮半島では経済的困難や政治的不安などが続き、朝鮮半島に帰還した朝鮮人が日本へ再渡航する事態となった。GHQはそれを許さず統制と管理の下におき、日本政府も統制と管理を基調とした出入国管理政策をとったため、再渡航は違法化され「密航」となった。親類を頼った「密航」は一九八〇年代まで続いた（梶村 1985: 24-8; 国際高麗学会日本支部「在日コリアン辞典」編集委員会編 2010: 399-400）。

(5) 全国各地に類似の組織は存在した。両会とも元々は華僑間の交流、親睦、生活相談などを活動の中心としていたが、徐翠珍氏は当時の盛んな学生運動、七〇年安保、文化大革命などが青年たちをラジカルな政治の方向へと導いていったと振り返っている。両会間で多少の摩擦はあったものの、水平的関係であった。

(6) 一九七〇年に、在日朝鮮人二世の朴鐘碩氏は日立製作所の入社試験で通名を記入し、本籍地に現住所を記載したことで「嘘をついた」という理由で採用を取り消された。それを不服とした朴鐘碩氏は日立を提訴し、四年にわたる裁判闘争の末に民族差別にもとづく解雇の不当性を全面的に認める判決を勝ち取った。

(7) 二〇一八年末に改正された「出入国管理及び難民認定法及び法務省設置法の一部を改正する法律」が、二〇一九年四月に施行された。そこでは新しい在留資格「特定技能」が加わった。これにより産業界は安価な労働力を確保する仕組みを構築したが、一方で単純・不熟練・肉体労働とみなされる職種を、外国人労働者が下支えすることになる。彼らはもちろん外国籍のままで日本に在留し、またその一世の子供たち（二世以降）も、日本人配偶者と結婚して生まれた子供でない限り外国籍のままになる。彼らが永住の道を選択した時に、地方公務員の採用にあたっては国籍による差別はなくなってきているが、昇進は現時点でも国籍条項の壁がある。また国家公務員については採用の段階で国籍条項の明文規定があるものが多い。さらに現時点までに獲得してきた、国籍条項を部分的に撤廃してきた措置（権利とはまだいえない）すらも今後の政治状況によって覆される危険性が高い。徐翠珍氏は後日談で「国籍条項は廃止になってもその後後退する一方です。今現在も国籍条項をめぐる攻防は続いています。大阪市はやむを得ず国籍条項は撤廃したが差別意識はそのままですね。だから国、行政、社会は本当の意味で就職等の平等など目指している気配もありません。後退するばかりです。これから増える様々な国籍の若者たちの前には悲しい壁が見えます」（2019.9.27）と述べている。

(8) たとえば東京都の保健師であった在日朝鮮人二世の鄭香均《チョンヒャンギュン》氏は一九九四年に課長級以上の昇進資格を得るための管理職選考試験に申し込んだが、日本国籍が必要であるという理由で拒否されたため、東京都を提訴した。しかし二〇〇五年一月二六日に最高裁大法廷で「重要な決定権を持つ管理職への外国人の就任は日本の法体系の下で想定されておらず、憲法に反しない」とし、鄭氏の敗訴が確定した（「東京都管理職試験の外国籍拒否は合憲　原告が逆転敗訴　最高裁」『朝日新聞』2005.1.27朝刊、1面総合）。また判決では、元来は君主主権を否定する原理としての「国民主権の原理」が、外国人排除の根拠として援用されている。今に続く国籍条項の事例である。

(9) 一九四二年二月のシンガポール占領時、日本軍は抗日運動に関わっているとみなしたシンガポールの華人をあいまいな尋問によって多数連行し、拷問、虐殺した。シンガポール側の資料によれば犠牲者は5万人にのぼるとされている。また日本軍の占領政策はマレー人を優遇する一方で華人を迫害し、民族間の対立感情を高め、分断の原因をつくった（林 2007)。

(10) 一九九九年改正、二〇〇〇年施行の外国人登録法によって在日外国人の指紋押捺制度は廃止されたが、二〇〇一年のアメリカ同時多発テロ事件を受け、日本政府はテロ対策として二〇〇六年に出入国管理及び難民認定法を改正、二〇〇七年に施行した。それにより日本に（再）入国する外国人は両手人差し指の指紋採取と顔写真の提供を義務づけられるようになった。在日朝鮮人、在日台湾人の特別永住者、日本国籍をもつ外国人はこの措置から除外されるが、中国籍をもつ徐翠珍氏（を含む一般永住者）はその対象とされている。映画『1985年　花であること』は二〇一〇年七月一九日、台湾から帰国した徐翠珍氏が関西国際空港外国人用入国ゲートで再度指紋押捺をさせられ、顔写真を提供させられる衝撃的なラスト・シーンで幕を閉じている。なお二〇〇九年からは、日本人と再入国許可対象者には出入国時の自動化ゲートの導入により、事前に指紋を登録すれば指紋を照合することで「スムーズに」出入国手続きができる。

(11) 一九五五年五月、鳩山内閣時に締結された第三次日中民間貿易協定にもとづき、同年一〇～一二月にかけて東京と大阪で中国見本市が開催され、中国貿易代表団が来日した。一方、当時の外国人登録法には六〇日以上滞日する外国人に指紋押捺の規定があった。代表団は外交旅券、公用旅券を持って来日したにもかかわらず、国交回復していない国の旅券を承認できないとして政府は指紋押捺を強要したため、代表団は押捺拒否し、見本市の終了後早々に帰国してしまった。結局、一九五八年二月に外国人登録法が改正され、滞在一年未満の外国人には指紋押捺免除の規定をおいた。また同年三月の第四次日中民間貿易協定調印時、中国の通商代表部所属人員とその家族の指紋を取らないことが覚書に明記された（田中 1987: 4-10)。

(12) 一九九八年三月二六日に出された第一審判決によると、原告の李相鎬氏、金徳煥氏、洪仁成氏、徐翠珍氏に対して、「自らの信念に基づいて指紋押なつの拒否を行っており」「逃亡及び罪証隠滅の意思はなく、そのおそれは客観的にもなかった」とし、警察署も「原告らの拒否の動機等を認識していた」ため、「逮捕は違法」であると判断している。しかし大赦の違憲・違法性については認められなかった。

解題

徐翠珍氏（1947～）は神戸市に生まれ、小中一貫教育の中華同文学校で学び、女子短大二部に通い幼稚園教諭の資格を取得し、神戸華僑幼稚園教諭になった。その後大阪市西成区に引っ越し、近所にある社会福祉法人大阪キリスト教社会館めぐみ保育園（以下「めぐみ保育園」）の保育士として一九七〇年一一月一九日に正式採用された。

しかしめぐみ保育園が一九七一年七月一日に大阪市立長橋第三保育所へと移管する過程で、同年二月に館長から「中国人は採用できないのは原則」などと言われた。出産を控えた徐翠珍氏は、身分が不安定なまま六月一日に産休に入る。移管前は大阪キリスト教社会館職員組合とともに職場残留のために闘っていたが、移管日が近づくにつれて脱退者が続出し、事実上組合は解体した。そして大阪市人事委員会が定めていた各種職員の採用要綱にある、「日本国籍を有するもの」という規定により、産休を終えて出勤した徐翠珍氏は九月一日に「免職処分」を受ける。

同日夕方、徐翠珍氏は「園児のおかあさんへ」という手書きのビラを同保育所児童の母親に配り、職場復帰を訴えた。それに対し隣接する長橋第一保育所所長は「朝鮮人や中国人は勝手に日本に来て働いているのだ。不服があれば帰ればよい」と放言した。しかしめぐみ保育園に勤めていた少数の保育士らが徐翠珍氏の訴えに呼応し、九月四日に「西成徐翠珍さんを支援する会」を結成した。

　徐翠珍氏らは座り込みや署名活動などの反対運動を行い、翌年一月二八日には関西各地の大学、地域に組織されていた「徐さんを支援する会」をつなぐ形で「徐さん支援関西連絡会議」ができ、周囲の支援も拡大していった。徐翠珍氏らが大阪市との交渉をするなかで、大阪市は国籍条項を変えずに臨時職員としての嘱託雇用でどうかという打診をしたこともあった。しかし最終的には大阪市が保育士に限り国籍条項を撤廃することで、一九七三年一月に同保育所に現職復帰した（国籍条項撤廃運動の記述は、竹崎 1972; 長塚 1972; 田中 2001 を参照）。

　徐翠珍氏はまた、一九八〇年代に高揚した在日外国人指紋押捺拒否運動の当事者でもある。一九五二年四月二八日に施行された外国人登録法14条に規定されていた外国人への指紋押捺義務に対し、一九八〇年九月一〇日に在日朝鮮人の韓宗碩氏が拒否をして指紋押捺拒否運動の口火を切った。一九八〇~九〇年代にかけて在日朝鮮人を中心として展開した指紋押捺拒否運動は、他の在日外国人も運動に合流しつつ、日本の外国人登録体制に対する大規模な異議申し立ての運動として注目を集めた。一九八五年には指紋押捺拒否者及び留保者の総数が一万人を超えた。運動の成果として、九九年の外国人登録法改正によって指紋押捺制度は廃止された。

　一九八五年当時、大阪市西成区にあった学童保育所「芽」の指導員をしていた徐翠珍氏は、生野区で同種の仕事をしていた在日朝鮮人の朴愛子氏が指紋押捺拒否した事実を知る。それ以降朴氏が警察から嫌がらせを受けていたため、五月二日に大阪府警に抗議に行く時に徐翠珍氏も同行した。その際に警察は参加者に対して一斉に暴行を加えるなどの弾圧をしたうえで警察署に連行し、徐翠珍氏は公務執行妨害で逮捕される。その際に拘置所の職員に「何やお前中国人か、こんなええ国に住ましたっていったいどんな文句があるんや」という排外主義的な放言を受ける。また、その直後の五月一〇日には当時大阪府警外事課長の富田五郎が「指紋を押すのが嫌なら、国にお帰りになればよい」とテレビ番組で放言した。

　そうした経緯を経て、外国人登録の登録切替時の一九八五年五月二〇日に、徐翠珍氏は指紋押捺を拒否する。直後の五月三〇日、在日朝鮮人、在日中国人、日本人の有志により「指紋なんてみんなで〝不〟の会」という支援組織が結成された。しかし八六年一二月に徐翠珍氏は外国人登録法違反容疑で大阪府警に逮捕され、翌八七年三月に在宅起訴され、裁判が始まる。

　大阪地裁で開かれた一九八七年三月二三日冒頭意見陳述「抗日こそ誇り」の中で、徐翠珍氏は被告当事者として指紋押捺を拒否する理由について「私たちの歴史の中から、〝指紋〟に対する中国人の〝民族的痛み〟の歴史の中からの必然なのです」と述べている。

　裁判では、主として歴史を武器にした闘いが繰り広げられた。すなわち、日本が朝鮮を強制占領したのちに侵略の矛先を向けた中国各地での一九二〇年代の労働運動の高揚と、日本企業による弾圧と管理の一環としての労働者指紋管理の実態である。一九二四年に撫順炭鉱で労働者の指紋採取が始まる。そして日本が作り上げた傀儡国家「満洲国」における、一九三〇年代の民族解放闘争弾圧と住民への指紋管理の実態である。一九三〇年代中盤から後半にかけて、民族解放闘争が盛んな地域の住民に指紋欄のある居住証を発行し厳重な管理をすることで、民族解放勢力と住民を離間させ兵糧攻めにし、民族解放勢力を弾圧していった。一九三九年には指紋管理局が設置され、一九四〇年には警察指紋原紙、労働者指紋原紙、職能者指紋原紙を合わせて約二百万人分の指紋が登録された。これら中国侵略時の指紋を通じた弾圧、管理の技術と経験を戦後日本が指紋押捺制度として引き継いでいることを、裁判では明らかにしつつ批判した（指紋押捺拒否運動の記述は、佐藤 2003; 指紋なんてみんなで〝不〟の会編 1988; 徐 1988 を参照）。

第一審公判中の一九八九年一月に昭和天皇が死去した。その一ヵ月後に行われた最終弁論において徐翠珍氏は、指紋制度を朝鮮・中国の侵略時の虐殺と関連させて、昭和天皇を批判し、天皇の名の下での「大赦」がいかに被告を愚弄するものであるかを論じている。しかし徐翠珍氏の危惧は的中し大赦令が出され、裁判所が判断を行わない形で「免訴」されてしまう。これを不服とした徐翠珍氏を含む当時係争中であった一三名の当事者が原告団を結成し、大赦拒否および逮捕違法の民事訴訟を一九八九年六月に起こした。九八年三月の地裁判決で逮捕違法に関しては一部勝訴したものの、二〇〇一年四月の高裁判決で逆転敗訴し、〇二年六月の最高裁判決で高裁判決が確定し、裁判は終了した。

これまで徐翠珍氏に関しては、国籍条項撤廃運動について徐翠珍氏が配布したビラなどを資料として書かれた経過報告（竹崎 1972）、職場復帰直後に書かれたルポルタージュ（長塚 1972）がある。徐翠珍氏自身が、在日中国人の渡航史も交えつつ国籍条項撤廃運動を振り返った講演録もある（池野 2003）。また、指紋押捺拒否裁判の第一審で徐翠珍氏が行った意見陳述「抗日こそ誇り」は『中国研究月報』472号（徐 1987）のほか、『抗日こそ誇り――訪中報告書』（指紋なんてみんなで〝不〟の会編 1988）、『季刊前夜』I期2号（徐 2005）に再録されている。さらに、田中宏による指紋押捺拒否運動についての叙述の中で、徐翠珍氏の裁判に関しても簡略に紹介されている（田中 2013: 92-4）。

徐翠珍氏へのインタビューは、二〇〇〇年代初めに、田中伸尚が国籍条項撤廃運動、指紋押捺拒否運動、思いやり予算違憲訴訟などの運動を中心に行っている（田中 2001）。また、自身も指紋押捺拒否者である金成日が国籍条項撤廃運動、指紋押捺拒否運動を中心に徐翠珍氏にインタビューを行い、それをもとに制作・監督した映画もある（金 2010）。

二〇二〇年二月に徐翠珍氏自身の著書『華僑二世徐翠珍的在日――その抵抗の軌跡から見える日本の姿』（東方出版）が出版された。それには、現在の外国人労働者・移民とのつながりを視野に入れつつ国籍条項撤廃運動、指紋押捺拒否運動、中国人渡航史、母の戦争体験などを書き下ろした原稿、ミニコミ誌『反天皇制市民1700』に掲載したエッセイなども収録されている。

参考文献

池野高理（2003）「国民ではなく納税者として生きる――徐翠珍講演記録」『大阪経大論集』54(4): 267-98.
梶村秀樹（1971）「戦後の日本政府の在日朝鮮人政策」「3・28新入管法案を検討する集い」実行委員会発行『新入管法阻止に向けて』45-53.
――（1985）「定住外国人としての在日朝鮮人」『思想』734: 23-37.
国際高麗学会日本支部「在日コリアン辞典」編集委員会編（2010）『在日コリアン辞典』明石書店
佐藤信行（2003）「外国人登録法と指紋押捺拒否運動」白石孝・小倉利丸・板垣竜太編『世界のプライバシー権運動と監視社会――住基ネット、ＩＤカード、監視カメラ、指紋押捺に対抗するために』明石書店: 93-120.
指紋なんてみんなで〝不〟の会編（1988）『抗日こそ誇り――訪中報告書』中国東北地区における指紋実態調査団
徐翠珍（1987）「資料　抗日こそ誇り――指紋裁判における意見陳

述」『中国研究月報』472: 29-36.
――（1988）第一審公判88・6・30被告人供述。文化センターアリラン所蔵『梶村秀樹運動史資料』No. 1141「徐翠珍・外国人登録法違反」フォルダ内にある「003」ファイル所収
――（2005）「再読・三読② 抗日こそ誇り――指紋裁判における意見陳述（選・解題 岡本有佳）」『季刊前夜』1(2): 164-75.
竹崎富一（1972）「徐翠珍問題――在日中国人への抑圧構造」『現代の眼』13 (7): 93-103.
田中伸尚（2001）「憲法を獲得する人びと（7）徐翠珍さん――納税者として、社会の構成員として、おかしいと思ったらノーという責任がある」『世界』693: 76-84.
田中宏（1987）「戦後の日中交流と指紋問題」『中国研究月報』472: 1-15.
――（2013）『在日外国人 第三版――法の壁、心の溝』岩波書店
長塚進吉（1972）「差別のカベ乗越えて……――職場を取り戻した徐翠珍さん」『朝日ジャーナル』14(54): 22-5.
林博史（2007）『シンガポール華僑粛清――日本軍はシンガポールで何をしたのか』高文研

映像作品

金成日制作・監督（2010）『１９８５年 花であること』（出演 徐翠珍）ＤＶＤ

小特集　運動史とは何かⅡ　『社会運動史研究1』合評会コメント

『社会運動史研究』を始めるにあたり、私たち編者は、「運動史とは何か」を最初の特集のテーマに選んだ。すなわち、『社会運動史研究1　運動史とは何か』では、編者それぞれがこのテーマのもとに執筆した計三本の論文、阿部小涼さんと安岡健一さんを招いた座談会、伊藤晃さんによる「運動史研究会」と『運動史研究』の記録、そしてエル・ライブラリー（大阪産業労働資料館）館長の谷合佳代子さんへのインタビューを収録した。しかし、「運動史とは何か」という問いに対する明確な一つの答えを提示できたわけではなく、むしろそれぞれの運動史のイメージや問題意識は異なっていた。『社会運動史研究1』で提示された多様な運動史像を出発点に、「運動史とは何か」についてさらに議論を深める必要があるといえる。

幸いにして、私たちの問いかけを契機に、「運動史とは何か」を論じあう集まりを持つことができた。まず二〇一九年四月二六日、東京にあるピープルズ・プラン研究所にて、加藤一夫さん・天野恵一さんに問題提起してもらうかたちで合評会を開いた（ピープルズ・プラン研究所内「戦後研究会」と編者一同の共催）。続けて、五月一〇日に、大阪のエル・ライブラリーにて、黒川伊織さん・伊藤綾香さんをコメンテーターとした合評会を行った（エル・ライブラリーと編者一同の共催）。

本小特集はその記録である。東京の合評会記録は、各一時間ほどの発言を編者がまとめ、発言者がそれに訂正を加えた。大阪の合評会については、各一五分程度の当日のコメントに基づき、発言者自身がまとめた。

東京の合評会で発言した加藤さんと天野さんは、それぞれ一九六〇年代以来運動を継続しつつ運動史にも関与してきた。一方、大阪の合評会でコメントした黒川さんと伊藤さんは、主要には研究者として運動や運動史に関わり、世代的にも私たち編者に近い。本小特集は、このような複数の立場からの「運動史とは何か」をめぐる貴重な応答の記録となっている。

『社会運動史研究1』に対しどのような疑問や意見が出されたかは、続く本文をお読みいただきたいが、共通して指摘されたのは、私たち編者が「社会運動史研究」として提示したものは、その本来のポテンシャルに比して限定されたものにすぎない、という批判だろう。合評会での発言は、いずれも運動史のより豊かな可能性を開示するものだったように思う。

『社会運動史研究』では、これからも「運動史とは何か」をめぐる提起・討議・交流を深めていきたい。（編者）

【小特集　運動史とは何かⅡ】

『社会運動史研究1　運動史とは何か』東京合評会コメント①

運動に関わり続けた半世紀を踏まえて

加藤　一夫

運動の出発点

現在までの活動をごく簡単に振り返りながら、若い研究者たちが提起している問題について触れていきたい。

僕は一九四一年四月に北海道のニセコ山麓倶知安町の隣にある小沢村番外地で生まれ、一六歳まで電気もないランプ生活、農業と牧畜で暮らした。それから岩内という港町の高校を出て、一九六〇年に東京に来た。そのまま大学生であれば、山本義隆さんと同じ歳だから、安保闘争に参加したと思う。東京に来て、北多摩郡田無（現・西東京市）近くの玩具研究所の現場労働者として、デパートの屋上などにある遊具の試作品を作っていた。

その後、東京外国語大学ロシア語科に入った。なぜロシア語科かというと特に理由はない。なんとなく社会主義国・ソ連を知りたかったのと、僕を引き取ってくれた田無の叔父・叔母が共産党の地域活動家で、ソ連側の情報などは『赤旗』では読んでいた。しかし党という組織に違和感があって、民青に入れと言われても入らなかった。ロシア語学科に入ったがあまり勉強はせず、山岳部に入部、民間の登山クラブにも一時入り、谷川岳、穂高岳、剱岳などの難所を登攀した。しかしこれもいろいろあって三年目の夏にやめた。政治的な問題も若干関わっていて、六〇年代の政治的対立が体育系サークルに入り込んで喧嘩が絶えず、それにうんざりしたのが主な理由。ちなみに一九六四年の「東京オリンピック」には何ら興味を示さなかった。

六五年の秋頃から日韓闘争が激しくなり、一二月に外語大の学生自治会の行動に参加した。ただ、「韓国の朴正煕軍事政権はアメリカの傀儡で、これと結ぶことに反対」という闘争で、どういう位置取りをすべきか僕はよくわからなかった。集団で参加したのはこの時が初めてだと思う。僕自身は何かあれば個人で動くという形の運動参加が多かった。

六五年にはベトナム戦争の北爆も開始され、四月にべ平連が最初の集会を開く。僕には非常に政治的に先鋭な小山虔二という親友がいて、いつも一緒に行動していて、べ平連のこの集会や、八月のティーチインも参加した。その後、頻繁にべ平連のデモに参加するようになった。しかし、六六年九月にその友人が突然医療事故で死んだ。二二歳だった。彼の死は相当の衝撃で茫然自失、一緒に大学院に進学しようと計画していたのが挫折。留年し一年間ぶらぶらしていた。

僕はロシア語の基礎的なことは学んでいたので、この頃から七〇年までJETROのソ連・東欧課でアルバイトをしていた。六七年一〇月に羽田闘争があり参加し、機動隊に追い回された（この時、山﨑博昭君が殺された）。この年はロシア革命五〇周年で、ロシア革命と日本の革命をだぶらせて論じるという気分があって、ロシア史研究会に顔を出すようになった。

東大大学院と全共闘運動

六八年三月の米軍王子野戦病院の反対闘争に参加したりしながら、四月に東大の大学院の国際関係論に進学した。斉藤孝先生のゼミに入り、そこで勉強することになった。さて何を勉強するかということで、当時「プラハの春」があって、現存する社会主義体制とは何だろうかということに興味が湧いた。そうこうするうちに、日大闘争が起こり、東大の医学部闘争があって、七月に全共闘結成、やがて安田講堂が封鎖されるなど大きな出来事が起こる。

その中で僕らのゼミにも問題が起こってくる。斉藤ゼミには当時他学部のいろいろな人が参加していて、その中には非常に先鋭な人もいた。柏崎千枝子さん、通称「ゲバルト・ローザ」もその一人。彼女とローザ・ルクセンブルクを一緒に勉強したり、ポーランドの解放に興味を持ったりしていた。この彼女が、三里塚への参加をめぐって斉藤先生と衝突し、先生がゼミをやめることになった。六八年一〇月だったと思う。ゼミは解体した。

当時の大学では、ベトナム戦争はもちろん、公害問題や沖縄問題など、いろいろな個別テーマがあり集会をやっていて、そういう中で大学闘争として秋から各学部で封鎖が始まっていく。僕らの拠点は駒場の第八本館。その後の展開は周知のとおりだ。

さて、こうした流れを踏まえて、一九六〇年代の闘争とは何だったのか、ということが問題になる。六八〜六九年の闘争については、セクトの衝突ばかりで大衆運動になっていなかった、という批判的評価も多い。

まず、一九六〇年の安保闘争がどういう闘争だったのかということを、押さえておく必要がある。社会党・総評、共産党の運動、それに対抗する新左翼、新しい全学連の運動。どちらかというと全学連の先鋭的な闘争が注目されるが、下部の運動構造（大衆の動き）はどうだったのか。この六〇年闘争をきちんと総括しておく必要がある。

そして六八年。この『社会運動史研究1』も六八年が出発点に近い位置にあるかのように強調されている。六九年一月にご承知のとおり安田講堂の陥落があり、僕らの第八本館もその末にやられるのだが、そういう中で闘争そのものは全国へ拡大していく。九月に「全国全共闘」（議長は東大の山本義隆さん）が結成され、僕らと同じ場所にいた長尾久さんがなぜか副議長に。彼に協力を要請され、各セクトの統制が難しいからと突然呼び出されて、集会などで党派の配置・調整をやったこともあった。なぜ、党派が前面に出てきたのだろうか。

一方、ゼミ解体後、和田春樹ゼミにみんな合流した。修士論文をその時書いたのだが、提出するか否かで大論争になり、はじめは拒否した。ただ、僕は拒否を戦術として捉え、それほど深刻には考えなかった。しかし、修士論文に屈すれば自分はすべて終わりだと深刻に捉える人もいた。闘争の中で「自己否定の論理」が強調されていた。そういう状況の中で修論を出すか出さないかみんな迷ったのだ。結局出して博士課程に進学する。

国立国会図書館での図書館運動

一九七〇年、博士課程に籍を置いたまま国会図書館で働き出す。

そして二〇年以上、国会図書館で仕事をした。

そこで二冊記録を残した。一つは『記憶装置の解体』（エスエル出版会 1989）、これはなぜ国会図書館かという問題に関わる。一九六八年一一月に東大全共闘は東大総合図書館を封鎖、これを助手・院生が実行し、その中に僕もいた。このことの意味について考える必要があるとずっと思っていた。国会図書館に入ってみて気づいたのだが、当時国会図書館の職員組合はどちらかというと共産党系だったけれど、それとは違う反主流の人たちもいた。その人たちが、東大で総合図書館を封鎖したのはいいとして、それを民衆のものに開放できていないのじゃないか、という問題提起をしていた。あのとき提起されたことが、自分の職場でどう展開すべきなのか、小さなミニコミに書き継いだ。それがこの本。「真理が我らを自由にする」という言葉が「国立国会図書館法」前文にあるが、その理念も問い直そうと考えた。

国会図書館の職場は楽しかったというか、一次史料の宝庫。かなり多く持っているし、戦前のものも旧植民地地域のものもあって、研究するのに最適の場所だった。そういうわけで、ここを中心にいろんな活動をした。サービスが悪く、「官僚的」とか「使用しにくい図書館」だと言われていたので、研究者、ジャーナリスト、活動家などにも資料を通してサポートした。

また、ベ平連の活動の流れで七四年に代々木アジア大学校が始まって、アジア図書館の設立が提起される。そこで、植民地の図書館研究が始まる。これが随分後に『日本の植民地図書館』（社会評論社 2005）にまとまる。日本の植民地で図書館が何をしたか。あちこちで図書収奪があった。ただ、収奪されなければ破壊され燃やされていた可能性もあり、その辺のジレンマがある。鶴見良行さんや加々美光行さんらの協力で始めたアジア図書館の設立は実現できなかった。こういう活動をしていたのが七〇年代だった。

社会運動史研究の論点

八〇年代は社会運動の低迷期みたいな言われ方もするが、僕自身は国会議員担当調査員の文教担当。さらにソ連東欧の変動についても調査し、社会主義世界の社会運動を調べ始めた。一九八九年の体制転換の始まりにつながる問題だった。この研究では「日本国際研究所」のプロジェクトにも参加した。ただこの時期はまだ、アカデミズム研究者、特にマルクス主義経済学者などは冷淡で、ポーランドの「連帯」など支援してどうするのか、再び資本主義に戻るだけではないかなどと言われた。

それから、PARC（アジア太平洋資料センター）の武藤一羊さん、北沢洋子さん、井上礼子さんたちに誘われ、PARCの季刊雑誌『世界から』の編集委員をやり、いいだももさんの誘いで『季刊クライシス』（社会評論社）という雑誌の編集にも関わった。

また、東欧の社会運動について『東欧　革命の社会学』（作品社 1991）を書いたが、民族問題も研究していて二冊出した。民族問題で言えば、アイヌ新法の制定を準備する院内の研究会に、国会職員の立場で参加もしている。僕にとって八〇年代は、グローバルな視点で運動ができた時期だった。

ここで、運動することと運動について研究することの違いが問題になる。現場感覚がなくて資料だけで研究していると、論点がずれたりする。小熊英二さんの『社会を変えるには』（講談社現代新書

2012）を読んだが、基本的なことがずれている。六〇年代の闘争を、高度成長期の若者の「自分探し」だというが、俺はそんなことやっていたかなと（笑）。全然違う。東欧研究もそこが問題で、四回ほど現地調査をし、最後は一ヵ月ほどいたけれど、外国の話を資料だけでどこまでわかるのか。体制が違っても、自分たちがやったこととあまり変わらないんじゃないかという視点、今回「社会運動史的想像力」という言い方が提起されているけれど、それが重要ではないかと思う。

九〇年代はPKO法での海外派兵など政策転換が始まる時期だが、僕は、東京を離れ静岡へ移った。焼津市に短大を設立、その一〇年後に四年制の福祉大学をつくって学長もやった。同時に、焼津は第五福竜丸の母港なので、「ビキニ事件」を捉え直すため、地域社会運動を始めた。「やいづ平和学」講座を開始、その受講生を中心に「ビキニ市民ネット焼津」の活動が動き出した。最初は大いに盛り上がったが、3・11と原発事故で転機を迎えた。浜岡原発の問題にも取り組むようになると創価学会の人たちが会を去り、新たに脱原発運動の組織の立ち上げが必要となった。焼津は浜岡原発の30キロ圏内にある。

二〇一四年、第二次安倍政権の安保法制反対闘争が激化、「一〇〇〇人委員会・静岡」の代表や「総がかり行動」の実行委員などをやり、二〇一五年九月一九日の山場を国会前で迎えた。

二〇一五年一一月、妻の病気で埼玉県熊谷市に移った。この日本一暑い町は、最後の空襲の街としても知られ、市内の平和団体に誘われ、「熊谷平和講座」を組織し、東京空襲の会の人と交流を深めたりして現在に至っている。

アーカイブ活動にも触れたい。これは非常に重要なのだが、結局大きなハコモノが必要となる点が難しい。静岡でも資料館の設立を要求する運動があるが、今もって実現しない。以前、模索舎の五味正彦さんがいた頃に、いろいろな党派が出したビラとかをどうやって保存するのか、研究したことがある。そういう保存活動を外国のように組織的に行っておかないと散逸する。後の人が研究する時に一次史料はやっぱり必要。いま、「市民アーカイブ多摩」に参加し議論しているが、大きな施設がなければ選択して捨てざるを得なくなる。そういうジレンマを抱えている。

「1968」の影響力、社会主義運動の総括

前述のような自分の活動を踏まえて、今回の本を読んだ感想を言うと、非常に面白く鮮烈な問題意識だと思っているが、過去の運動からだいぶ時間も経過して今日のコメントも困った（笑）。

重要な点は、「1968」の影響力をどう考えるか。なぜ大衆闘争として発展せず党派の対立抗争に終わったのか、という点だと思う。また、地域の歴史の掘り起こし、町おこし、観光振興とか、そういう動きを「社会運動」と言うべきなのかどうか。被災地の復興運動とか、災害ボランティア、ローカル・アクティビストをどう捉えるか、権力に抵抗する大状況的な社会運動でない、小さい、自分の生活レベルの問題を掘り起こすという問題意識を大切にしたい。

最後に、戦後日本は自民党支配を倒せなかったのはなぜなのか。要因の一つには、社会主義運動の問題がある。その総括を若い人の視点で行って欲しいというのが僕の要望だ。

【小特集　運動史とは何かⅡ】

『社会運動史研究1　運動史とは何か』東京合評会コメント②

関係を編み上げる〈編集と運動〉

天野　恵一

「雑誌編集者」としての遍歴

僕は研究者であったこともあろうとしたこともないけれど、運動の必要性から運動史的な記述はいっぱいしてきた。なぜなら、現在の運動は常に過去を振り返って未来を見なければいけないという構造がある。運動をやっている人に向かって、運動のために発信するということを、五〇年ほど続けてきた。自分がやってきたそうした仕事が何だったのか、今日はそれを整理してみる機会としたい。

加藤一夫さんが『季刊クライシス』（社会評論社）の話を出したけれど、僕も途中から編集委員に名を連ねた。ただ、「さよならヒロヒト」という「天皇Xデー」の臨時増刊特集号（1988）以外では責任編集的なことはしなかった。その程度の関わりを含めて自分が関係した雑誌を紹介してみる。

まず『情況』（情況社／情況出版）。ここで、私の編集の師匠、元三一書房の柴田勝紀さんから、校正記号を含めて教えてもらった。これが一年ちょっとくらい。その後『批評精神』（批評社）、純粋な個人編集形態で五冊作った。それから『インパクション』（インパクト出版会）、創刊以降もお手伝いして事実上の責任編集号をかなり作った。その途中で先ほどの『季刊クライシス』、また月刊の『新地平』（新地平社）ではもっぱら常連の書き手兼編集協力。その後フォーラム90ｓの『月刊フォーラム』（社会評論社）、東大全共闘だった安藤紀典さんが編集長で、アンカーの責任は全部引き受けてくれるけど編集の中身はかなり任せてくれた。フォーラム90ｓは学者中心の集まりでもあって、僕は「先生」と付き合うのが嫌だから、そういう系列の原稿は安藤さんが引き受けてくれる。僕は副編集長とかいう肩書きで運動上必要なことを流し込んでいくような特集号を延々作り続けた。安藤さんや『情況』の柴田さんという良い六〇年安保世代に恵まれて、非常にらくちんで楽しい編集をした。

それから、京都大学にいた池田浩士さんと『検証【昭和の思想】』（社会評論社）という、単行本形式だけど事実上の雑誌を前のXデー後の過程で五冊出した。そして、三〇年以上やっている運動体・反天皇制運動連絡会の『運動〈経験〉』（軌跡社）、僕の「無責任責任編集」で季刊雑誌として出した。現在は『季刊ピープルズ・プラン』（ピープルズ・プラン研究所、以下PP研）、ここも一世代上の白川真澄さんが編集長で、お任せの部分は全部任せてもらえる。

人間関係を編み上げる

何が言いたいかというと、引き受けてきた雑誌はかなりワンマン編集でやったということ。つまり、運動の世界で必要なテーマについて、運動の関係者、プラス、それについて多少学術的なスタンスでモノが言える人たちに書いてもらう。そういう作業を半世紀近くやり続けてきた。僕の実感で言えば、雑誌編集というのはある意味で運動そのもの、つまり人間関係を編み上げていく作業。今の若い人がメールを書いて依頼したりしているのは、そういう意味では編集なんかじゃ全然ないから、勘違いしないように（笑）。

雑誌編集は、まず原稿依頼のために会う。会って討論する。なにゆえにおまえに必ず書いていただかなければならないか、ということを、学会の偉い野郎だろうが何だろうが、説教を垂れて原稿をお願いする。それで書き上がってきた原稿が来ると、受け取って読んで、最初の読者として偉そうな感想を言って帰ってくる。そしてゲラの段階でもう一回読む。だからこの時代の雑誌編集は、依頼も含めて三回は著者に会う。相手が専門家であった場合でも、ちゃんと討論して原稿をお願いして、討論しながら原稿をいただいて、できあがったら雑誌を渡してまた会う。そういう人間と人間が会ってちゃんと討論するという関係が編集。

編集は人間関係を編み上げていくことで、これは実際に運動をやっていくときに生かされる。つまり、結構きちんとしゃべれそうな人とか、このテーマで面白いことを書いてくれた人を、運動体の集会の講師でお願いするというのが構造化されて、そういう付き合いが日常化される。だから編集作業自体が、運動世界の内側からのライターの発掘でもあるし、若い人にはこのテーマで書けるように育ってくれないと運動体も困るだろう、と思って原稿をお願いしたりする。雑誌自体は運動そのものではないが、現場の運動のために、雑誌が力になっていくような関係回路が作られる。もちろん自覚的にやってきたわけではなく、本当に自然発生的。なぜこうなったかというと、たぶん、六〇年代というのが雑誌の時代だった。雑誌、特に月刊誌を通したコミュニケーションが圧倒的に中心の時代。敗戦直後から雨後の筍のように雑誌が出てきたと言われているけれど、それがある程度洗練されて構造化されてくるのは六〇年代だと思う。

僕が六〇年代に学生運動に関わる前後の時期に月刊雑誌をどれくらい読んでいたか、記憶で言うと、まず『情況』は創刊号から読んでいた。それから総会屋系では『現代の眼』（現代評論社）、その後もっと純化された過激な総会屋雑誌として『構造』（経済構造社）。穏やかな雑誌できちんと読んでたのが『展望』（筑摩書房）。それと『文藝』（河出書房）、あの時代はべ平連の機関誌的側面があったと思うし、高橋和巳の『わが解体』や吉本隆明の連載があった。それから文芸雑誌『群像』（講談社）。創価学会系だけれども『潮』（潮出版社）、これは「日本の将来」という臨時増刊号も何冊も出ていて、滝沢克己や菊地昌典・中岡哲郎など、まるで新左翼運動の思想機関誌みたいだった。その他、『現代の理論』（現代の理論社）や『思想の科学』（思想の科学社）も特集が気になれば手にした。そして『世界』（岩波書店）。これは大学入学時にみなカッコつけて買うから僕も買ったが、ある段階から一切読まない雑誌になった。なぜかというと、六九年一月東大が落城した直後の『世界』で、大内兵衛の「これで東大の学問は守られた。機動隊の諸君にお菓子の一箱でも届けてあげたい」という巻頭論文（「東大は滅ぼしてはならない」）のせい（笑）。それで俺は放り出して、この雑誌だけは生涯手にしたくないと思ったのだけど、今は反原発の関係で読まなければいけなくなっている。

当時は雑誌の時代で、今の人たちからは考えられないくらいたくさんの雑誌を読むのが日常だった。だから、運動しながら雑誌を編集するというのは僕には全く違和感がなかったし、必然的だった。雑誌編集自体は現場の運動ではないけれど、それを豊かにしていく一つのツールとして雑誌を無自覚に使ってずっとやってきた、という感じがする。

読書会というスタイル

それともう一つ僕がやってきたのは、読書会の併走。「研究会」という名前をつけたやつをいくつもやってきたけど、一度も「研究」だったことはない（笑）。単なる読書会が一番好き。最初の頃、二〇代の頭で菅孝行さんなんかと始めたのが思想史研究会。戦後思想についてのいくつかのテキストをだいたい月一回で読んだ。今、松井隆志くんたちとPP研でやってる戦後研究会と同じようなスタイル。あと、意外と自分に大きな影響を与えた研究会として技術論研究会。二〇代の終わりくらいに始めた。清水幾太郎について調べて、清水の対抗軸として戸坂潤にたどり着いた。戸坂は哲学に入る前が自然科学畑の人で、私がよくわからないジャンルの抽象用語がやたら多くて、ちょうど早稲田で古本屋をやっていたときに、早稲田の理工学部に通っていた学生と知り合いになり、武谷三男や星野芳郎の技術論が素晴らしいとかアホなことを言っていたので（笑）、じゃあ一緒に読もうかと始めた。ここに高橋暁正さんの人脈の人とか、高木仁三郎と都立大で同期だった湯浅欽史さんとかいろんな人が入り込んで、コンピュータ問題や原発問題などを軸に何年も楽しく読書会をした。

自分の運動のスタイルに定期的な読書会というのが含まれている。別に運動現場とは直接関係はない。ただ、運動現場で知り合いになった人や、僕自身が担っていない別の運動に連なっている人など、そういう人たちとの交流の場として設定されてきた。こうした読書会は今でも続けている。

雑誌編集と読書会と、そして現場の具体的課題をめぐる具体的な闘争の日常、という三つがコングロマリットになって僕の活動がつくられている。それから運動体のニュース。たとえば反天連（反天皇制運動連絡会）のニュースなんか、もう三〇年以上月刊で出し続けているし、派兵問題なら『派兵チェック』を作ったりしてきた。そんなに自覚的だったわけではないけど、自分がやってきたことを整理すると、こういう回り方・重なり方で事態が進んできたと思う。

運動史の問題としての「転向」

運動史の方法ということについて言うと、『社会運動史研究1』の中に、中岡哲郎『現代における思想と行動』（三一新書 1960）が登場している。僕にとってこの本は六歳上の兄の本棚から東京へ持ってきた三冊のうちの一冊で、大学に入ってすぐ読んだ。心に残ったのは、左翼運動の暗さと「六全協」という言葉、つまり共産党の第六回全国協議会、武装闘争方針の転換の話。この本自体は、思想の科学研究会の『共同研究　転向』（平凡社 1959～62）に対する批判が大きな動機。中岡は人の苦しみをピンセットで類型化するような分類学に対して、全身で不快表明している。吉本隆明の転向論も含め、倫理的に裁断する転向論が時間の中で相対化されていったのに対して、むしろ逆に、転向が持った倫理的側面を改めて問題にしたともいえる。

今回、中岡さんの『技術の論理・人間の立場』（筑摩書房 1971）

まで読み直して、個人の運動体験を起点に運動史を記述する場合、運動の敗北・挫折を生きたこと、そういう局面の必然性の根拠をえぐり直すことが運動史の一つの軸にならざるを得ない、ということが中岡さんの整理の文脈からはうまく出てくると思った。

　自分の運動の体験が運動史理解の基礎経験。松井君が社会運動史的想像力と言っているわけだが、自分が体験していない時代について書くことも当然あるけれど、その場合も自分が体験した基礎経験の「翻訳」の通路が必要だと思う。たとえば、反天皇制と沖縄との関係を整理しようと思うと、新崎盛暉さんとのお付き合いが沖縄の運動との接点だった。だから運動を歴史的に記述しようと思う時、人物との交流がやっぱり軸になってくる。向こうでアクティブに動いていた人、こちらにお呼びした人、いろんな討論に一緒に参加した人など。僕にもし運動史を書く時間があるとすれば、そういう個人交渉史が方法の一つのテコになると思う。

「想像力」の問題

　社会運動史的想像力という問題でついでに言うと、歴史にしても他人の体験ということでも、想像力を駆使しなければどうしようもない。

　一つは、大江健三郎に『核時代の想像力』（新潮社 1970）という講演記録がある。東海原発に灯がともった時代、つまり原発「平和利用」キャンペーンのさなかの本で、原発のエネルギーがすばらしいと延々書いてある。三・一一以後に読めば、想像力なんてアテにならないとも言えるし、放射能についての想像力が少しでもあればこんなこと言わないだろうにとも思う。

　逆に参考になる例では、菊地昌典さんの仕事で『歴史と想像力』（筑摩書房 1988）という本がある。森鷗外なんかの歴史小説を素材に、フィクションと史実との関係はそんなに截然と分かれるものではないという、歴史記述をめぐる議論。こうした史学における歴史と想像力の問題と、運動史の想像力という問題はどこでクロスするのかしないのか、考えてもらいたい。

　フィクションということに僕がこだわるのは、たとえば「勤評闘争について知りたい」という質問が吉川勇一さんと同席していた会議の場で出て、僕と吉川さんがほぼ同時に石川達三の『人間の壁』（新潮社 1958）を読むのが良いと答えた。歴史学者が書いた教育闘争史・勤評闘争史よりも、勤評闘争がどういう時代に、どういう人間の苦悩の中で展開された闘争なのか、その構造を考えるには、朝日新聞の連載だった『人間の壁』を読むのがわかりやすい。六全協も全く同じ。共産党を追い出された人たちの六全協資料集とかいっぱい読んだけれど、面白くないしわからない。しかし、人間がどういうドラマでそこで生きて、何が悲劇だったのかということは、小林勝の『断層地帯』（書肆パトリア 1958）を読めば手に取るようにわかる。なぜ当事者はみんな深刻に六全協の歴史を語ろうとするのか、この小説を読めばすぐにわかるが、資料を読んでもよくわからない。運動史を書く時に、そういう問題をどう繰り込むことができるか。

「史観」をめぐって

　最後に、「社会運動史」というカテゴリーに違和感があることは言っておきたい。小杉亮子さんが道場親信君の文章を引いて、トゥレーヌを参照した「新しい社会運動」史観が前の時間との断絶を作り出しているのではないか、という批判をした。それはその通りだけど、「社会運動史」というカテゴリーもそういう歴史観から生まれてきたことに踏み込む必要がある。

そもそも何らかの「史観」なしに歴史整理できる人はいないので、自分の歴史観の自覚が大切。道場君の仕事は、特定の史観が持っている偏向性を相対化し広げてみせる作業まではやったけれど、次に自分の史観を立てて歴史を再整理し直すことがまだ課題として残っている。

運動史の整理をするとしばしば八〇年代のところで反天皇制運動が入らない。つまり「新しい社会運動」史観でいくと、一番重要な政治闘争というカテゴリーがどこかにいってしまう。革命運動や前衛党の論理を正しいものだとして蘇生させる必要はないけれど、政治闘争というカテゴリーをなくしちゃうのはまずい。フェミニズムや反原発運動は実際に存在したからそれはそれでいいけれど、政治的な大衆運動、国家の体制的な権力を全体的に批判するようなテーマの運動——政治性が非常に濃密な社会運動として、しょうがないので「政治的社会運動」と僕は呼ぶが——を除いて議論するわけにはいかない。そういう意味で、「社会運動史」というカテゴリー自体が持っている今日的な歴史制約性を、一度批判的に対象化し直した上で使うべきじゃないかと強く思っている。

【小特集　運動史とは何かⅡ】

『社会運動史研究1　運動史とは何か』大阪合評会コメント①

「マッチョな社会運動」の「終わりのはじまり」

——社会運動の「1968年」

黒川　伊織

社会運動の定義のずれ

社会運動とは何か？　『社会運動史研究1　運動史とは何か』（以下、本書）が視野に入れる社会運動は、戦前期の社会運動を研究の出発点としてきた筆者が考える社会運動とは、かなり定義に懸隔があるように思われる。その懸隔は、社会学と歴史学のずれかもしれない。博士論文をまとめ直した拙著『帝国に抗する社会運動——第一次日本共産党の思想と運動』（有志舎2014）の書評会を〈帝国と思想〉研究会で開いていただいた際、二〇一六年に逝去した道場親信は、拙著に対して「こんなものを社会運動と言ってもらっては困る。社会運動はこんなものではない」と難詰した。筆者の問題関心は、拙著終章に記したように、国際的運動にはじめて包含された第一次日本共産党（1921～24）を起点に戦後までの社会運動を見通したらどのような光景が見えてくるのか——現存する共産党や「革新」勢力の立場性を投影した歴史観をいかに脱構築できるか——ということにあり、その最初の局面としての第一次日本共産党に胚胎したさまざまな可能性を提示したつもりであったから、この批判には「じゃあ何が社会運動なんですか」と聞き返したかった（が、筆者はまだ若かったので黙った）。

しかし、並行して朝鮮戦争期のサークル運動や「1968年」の運動についての研究を、当事者からの聞き取りや史料発掘に取り組みながら進めるなかで、筆者はやはり第一次日本共産党は社会運動そのものだったのだと確信を深めた。今なら道場にいろいろ言い返せるのだが、悔しいことに道場はもういない。そのため、ポスト道場世代の社会学者が集う場となるだろう本書で、現時点での筆者なりの道場への応答を、編者への問いかけをかねて書いてみたいと思う。

男性プロレタリアートの階級闘争を本質とする社会運動

社会運動という言葉が認知されはじめたのは、横山源之助のルポルタージュ『日本の下層社会』（1899）が契機だっただろう。日清戦争（1894～95）を画期として軽工業の産業革命が進行した日本に登場してきた近代的賃金労働者を「経済上の欠乏者」と位置づけ、その生活実態を克明に記録した横山は、同書に付した小論「日本の社会運動」を、「政治社会の腐敗を叫破し、平民政治を開きて下層社会の幸福を謀らん」と結んだ。松方デフレで窮乏した農民が都市に流入して賃金労働者＝プロレタリアートとなり、彼ら／彼女らの「経済上の欠乏」から生じた格差が社会を揺るがす可能性が生まれるなか、ドイツの社会政策学を範として社会政策学会が誕生したように（1897）、近代資本主義社会の発展とともに生じた社会問題への処方箋が求められていた。この社会問題に、変革を展望しつつ取り組みはじめたのが、社会運動にほかならない。したがって、社会運動という言葉は、「近代資本主義社会に固有の社会矛盾に立ち向かう運動」と定義されうるかたちで立ち現れてきたと言ってよい。

この「近代資本主義社会に固有の社会矛盾に立ち向かう運動」としての社会運動がふたたびクローズアップされるのは、第一次世界大戦（1914～18）により重工業の産業革命が本格化した一九一〇年代後半のことになる。大戦景気により資本家＝ブルジョアジーとプロレタリアートの階級分化が進むとともに、戦後恐慌（1920）により噴出した社会問題——失業と低賃金——への対応が求められたからだ。大阪に大原社会問題研究所が成立して社会政策学の研究者が結集したのも（1937 東京に移転）、京都帝国大学教授・河上肇が個人誌『社会問題研究』を発刊したのも、ともに一九一九年のことだった。一九二〇年には内務省に社会局が設置され、一九二一年には中央慈善協会（1908 創設）が社会事業協会と改称したように、政府や財界のバックアップのもと存在感を高めた社会政策や社会事業は、高揚しつつあった社会運動——一九二一年大日本労働総同盟友愛会が日本労働組合総同盟に改称、一九二二年日本農民組合・全国水平社結成——のガス抜きの役割も担っていた。

こうしてブルジョアジーとプロレタリアートの階級闘争の時代が現出した。治安警察法（1900 施行）のもと集会・結社・言論の自由が制限されるなか、階級闘争は必然的に政治的抑圧への対抗としての〈政治的対抗〉（山川均「政治の否定から政治的対抗へ」1922）へと向かっていき、プロレタリアートの階級的政党として非合法共産党や合法無産政党が成立する。そしてこれら階級的政党を支えるプロレタリアートは、社会変革の中心的担い手として社会運動の中核を自ら任ずることになった。ここで重要なのは、ブルジョアジーとの直接的闘争——ストライキなど——によって経済的搾取に対抗する段階から、さらに踏み込んで、プロレタリアートが議会に進出し政策形成に関与してさまざまな権利の獲得に乗り出す段階に至ったことである。

しかし、近代資本主義社会の矛盾は社会主義体制——ここでいう社会主義体制には、最左派の非合法共産党の「労働者農民によるソヴェト政権」から、最右派（1926 社会民衆党、1932 社会大衆党）の社会主義的計画経済の導入まで、かなり幅がある——へ移行することによってこそ解消されると考えられ、その移行を実現するための階級闘争こそが社会運動の本質的部分であるととらえられた結果、階級闘争至上主義という禍根を後々まで残すことになった。女性差別や民族差別など人びとの属性による社会矛盾も、社会主義体制に移行すればすべて解消すると断言するこの楽観的な思考は、社会運動における男性の優位性を自明とする傾向——これを最も厳しく批判したのは、山川菊栄だった（「評議会婦人部テーゼ」1925）——と強く結びつきつつ、戦後に至るまで長く日本の社会運動の方向性を規定していくことになる。筆者が「マッチョな社会運動」と呼ぶ、男性プロレタリアートの階級闘争を至上の本質とする社会運動は、日本資本主義とともに成立し、戦後のある時期まで連綿と持続してきたといえる。

ところで、この「マッチョな社会運動」の体質を持つのは、左翼に限らない。右翼の「革新」運動も、ある意味では左翼と同様に、私腹を肥やす財閥（資本家）や「君側の奸」としての政府要人を矛盾（たとえば農村の窮乏）の元凶ととらえていた。彼らは、財閥や「君側の奸」を取り除き天皇親政のもと国家社会主義的な体制に移行することで資本主義の矛盾を克服しようとしたのであるが、資本主義の矛盾を克服しようとしたという点では、左翼の革命運動も右翼の「革新」運動も同様であった（ただし最左翼の日本共産党は君主制を廃止し共和制に移行したうえで社会主義体制へ移行することを目指したのに対し、右翼は天皇親政のもとで国家社会主義的な体制に移行することを目指した）。その限りで左翼と右翼の境界線はあやふやであり、非合法共産党の最高幹部であった佐野学と鍋山貞親の転向声明が発表されると（1933.6）、雪崩を打ってコミュニストが転向したことも、当然の成り行きであった。そして、右翼の「革新」運動も、担い手という点では圧倒的に男性中心であり、その「マッチョな」体質も、左翼と選ぶところがなかった。

戦前期に形成された日本の「マッチョな社会運動」は、敗戦後の連合国軍総司令部による労働組合育成策のなかで、より強固となった。戦時下で「銃後」を守った女性労働者や植民地出身労働者が職場を逐われ、戦地から帰還した男性労働者が職場に復帰して労働組合を組織するという一連の過程で、ジェンダーや民族といった問題構成は封じられ、男性労働者が家族を養いうるだけの賃金を使用者に保障させようとするシステム（産別一〇月闘争での電産型賃金体系の確立。1946.10）の枠内で権利の拡大を図ったからだ。朝鮮戦争（1950～53）の「特需」により日本経済が急速に回復しつつあった一九五一年、日本労働組合総評議会（総評 1950～89）が「ニワトリからアヒルへ」と評される左旋回を遂げて社会主義への志向を明確にすると、総評は左派社会党（1950社会党左右分裂、1955再統一）を支持して、原水爆禁止運動などの政治的課題に対しても影響力を強めていく。そして「マッチョな社会運動」の特質である上意下達の組織構造が、総評・社会党ブロックが牽引する社会運動の組織的結集を促し、安保改定阻止国民会議のもと迎えた六〇年安保闘争は、「マッチョな社会運動」の到達点として「国民」的規模の展開を実現したのであった。

1968年——新たな社会運動の登場

ここで注意を促したいのが「国民」の定義である。政治運動の文脈に即して言うなら、共産主義インタナショナル（コミンテルン 1919～43）は、各国に支部（共産党）を設けて属地主義のもと各国在住のコミュニストを組織した。つまり、コミンテルン日本支部日本共産党には、日本に在住する日本人・朝鮮人・中国人コミュニストらが所属していたのであり、その組織原理が戦後も継続していた。この組織原理は、朝鮮戦争休戦協定が結ばれて米ソが平和的共存に移行する過程で一八〇度転換し、他国在住のコミュニストは母国の共産党に属することになるとともに居住国の内政に干渉してはならないとされることになる。こうして朝鮮人・中国人のコミュニストは日本共産党を離脱し、朝鮮人コミュニストは在日本朝鮮人総連合会（朝鮮総連、1955結成）に結集するのであるが、一九五〇年代前半の社会運動の重要な担い手であった朝鮮人が日本の社会運動から退出したことで、「マッチョな社会運動」はナショナルな文脈に再構成され、その関心も一国的に閉じていった。だからこそ六

○年安保闘争は「国民」運動として記憶されることになったといえる。

六〇年安保闘争は首相岸信介を退陣に追い込むことはできたが政権交代を実現することはできず、「総資本対総労働」の闘いと呼ばれた三池闘争は組合側の敗北に終わり、岸の後任となった池田勇人は所得倍増計画を掲げて（1961）、高度経済成長の果実をプロレタリアートにも分け与える方向に向かう。こうして「豊かさ」を獲得していったプロレタリアートは体制に包含されて階級闘争から距離を置くようになり、かつて社会運動の推進力の源泉であった労働運動は政治闘争に背を向けていくが、筆者はその移行の画期が「1968年」前後——大まかには一九六〇年代後半——にあったと推測している。終身雇用と年功序列賃金が下支えする大衆消費社会が成立して一九七〇年代には「一億総中流」意識が確立するなかで、もはや「近代資本主義社会に固有の社会矛盾」は閑却されつつあったからだ。

こうして体制内化したプロレタリアートが「マイホーム主義」に閉じる一方、高度経済成長下であらわとなった矛盾や歪み——水俣・三里塚——が可視化されていったのも「1968年」の時代状況だった。そのような矛盾や歪みから生じた社会問題に立ち向かおうとするさまざまな社会運動が立ち上がっていき、社会運動の質的転換が生じる。男性プロレタリアートの階級闘争としての「マッチョな社会運動」のなかで周縁的立場に置かれていた人びと——女性・学生・旧植民地出身者・社会的マイノリティなど——が自らに固有の社会問題を可視化して社会運動の担い手として存在感を強め、組織動員に頼る階級闘争型の旧来の社会運動と並んで、個人の自由意志とシングル・イシューを軸とする新たな社会運動が誕生したのだ。こうして産声をあげた新たな社会運動こそが、本書が念頭におく社会運動なのだろう。「市民」性を重視するなら、新たな社会運動の起点は六〇年安保闘争時の小林トミと「声なき声の会」に求められるだろうが、高度経済成長によりプロレタリアートが階級闘争を放擲していったことを重視する本稿は、プロレタリアートの「周縁」が社会運動において前景化していくことを重視して「1968年」に起点をおいた。

新たな社会運動の登場は、「マッチョな社会運動」の「終わりのはじまり」だった。企業での労働組合の組織率は低下し、最も戦闘的組合であった官公労は民営化により組合員数を減少させ、一九八九年ついに総評は解散に至る。しかし「マッチョな社会運動」は、なお命脈を保っている。それはそれで悪いことではない。組織があるからこそ継続的な運動が可能となるからだ。筆者は日本労働組合総連合会（連合、1987発足）傘下の非常に「マッチョな」官公労の労働組合に在籍した経験を持つが、八月六日の広島にその年度の新入組合員を毎年動員していたことにも、今となっては一定の意義があったと感じる。過去の経験を新たな世代に伝え続ける作業は、シングル・イシュー型の運動が苦手とする部分だが、たったひとりの心にでも響いたならば、経験は紡がれ歴史は受け継がれていくからだ。

社会運動の原点

ところで、「近代資本主義社会に固有の社会矛盾に立ち向かう運動」としての社会運動をその原点に立ち戻って再定義しようとしたのは、歴史家の田中真人（1943～2007）だった。二〇〇四年にはじまった同志社大学人文科学研究所の共同研究「近代日本の社会運動家――その書誌的総合研究」には、社会運動・社会事業を専門とする職業研究者・在野の研究者、さらには当事者が集結し、社会運動・社会事業を担った人びと――自由民権運動から「1968年」まで――の自伝や回顧録の書誌情報を収集するとともに毎月の研究会を続けた。筆者はこの共同研究と田中の「叱咤激励」により、自身の社会運動史研究の関心と方法を見いだし、現在まで勉強を続けてきた。二〇〇七年四月の田中の逝去により、田中自身による再定義の試みは途絶してしまったけれども、2200件あまりの書誌情報を収集した共同研究の成果――うち800件の書誌情報については『近現代日本社会運動家　自伝・回顧録　解題』（同志社大学人文科学研究所 2010）にまとめた――を繙くなら、社会運動が目指した変革への多様な展望が、当事者そして研究者の息づかいとともに甦るだろう。本書は、そのような息づかいを丹念にすくい上げていくメディアであってほしいと願っている。

『社会運動史研究1　運動史とは何か』大阪合評会コメント②

異なるアプローチが拓く社会運動史

伊藤　綾香

はじめに

今回、合評会にてコメンテーターとしてお声がけいただいたとき、実のところ、なぜ自分なのか、という疑問が一番に浮かんだ。歴史学の素養はなく、社会学者としても、特別社会運動史に詳しい人間ではない。ただ、これまで名古屋市で五〇年近く活動をしている障害者運動団体を事例に調査を行っており、その組織の歴史を、現在と過去のつながりという視点から描いてきた。その点からお引き立ていただいたのだと理解している。

さて、『社会運動史研究1　運動史とは何か』（以下、本書）で最も特徴的なのが、編者三人による出発点および「社会運動史」についての個々の見解についての論考であり、興味深いのは、三者ごとに社会運動や社会運動史に対する考え方が異なるようにみえることである。時間軸や空間、主体をどこにおくかなどの点であり、未熟ながら社会運動組織を対象として研究を行ってきた筆者とも、それぞれ考え方が重なる部分と異なる部分があるようにも感じられた。そして、読み進めるなかで、それは各自が触れてきた運動の違いによるのではないかと思い至った。

『社会運動史研究』というメディアに触れる人々が社会運動や社会運動史への関わり方もその深さもその種類も異なる人々であろうことを考えると、編者たちとは想定する運動・運動史も関わり方も、またその深度も異なる筆者が各論考を読む中で感じた疑問をここで提示することは、このメディアの今後の発展に少しは寄与するものとなるかもしれない。そこで、以下、筆者の触れてきた運動やそこでの調査を引き合いに出しながら、各論考に対する疑問を投げかけることとしたい。

松井隆志「私の運動史研究宣言」に対して

まず、松井隆志「私の運動史研究宣言」について興味深いのが、「社会運動史的想像力」に関する議論である。松井は、

> 運動史研究の出発点は、あくまで「今・ここ」だ。対象となる運動史との距離を常に自覚し、なぜこの運動史を研究するのか、という問いを見失ってはならない。（本書：16）

> 運動史への切実な関心を生み出す何らかの「現場」意識こそが、その人なりの〈運動現場〉と言えるのではないか。（本書：19）

と述べる。ここで言及されているのは調査対象との向き合い方であり、それは調査を行う者それぞれが経験し、調査を通してそれぞれ身に着けていくものだという。

人々はどのように調査対象と向き合っていくのだろうか。筆者の調査を振り返ってみよう。筆者は二〇一〇年、大学の卒業論文の執筆のために、調査対象である組織に出入りするようになった。そこ

は障害者と健常者とが一緒に働く場を作る活動を当時四〇年にわたり行っている組織であった。慣れないながら聞き取りを中心として調査を進めるなかで、活動の展開に関わる機関紙などの資料収集も進めていたが、そこで、筆者は「資料が読めない」という問題に突き当たった。「資料が読めない」というのは、物理的に文字が読めないというわけではなく、より適した言葉を用いるのであれば、心理的に受けつけない、というものである。

　たとえば、一九七一年、会が創立した時の機関紙には、

　知恵遅れの人が主体だという知恵遅れでない人の運動は、知恵遅れの人のためにという自らの主体のないギマン性をいいたてよう。そこに自己犠牲と称する自己満足性、裏返しの差別が出てくる。そういうところに我々はない。個々の主体を、まさに主体と主体の衝突の中で、〝同情〟という意識を超えようとしている。（『かいほう』23：3）
　共同体が市民社会と等質であることへの苦々しい日々の思いをかみ締めながら、日常性それ自体を現前するユートピアとして創造しようとする思いの彼方に不可視なるものの連帯を願う。（同上）

といった記述がなされていた。大学四年生の、それまで社会運動なるものに触れる機会もほぼなかった筆者にとって、主にガリ版刷り、文字が多く内容も厳めしく、突き刺さるような表現を用いたこうした文書の醸し出す、当時の活動の「濃さ」とでもいうものか、は重く苦しく、忌避感を覚えたのである。

　それが、調査に入り始めて五年くらいたった段階で、ふと、読むことができるようになった。会のパン工場で参与観察を行ってからである。現場には重度の知的障害者を中心としたメンバーが多く、なかには実質的にパンを作ることができていない人、むしろ作業を妨害しているようにすら見える人もいた。それでも、この現場では障害者と健常者で同じ給与体系をとっている。いわゆる福祉施設の職員であれば、相手は利用者である、と感情管理もできるだろうが、それが困難な現場であり、筆者自身もある障害者メンバーの仕事への態度に対して文句を言い、言い合いになったこともあった。こうした経験をもって改めて資料に当たったところ、最初は現実感を持たなかった表現が、自然と胸に落ちてきた。「パンを作るという具体的な実践を通して、障害者との共生の日常をつくりだしているということか」、「自分が経験した障害者メンバーとの喧嘩は、障害者を守るために喧嘩すらできない関係性を乗り越えるものなのではないか」このように創始時期の活動やその意味、活動を取り巻く当時の社会状況へと思いをはせることができるようになったのである。

　さて、話を戻そう。松井は、「運動史への切実な関心を生み出す何らかの「現場」意識こそが、その人なりの〈運動現場〉」であるという。筆者にとっては、先の振り返りの中で資料を読ませたものが、「私なりの〈運動現場〉」として表現できるもののように思われる。実際に働く場に触れることで、「この活動はいったい何なのか」を明らかにしなければならないという思いを抱き、ガリ版刷りの機関紙に向かい、それがいくつかの論文につながっていった。

　だが、ここで疑問なのは、これで本当に松井が言うような「社会運動史的想像力」のもとに書くことができたといえるのかどうかで

ある。誰であれば、また、どうやって、これは「社会運動史的想像力に基づいている／いない」を評価することができるのだろうか。

加えて、松井論文は、社会運動史にあたるうえでの態度についても述べているが、それを身に着けるうえでどのような教育・トレーニングが可能なのだろうか。かつての筆者のように、必ずしも「社会運動」に関心や親しみを持つ者ばかりではなく、忌避感すら持つ者もいるかもしれない。そうした人々を、どのように運動史を紡ぐ担い手へと育てるのか。この疑問に答えるのが『社会運動史研究』というメディアやそれに関わる者たちに期待されることの一つである。

小杉亮子「「史観」の困難と生活史の可能性」に対して

続いて、小杉亮子「「史観」の困難と生活史の可能性」についてである。小杉は、バイアスを生じさせる「史観」について、道場（2015）を引き、戦後日本の社会運動研究の①革新史観、②市民運動史観、③新しい社会運動史観のうち、特に③の問題性について論じている（本書：30）。

史観によるバイアスという課題を考えるとき、筆者が事例としている障害者運動の歴史研究でも取りこぼしが生じているように思うことがある。堀（2014）によれば、日本の障害者運動史研究には二つの系譜がある。まず、戦後の患者運動を起点とする社会保障運動の系譜で、ある程度障害者に対する社会保障が整備されていった一九七〇年代後半から一九八〇年代後半までをそのピークとするものである。もう一つは、立岩真也を中心とする、一九七〇年代以降の自立生活運動および障害者解放運動の歴史研究であり、今日の障害者運動史研究はもっぱらこの流れに収斂されている状況があるという。ただし、この系譜は、障害者の親、専門家による運動から、障害当事者による運動へと、障害者当事者による自立を運動のゴールに設定した歴史的展開の文脈を設定しがちである。

だが、実社会を見てみると、障害者の親や専門家による運動はなくなったわけではない。障害者をめぐる状況を見ても、未だ「親亡き後」をめぐる問題のような社会的課題も残っており、動かない、変わらない社会が各運動体には感じられているだろう。だが、だからこそ、主体も主張・方向性も異なるさまざまな障害者運動がずっと闘い続けている。新しいものが古いものを乗り越える、という段階論をとることによって、「古い」運動のみならず、それが生み出された背景の社会問題までもがあたかも解決されたかのように描かれ、社会の把握を見誤らせる恐れがあるように思う。

小杉は論考の中で、こうした「史観」を避けるための方法として「生活史法」をあげ、多声性に基づき歴史を繙きなおすことについて述べている。筆者は生活史法に明るくないため的外れな指摘となるかもしれないが、このように生活史を用いるという方法には、運動の時間的・空間的制約がかかるように思われる。資料が膨大になると想定され、小杉が調査対象とした東大闘争のように、大きく盛り上がった期間が比較的短く規模が限定された場合であれば可能かもしれないが、そうでなければ難しいのではないか。加えて、この方法は、対象が「語る」ことができる場合に限られるのではないか。もしそうであれば、小杉のいうような歴史の多声性を踏まえた生活史法を用いる研究は、どこまで可能なのかについて考える必要があるだろう。

大野光明「運動のダイナミズムをとらえる歴史実践」に対して

最後に、大野光明「運動のダイナミズムをとらえる歴史実践」である。大野は、社会運動史を描くことを次のように述べる。

社会運動史を描くということは、事後の視点から出来事をみて、歴史化するということだ。事後から出来事を歴史にしていくとき、私たちは、当時の参加者たちのあいだでは何ら具体的な接点や関係性がなかったにもかかわらず、まったく異なる時代のグループのあいだに思想やスタイルの継承が意識的・無意識的に行われていることに気づくことがある。時間と空間を越えたところで、人びとの思想、行動、スタイル、あるいは情念のようなものが、共有あるいは分有され、リレーされている。（本書：59）

「歴史化」という営みのなかで、現在と過去との連続性を浮上させることができる。大野の議論は、運動史を、運動を終わったものとして描くのではなく、関わる人々にとって意識的であるかどうかにかかわらず、現在にもつながるものとして描くととらえている。

こうした見方は、大野が対象としている運動が、沖縄の基地問題という、明らかに現在進行形の問題に対するものだからこそのように思われる。このことは、筆者の対象とする障害者運動とも重なる。

障害者をめぐる現在の日本社会を象徴する事件の一つが、二〇一六年に相模原市で生じた「津久井やまゆり園」での障害者殺傷事件である。この事件が起こった現場は知的障害者の入所施設であったが、こうした施設は、一九七〇年代以降盛り上がった障害当事者運動が強固に批判したものであった。この事件で焦点が当たりやすい加害者のあからさまな優生思想以前に、日本社会は、約五〇年前と変わらない仕組みを保持しているのである。

このような社会に対して、筆者の調査対象団体もまた、表面的な活動形態はさまざまに変化しているものの、障害者と健常者とが共に働く具体的な場を作るという同じ方法で立ち向かい続けている。松井論文において取り上げた、設立初期の資料に書かれたことと、現在の働く場で感じられたこととのつながりは、このような変わらない社会に対する恒常的な運動の姿勢から生み出されたものであり、それがかつてのメンバーの思いと現在のメンバーとの思いをつないでいると考えられる。

ただし、このように筆者の事例と大野の事例、運動に対する見方を重ね合わせてみたところで対比的なのが、松井の論考における「運動史」の見方である。松井は、

運動史研究とはいかなるものか…〔中略〕…一つは、研究対象は社会運動という現象であること。二つめに、それは現在進行形ではなく、「歴史」として扱われるような過去であること。後者はつまり、現在までの間にいったんは終了し、連続性の意識は相当程度失われている現象だということだ。（本書：11）

と述べている。連続性の意識が相当程度失われている、という研究対象の見方は、大野のそれとは異なるように思われる。「終了」とは何をもってそういえるのか、どのような状態を想定しているのか。もっといえば、そもそも取り上げる対象である「社会運動」とは何であり、どの範囲まで有効なのか——このような疑問が浮かんでく

る。

この点で、編者三人の中で、特に松井論文と大野論文の間で、運動や運動史に対するとらえ方が異なるようにみえる。ただし、一方で大野も、過去と現在との「対話」という表現を用いており、過去として描くものと、現在として描くものとを対比させて、つまり両者を分けているようにもみえる。果たして、運動の過去と現在とは何か、それを分ける分岐点はどこにあるのか、あるいはないのか。対象としての社会運動史を考えるうえで、この問いにもこたえる必要があるのではないだろうか。

おわりに

以上、本稿では編者三人の論考について、筆者の対象としてきた障害者運動および調査への関わり方を引き合いに出しながら疑問点を列挙した。「社会運動研究」ではなく「社会運動史研究」という表現が用いられていることからわかるように、より過去の事象に視線が向けられているものの、その現在とのつながりに対する考え方は論者によってさまざまであり、また、想定される社会運動史へのアプローチのあり方もさまざまである。しかし、こうした違いにより生み出される論点こそ、この領域を発展させるものであるはずだ。

最後に、この雑誌についての個人的な願いを述べて締めくくりたい。初めて『社会運動史研究』についての話を耳にしたとき、意欲的で良いメディアができたと思う反面、率直にいって、「社会運動史」という表現に対して、内輪的で、他を寄せつけない印象を受けた。本稿で言及した疑問点には、この印象をぜひ払拭してほしいという思いもあり取り上げたものもある。『社会運動史研究』が、それを通して年代や専門分野、動機、関わりの度合いを問わずさまざまな人々が社会運動史に触れることができるようなメディアとなることを期待している。

参考文献

堀智久（2014）『障害学のアイデンティティ――日本における障害者運動の歴史から』生活書院

道場親信（2015）「戦後日本の社会運動」大津透・桜井英治・藤井讓治・吉田裕・李成市編『岩波講座日本歴史　第19巻（近現代５）』岩波書店：113-48.

【社会運動アーカイブズ　インタビュー】

平野　泉さん（立教大学共生社会研究センター・アーキビスト）

市民社会の財産を守り、活かしていくために

東京の池袋駅から雑踏を抜けて約一〇分、立教大学のキャンパスのなかに共生社会研究センターがある。国内外のさまざまな社会運動に関する貴重な資料を収集・公開し、それを研究や教育活動にもつなげている。私たちにとって社会運動の資料を残し、公開することの意味とは何か。アーカイブズを作り維持するためにはどのようなことが必要か。同センター・アーキビストの平野泉さんにお話をうかがった。なお、インタビュー中のデータは当時のものである。（聞き手：大野　光明・松井　隆志）

運動した人たちの動きから始まった

平野泉さん。立教大学共生社会研究センターにて

――まずは共生社会研究センターの設立の経緯をご紹介ください。

平野　立教大学の共生社会研究センターの設立は二〇一〇年です。この設立には前史がありますので、まずそのことからお話ししたいと思います。

まず確認しておきたいのは、一九六〇～七〇年代に日本で運動に取り組んだ当事者たちが運動の記録を自分たちで残そうと、さまざまな動きを作っていたことです。運動が終わるとか、ある世代が亡くなってしまうというような節目で、もしも記録を残さなければ権力側の記録しか残らないということも、人々は意識していたのかなとも思います。この人たちがいなかったら、センターの設立はそもそもあり得なかった。

次に触れたいのは、一九九七年に埼玉大学の経済学部に社会動態資料センターが創られたことです。社会政策や労使関係論の専門家である上井喜彦先生が、アメリカのウェイン州立大学（ミシガン州）の「労働研究センター」を訪れ、市民に向けて開かれた大学のあり方に感銘を受けた。そして当時、埼玉大学などの国立大学が、文部省から地域や社会との連携を要請されていたこともあり、上井

先生は大学に同じようなセンターを創ろうと提案され、社会動態資料センターが設立されたと聞いています。

そのセンターに助手として着任されたのが藤林泰さんです。当時PARC（アジア太平洋資料センター）(1)でも活動されていた藤林さんは、東大自主講座やPARCだけでなく、世界を小さな人々やモノの目線からとらえかえした鶴見良行さんや村井吉敬さんといった方々ともつながりが深い方でした。だからこそ、市民運動とつながるセンターにできたのだろうと思いますし、藤林さんの資料選定眼やセンスと人脈が、社会動態資料センターのコレクションを形作りました。アーカイブズとしては非常に幸運なスタートだったと思います。人のつながりでどんどん芋づる式につながっていって、よい資料が集まってくる。埼玉大学でのセンター設立期はとても面白い時代だったのではないでしょうか。

――ゼロから作っていくわけですよね。

平野　そうですよね。センター設立後、割合早くにPARCの資料やべ平連（ベトナムに平和を!市民連合）の資料が送られてきました。私は、一九九九年にべ平連の資料がきた時にアルバイトで雇われて、生まれて初めて資料というものに触ったんですよ。その前に、私が関わっていたボランティア活動に関する相談で埼玉大学を訪ね、藤林さんにお会いしていました。そのご縁もあって、「べ平連の資料を整理するアルバイトをしないか?」というお話を頂きました。30箱近いダンボールをまず開けてみたわけですが、どう整理したらいいかわからない。私も藤林さんも図書館学を学んだわけでもなく、アーカイブズを整理したこともないのですから、いま思えば失敗もたくさんしたと思います。このような作業を半年やって辞めました。

その後二〇〇一年に、埼玉大学経済学部社会動態資料センターは、教養・教育・経済三学部が共同運営する共生社会研究センターへと改組されます。別の建物に移転することになり、書庫スペースもかなり拡大します。その頃、住民図書館(2)の資料の受け入れの話が出て、最終的に膨大なミニコミ・コレクションをドカンと頂けたわけです。センターとしてはいくら手があってもいいという状況で、私に再びチャンスが訪れ、二〇〇二年五月から週三日の非常勤職員として働くことになりました。

書庫スペースが広くなったことを背景に、藤林さんや学内の教員の人脈などを通じて、住民図書館の他にもいろんな資料が入ってくるようになった。コレクションがどんどん大きくなっていったのがこの時代ですね。さらに、二〇〇八年、センターは全学組織となり、全学教育学生支援機構に置かれることになりました。これに伴い、名前に「教育」が加わり「共生社会教育研究センター」となったのです。

埼玉大学から立教大学へ

平野　私は週三日、のんびり勤務していたのですが、二〇〇七年の秋頃、藤林さんが社会・労働関係資料センター連絡協議会の集まりで、学習院大学大学院にアーカイブズ学専攻が設置されるという話を聞いてきたのです。「そこで勉強してみたら?」と勧められ、「それもいいかな」と入学したのが二〇〇八年です。当時の私は知らなかったのですが、どうもその頃から埼玉大学の資料を立教大学に移すという話が進んでいたらしく、二〇〇九年三月には両校の間で覚書が交わされ、所蔵資料の共同管理・保存、順次移管が合意されました。私は「せっかくアーカイブズ学を勉強しているのに、埼玉大学から資料がなくなってしまうのか……」とがっかりしたんです。

　しかし、二〇一〇年四月に立教大学共生社会研究センター（以下、「センター」）が設立されるにあたり、資料のことがわかっていてアーカイブズ学も勉強しているということで、私自身も資料と一緒に立教大学に移ることになりました。その後、センターは二〇一五年に現在の建物に移り、スペースも広くなって、ようやく全資料を配架することができました。

――埼玉大学から立教大学への資料移送には、何か理由があったわけですか。

平野　当時の私の立場では詳細はわかりませんが、さまざまなことが関わっていたようです。一つには、埼玉大学が独立行政法人となって、長期的な見通しよりも短期・中期的な視点で事業が計画・評価されるようになってしまい、センターのような事業を持続していくことが困難になった、ということがあるようです。そこで「他大学と一緒にやってみたらどうか？」という発想が出てきたのだ、と私は聞いています。

　埼玉大学が集めて整備したコレクションを丸ごと頂いたわけですから、立教大学は大きな恩恵を受けていると思います。移管の際には、ミニコミ関係のデータベースは整備され、宇井純さんから寄贈された膨大な資料も7、8割方整理されていた。この二つの大きなコレクションがちゃんと整理できていたのは大きかったと思います。また、藤林さんが苦労して構築された鶴見良行資料のデータベース「鶴見良行文庫デジタルアーカイブ」もシステムごと頂きました。立教大学に移送されるまでのさまざまな人の努力と仕事の蓄積があってこそ今がある、とほんとうに思います。

――このセンターの実施体制はどのようなものでしょうか。

平野　センター長が一名、これは立教大学の教員です。副センター長は立教大学と埼玉大学から一名ずつ。規則の上では副センター長のうち一名は埼玉大学の教員が就くことになっていて、現在は埼玉大学の市橋秀夫先生が副センター長として運営を担ってくださっています。運営委員についてはどの大学の方でもよく、現在は立教大学の教員のほかに、一橋大学の町村敬志先生も運営委員をしてくださっています。運営委員の任期は二年で、年に数回の会議をしながら運営にあたっています。

――日常的な実務は。

平野　私ともう一人のスタッフでやっています。また、大学院生四名のリサーチ・アシスタント（RA）が、資料整理の主力となっています。ボランティアの方も三名いて、素晴らしいお仕事をしてくださっています。

――すでにお話しいただいていますが、センターの所蔵資料についてご紹介ください。

平野　まず、「市民活動資料コレクション」。これがセンター最大のコレクションで、国内外で発行された運動の機関誌やニューズレター、約27万点からなります。住民図書館から移管されたもののほかに、住民図書館の閉館後もここに送られ続けているものがあります。

共生社会研究センターの書庫の内部。膨大な資料が並んでいる

また、PARCが収集した海外の運動体の機関紙やニューズレターも所蔵しています。このコレクションについてはデータベースも公開しているので、よく使われています。

次に、いわゆるアーカイブズ、つまり一次資料群があって、これは大きく三つに分けられます。一つめに運動体や組織の資料、二つめに運動に関わった個人の資料、そして、三つめが裁判資料です。べ平連に代表されるような市民運動と、横浜新貨物線反対運動のような住民運動の資料が混じり合っているような感じですね。センターは労働運動や学生運動の資料をあまり持っておらず、今後もあまり持つことはないと思います。また、個人の資料としては宇井純さん、鶴見良行さん、高畠通敏さん、五味正彦さんなどから頂いたものがあります。裁判資料については、千葉川鉄公害訴訟や伊方原発行政訴訟の資料などがあります。

——資料の収集はどのように行われているのですか。

平野　じつは、立教大学にセンターができた時点では、センターは大きめの一戸建てに入っていて、スペースが限られていました。そのため最も大きな課題は「どういう理屈で新たな資料の受け入れをお断りするか？」だったのです。とにかくさまざまな議論を経て、「当事者から提供された資料」に特化しようという方針になりました。そうした資料は来歴が見えやすく、寄贈者がその資料を作った運動当事者でもある場合がほとんどですから、公開をめぐる権利関係もクリアにしやすいからです。そのように決めてみると非常にやりやすかったので、現在の建物に移ってスペースに少し余裕が生まれた後も、当時の収集方針を維持しています。

他の機関との住み分けのようなものも意識しています。労働運動関係であれば法政大学大原社会問題研究所がありますし、環境関係であれば、センター開設当時は法政大学サステイナビリティ研究教育機構の環境アーカイブズが積極的に収集をされていました。しかし現在、環境アーカイブズは新規の受け入れをしていないので、環境問題の資料は行き先が見つかりにくい状況のように思います。高度経済成長期の公害や薬害に関わる運動についても、被害者団体の資料をどう残すのかが課題となっているようです。センター書庫をご覧いただくとわかると思いますが、ここもそれほど余裕があるわけではなく、今後については不安もあります。

運動の日常的記録こそがアーカイブ

——センターから受け入れを打診したり、取りに行くことはありますか。

平野　今のところはないです。

ちなみに、運動側が「残したい、寄贈したい」と思う資料の多くは、機関誌など外向けの発行物です。しかしアーカイブズとしては、運動が日々行われた様子のわかる日常的な資料こそが貴重です。たとえば、センターで所蔵する日本の反アパルトヘイト運動の資料⑶の中には、事務局でいろいろな人がその日にあったことを書き込んでいたノートが含まれています。運動当事者が多くの人に読んでほしいと思って作った発行物ももちろん貴重なのですが、アーキビストとしては、やはり日常的な記録が大切だと考えています。

――発行物にも意味があるという見方もできると思うのですが、運動体がどのように動いていたかがわかる日常的記録が重要だというのは、なぜなのでしょうか。

平野 アーカイブズとは、日々の活動のために必要とされ生み出されるものなので、やはり事務所の賃貸契約、会議の議事録、事務局のノート、電話のメモなどが重要なのです。手紙なども、大切であるのに捨てられてしまうケースがすごく多いですね。

たとえば、総会の配布資料は割と残っています。でも、総会に至るまでの議論の記録もほしい。総会がなぜこういう内容になったのかがわかるわけですから。そういう一見すると日常的・事務的で「つまらない」ものが、百年たつと価値が出る。それがアーカイブズの醍醐味だと思うのです。

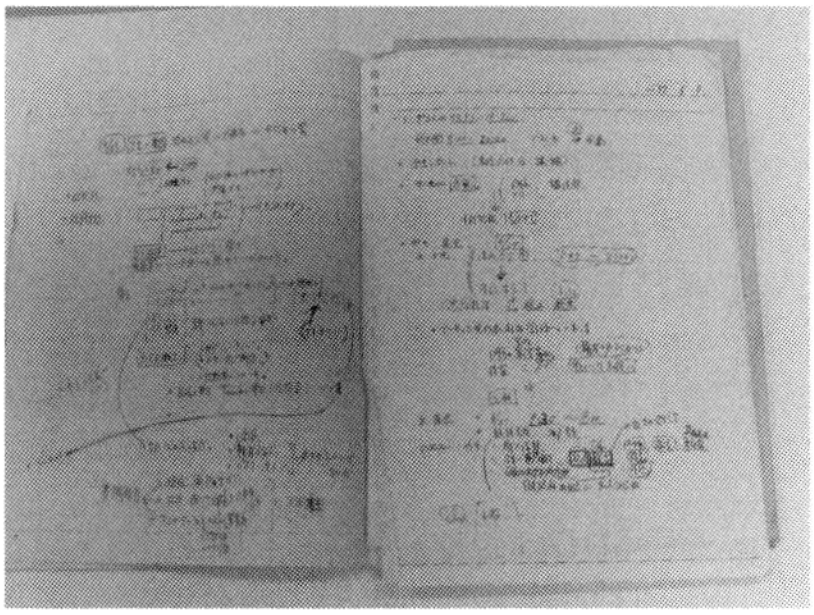

反アパルトヘイト運動が残した事務局ノート。デモと集会の計画が話し合われていた様子がわかる貴重な資料

横浜新貨物線反対運動⑷の当事者の方がセンターに遊びに来られた時、会計関係の記録を見ながら「僕たちさ、お金のことはちゃんとしてたよね」とお話が盛り上がって。運動研究者も、そうした記録がなければ「お金」という重要な運動資源に関する研究はできなくなってしまいますよね。

そうした、いわば狭義のアーカイブズの重要性について、私たちアーキビストも十分にアピールできていないのだろうと思います。日本の社会運動について、そういうものがちゃんと残っていて、使えるという状況を経験した人も、まだ少ないのかもしれません。

――ただ、運動というのは走り続けているので、当事者が日々の実務的な記録を残し、整備すること自体が難しいのではないでしょうか。

平野 取ってはあるというケースはあると思いますよ。整理はしてないとしても。

――小さな集まりだと、必ずしも議事録はとらないということもあると思います。

平野 確かに、きれいな議事録は作っていないかもしれませんね。でも、たとえば先ほどお話しした反アパルトヘイト運動の場合、事務局ノートに書いてあったりするわけです。

――そこがしっかりしてる集団と、しっかりしてない集団がある。日々の会議はワーっと話して終わって、メモを個人で残している人はいるだろうけれど、グループとしては残していないことも多いですよね。

平野　そうですね。たとえば、大野さんが調査をされているPCS（パシフィック・カウンセリング・サービス）(5)のアーカイブズはどうですか。

――議事録などはあまり残っていないですね。面白いのは手紙のやりとりがかなり残っていることでした。一九七〇年代当時、沖縄を含む各地のPCS事務所で活動している人たちが、いまこんな話し合いをしていて、こんな活動に取り組むことを決めました、というような内容の手紙を、各地の事務所宛てに送っていた物が残っています。

平野　アーカイブズにおいて手紙は最重要資料の一つです。国家間の条約だって、最初は手紙として書かれていたわけですからね。でも、運動が大学などに資料を引き渡す時に、そういうものは「ちょっと出せないよね」となりがちです。引き渡された側もすぐには公開できないわけで、センターでも非公開になっています。

アメリカだと、そうした手紙を用いて論文などを書く人が、自分の責任で当事者から了承をとったうえで書いてください、という話になります。アーカイブズが閲覧させるところまではOKなんですね。

――最終産物としての発行物ではなく、日常的な運動をやりくりしている際に作られた内部の記録がアーカイブズなんだというお話は、社会運動史を研究する上でも興味深い論点です。なぜなら、最終プロダクトだけで運動史を見ると、きれいな話しか出てこないことになりかねない。時系列に直線的に、こうこうこうなって、最終的にはこういう成果が出ましたというわかりやすい話になります。運動史研究者としては書きやすいのですが、けれども、なぜそのようになったのかの理由や紆余曲折を含むプロセスが見えにくくなります。日常の記録こそがアーカイブズというお話は、運動史をどこでとらえるかという点に関わるのだと思いました。

平野　そうですね。日々ルーティンでやっていることが記録され、運動の足跡となっていく。きちんとした人であればその足跡をきちんと保存するし、そうでない人でもどこかに何らかの痕跡を残していることが多い。何であれ継続して活動している時、口頭でのやりとりだけでは回していけないですよね。だから記録が書かれ、残される。

――自分自身の運動経験も含めて考えると、議事録というのは、何を書き残し、残さないかの政治的な判断がなされた結果のものですね。監視や流出の可能性があることを前提として運動を守るために、たとえば、固有名詞は書かないとか、ある記録を外すことがあります。その一方で、会議に参加できなかった人に対して必要最低限の情報共有をしたいという思いもある。

平野　『脱走兵通信』(6)でも、当局側を混乱させるためにあえて虚偽の情報を載せていたという話がありましたよね。一方、パレスチナや南アフリカでは、警察に踏み込まれた時に自分や仲間の命を守らなければいけないので、運動には「関わっていない」という証拠になる記録をあえて残すこともあるそうです。

――いかなる力関係のなかで、何をしようとした記録なのかという点も考え、読む必要がある。

平野　そうなんです。記録が作られ、残された文脈をちゃんと読み取ることが求められる。

――このセンターでは、文字資料だけでなく、インタビューの音声データや映像などのオーラル資料を集め、公開することは検討されていますか。

平野　この体制では難しいですね。撮影や録音に関する専門的な設備や機材を整える必要がありますし、そうしたデータをどうやって長期間、責任をもって保存していくかという課題もありますし。

――紙以外のモノ資料はどれぐらいあるのでしょうか。

平野　紙以外のモノもあまりもらわないようにしてますが、埼玉大学から移管されたモノは持ってます。たとえばハチマキや、鶴見良行さんが収集された干しナマコなどもあります。

村井吉敬ゼミとの出会いとヨーロッパでの「不法滞在」

――平野さんがアーカイブズの世界に入っていかれた経緯についてもぜひうかがいたいです。

平野　どうしてこうなっちゃったのか、私もよくわからないんですよ（笑）。大学ではドイツ語をやっていたのですが、四年生の時に村井吉敬さん(7)のゼミに入ったんです。三年生でアメリカ政治のゼミに入ったのですが、内容がとても難しく、後期にはゼミ生が私一人になってしまった。その反動で、四年生になったら「明るくて人がたくさんいて、楽しいゼミに行こう」と思ったのです。村井先生のゼミが楽しいという噂を聞いて入ってみると、本当に楽しかった。

――村井ゼミはどういう雰囲気だったんですか。

平野　いろんな人が集まっていました。ガムランの研究をしている音大の人、インドネシアに日本語教師で行こうと思ってインドネシア語を学んでいる人とか。他大学の人もたくさんいましたし、NGO、たとえば「シャプラニール」や「アジア井戸ばた会」でバリバリ活動している人もいました。なんだかよくわからないけど来てる私のような人もいて。合宿でいきなり演劇とかするんですよね。楽しかった。でも、つらい部分もありました。

――濃すぎたって感じですか。

平野　私に知識や経験の蓄積がないので、全然ついていけなくて。それでもなんとか、インドネシア・ジャカルタの都市化と行商人について卒論も書いたんです。

卒業後の進路を決める段になり、村井ゼミで学んだことを踏まえれば商社は厳しいなとか、メーカーはどうかなとか悩んで、結局銀行員になって二年ほど働きました。

それから一年ぐらいヨーロッパをフラフラしたのです。イタリアでまず半年。でも、当時はそういう行き方だと「ビザが絶対取れない」と言われた。普通に大学に入るのでも、ビザが出るまで半年はかかると。じゃあノービザで行ってみようということで、不法滞在して、ついでに不法就労もしてしまいました。その時、やはり何のドキュメントの支えもなしに社会にいることの心細さを、すごく感じました。ただ、単に不法だから心細いんだと思っていたのですが、アーカイブズ学をやってみると、私はいわゆる「アンドキュメンティッド」（undocumented ＝ちゃんとした書類がない＝不法）な移民だったのか、と。とはいえ、ドキュメントなしでも最大六ヵ月の滞在許可は出るので、それをもらいに役所に行くと、アフリカ系の人に声をかけられるのです。「私は目が悪い」とか「今日は手が痛い」と言って、私に「申請書類を書いて」と。「なんでこんなにみんな手が痛かったりするのかな?」と思いながら四人分ほど書いた時に、ふと「そうか、字が書けないんだ」と気づいた。村井ゼミで学んだにもかかわらず、私は、アジア・アフリカのことは全くわかっていなかったと痛感しました。

イタリアから帰ってからは、結婚して専業主婦になってのんびり暮らしていました。転勤族の夫にくっついてあちこちに住んで久しぶりに関東に戻ってきた時、先ほどお話ししたように埼玉大学でバイトをすることになったのです。べ平連の資料の整理をやった時は「こういう仕事も面白いな」と思いましたが、他の仕事が見つかって辞めてしまった。

ミニコミの整理作業が自分の世界を変えた

平野　でも、その「他の仕事」に疲れてしまって。そこでまた、埼玉大学で雇ってもらうことになります。毎日いろいろなミニコミを読んで、「こんなに面白い世界があるんだ!」と思った。社会運動や市民運動、住民運動にものすごく興味を持っていたわけではありません。でも、たとえば練馬母親連絡会(8)の資料の目録づくりをしてみると、私の母ぐらいの世代の人が、戦後どんどん発展していく頃の練馬に入っていって、いろいろ活動した記録でした。子育てするにも保育所や幼稚園がない。高校に入れようと思ったら学校が足りない。図書館も公民館も病院もない。そこで女性たちがみんなで力を合わせて、そういうものを一つ一つ作っていく。資料を整理し、目録を作るなかで、だんだんとそういう世界が見えてきた。

そうなると、仕事帰りにスーパーに行って、隣に母親連絡会の人たちと同じ年代の女性がいると「このトマトを買ってるおばさんが図書館を作ってくれたのかもしれない」と感じるわけです。世界が違うものに見えてきたんですよ。ふつうの、たくさんの人々が、私たちにたくさんのものを残してくれているのだ、と実感できるようになって。週三日間、これを仕事でできるのならずっとやりたい。そう思い始めました。

でも、大学が独立行政法人になる局面で、雇用形態が不安定になる可能性があったわけです。私たちは非常勤職員で、埼玉大学の予算上の費目は消耗品なのです。すごいでしょ、クリップと同じ。しかし当時、私の同僚だった谷中照枝さんという素晴らしい人——生涯の師と思っています——が、埼玉大学の教職員組合で活動していて、独立行政法人になったからといって非常勤職員を首切りしないよう、大学側と交渉していたんです。その結果、非常勤も定年までいられる権利を勝ち取りました。「これで安心だ、週三回センターで働き、あと二日ぐらいは地域でボランティアをするような人生を送れる」と思いました。私はミニコミを楽しく入力して生きていこうと。ところがその後、学習院大学大学院にできたアーカイブズ学専攻に入ってしまった。開設したばかりの一期生として入学し、研究計画の書き方もわからないところからのスタートでした。

アーカイブズ学をやってみると、そもそもミニコミ・コレクションはアーカイブズとは違うということがわかり、大きなショックを受けました。ミニコミは刊行物で、ミニコミ・コレクションはどちらかといえばライブラリーだと。アーカイブズは、組織や個人が業務活動の中で生み出した有機的な総体なんだというわけです。

とはいえ、学んでみると面白くなっていった。じつは私、言語聴覚療法士（ＳＴ）でもあったのです。専門学校に行って資格を取り、二年ほど臨床も経験しました。その時に、人が言葉を操る能力やものを書く能力の不思議さ、あるいは記憶することの脆さについて学びました。また、法政大学の通信教育で法学も学んでいて、そうしたすべてがアーキビストの仕事には役立つと気づき「はまっちゃった」という感じでしょうか。

形成過程にあることと権力性

——とても興味深いです。もう少しお考えを深くうかがいたいのですが、一つ一つの資料に触れ運動の歴史を感じ、新しい世界が見えたということと、アーカイブズ学という視点から資料を扱うということとのあいだには違いはあるのでしょうか。

平野　ベ平連の資料やミニコミの整理に初めて関わった時は初体験の面白さを感じていた。「こんなものが残っていて、整理したら、読む人がいるんだな」って。箱いっぱいのビラがあって、それを使えるところまで持っていく作業自体が面白かった。もちろんそれぞれの資料のコンテンツも面白いと感じていたから続いたと思いますが、立ち位置としては、ちょっと引いていたと思うんです。これをどうしたら使いやすくなるか、どうしたら検索に引っかかりやすいのかとか、そういうことに興味があった。

データベースにキーワードを入れるときも、キーワードを入れた人の主観が入ります。使う人が思いつかないようなキーワードを入れてしまったり。百号分のミニコミを一号からずーっと入力していって、三〇号ぐらいでハッと気づくこともあるのです。「この人が重要だったのか！」とか。下手すると、わからないまま全号を入力し終えて、その後ふと読んだ新聞記事や他のミニコミの記事から、これまでキーワードにしてこなかった言葉がこの時代に重要だったんだと気づいたりする。そういう経験のなかで、メタな部分の方法を身に着けていないと、資料と関わるのは難しいと感じたんです。

でも、どんなによい方法でも、百年間同じ方法で行けるわけではない。とくに市民運動の多様な資料では、方法に揺れや変化が出ることは避けられません。だから、一万件のデータを入れてしまっていても、失敗したら戻るのをためらわない、やり直せる、ということが大切だと思います。間違いややり直しを恐れずに取り組めれば、行きつ戻りつしながら、アーカイブズはだんだんよくなっていく。

アーカイブズ学を学んでみると、そもそもすべてが「作り続けられる」ものなのです。超優秀なアーキビストが生涯かけて作った素晴らしい目録が百年使える、なんてことはあり得ない。アーカイブズは変わり、アーキビストの考え方も変わっていく。そういう議論をしている時期のアーカイブズ学を学んだので、アーキビストはアーカイブズをただ管理する人ではなく、アーカイブズとともに変化し、伸びていく人だと思えた。そこに魅力を感じました。

さらに、私がアーカイブズ界に入った頃は、アーカイブズの権力性が問われた時期でもありました。運動アーカイブズは公文書＝公権力に対しては対抗的な役割を果たします。しかし、アーカイブズ自体が、つねに権力性をはらんでいる。アーカイブズには、必ず選別の力が働いているからです。アーキビストがどんなに善意で、小さい・弱いものと共にあろうとしても、記録として残せる量は限られている以上、そこには力やリソースの配分という冷徹な論理が働く。資料の受け入れを断るということは、将来役に立つ可能性のある記録・記憶を忘却に追いやるということだと。そういう議論がすごく盛り上がった時期でした。

——それ以前には、ありのまま残しているというアーキビストの自己意識があった。でもそれが揺らいでいる。

平野　そう。つねに何かを切り捨てる判断をしていることが強烈に自覚されるようになった。その意味で、アーカイブズ自体がものすごく権力的なものだと。

——アーカイブズを整備する以前にもその権力は働いていますね。運動のなかで資料として残るものと残らないものがあります。

平野　運動の内部でも何を残し・残さないかという選択がつねに行われていますよね。たとえば、公民権運動からゲイのアフリカン・アメリカンの記録が抹消されたり、レズビアンがゲイムーブメントからもフェミニストからも排除されたりした。しかし、レズビアンの人たちは、そこから自らのアイデンティティーを切り出し、レズビアン・ハーストーリー・アーカイブズ（Lesbian Herstory Archives）(9)を設立してもう四〇年以上も守り抜いている。そう考えると、アーキビストが専門家であると名乗ることや、「アーキビストとしてこういうものを残してほしいんですよね」といった物言いをすることも、やはり権力的ですよね。

アーカイブズは共同作業で作られる

——平野さんの個性とか能力で、アーキビストをやるにあたって役に立ったものはありますか。

平野　四〇代前半ぐらいまでは割と記憶力がよかったのです。埼玉大学でミニコミのデータをガンガン入力していると、全然関係なさそうなミニコミを同じ人が作っていたり、あるミニコミには全く縁のなさそうな人の名前が登場するわけです。そういうこまごましたことを、私はけっこう覚えていて、いろいろな質問に答えられることがけっこうありました。意識的に記憶しているわけではなくて、ひたすら入力するなかで澱のように蓄積していったものだと思います。自分の興味とは関係なく読んでいたからこその財産なのかもしれません。興味のあるものしか見なかったら、興味のあるもの同士しかつながらない。だけど、興味のないものを見ているから、逆にとんでもないところにつながる、そんな感じでした。

——アーカイブズの立ち上げから関わっていることに大きな意味があったんですね。

平野　そう思います。たとえば、私がいま三五歳くらいで能力的にもバリバリの状態で現状のセンターに来ても、きっとそれほど面白いと思わないのではないかな。やはり、ダンボールを開けるところから経験することは、アーキビストにとってとても大切なことだと思います。

――ダンボールを開ける体験っていうのは、ここにいったいどんな世界があるのかなとワクワクする感じですか。

平野　そう。ワクワクです。

――なるほど。作業するなかで、だんだん、その世界の構造が立ち上がってくる。

平野　なかなかそれが見えなかったり、結局わからないなーということもありますよ。

――私は、ダンボールを開ける時に途方に暮れるんですよね。形も違うし、大事さもよくわからない。一度見た上でどうしたもんかなと思ってしまう。

平野　私もだいたい「どうしたもんかな」と思うんです。でも、一人じゃなくて、みんなで一緒に途方に暮れるので、そうするといろいろなアイデアが出てくる。

――失礼な言い方ですが、一箱全部がなんだかちょっとゴミっぽいなというのもありますよね。

平野　そういう場合は、ちょっとこれはしばらく置いとこうと。

――そのまま寝かしておく。

平野　はい。たとえば、全部で10箱あって、7箱ぐらいはなんとなくわかるけれども、あと3箱はどう頑張ってもわからないような場合、3箱は未整理なまま置いておいてもいい。でも、その分野に詳しい研究者が来てくださって7箱見てもらった後に、「未整理の3箱も見てみます?」と聞いてみる。そういうチャンスを待つのもいいなと思います。

――見通しのつくものがまず整理されて、公開されているということですか。

平野　そうですね。もちろん、1点ずつ片っ端から目録を作るという方法もあります。一方で、そうはせずに、3箱は未整理なまま置いておき、わかるところから整理し、目録を作り公開するというのも方法です。私は後者でいいと考えています。公開されたものを読んだ研究者が未整理のものも見てみて、意見や感想を言ってくれれば、そこに残りの3箱を整理する手がかりがあるかもしれませんから。

――アーカイブズを作ることはさまざまな人との共同作業だということですね。

平野　そうだと思います。完璧な整理を目指し、完了してから公開するよりも、ある程度の段階で使ってもらい、使った人に教えてもらって、一緒に良いものにしていく。いろいろな人に使ってもらうことで、よりわかりやすい、使いやすいアーカイブズになっていく。そういう共同作業なのかなと。

――アーカイブズって生き物なんですね。面白い。

平野　使われることがアーカイブズにとって最も役に立つと思います。たとえば、立教大学の学部生が学校と人権に関する運動のミニコミを調べに来て、「欠落している号が読みたい」と言ったことがありました。ネットで調べるとその団体はまだ活動していることがわかり、その学生はその場で電話して会いに行きました。その後、彼が欠号分をセンターに持ってきてくれて。そういうこともよくあります。

──運動がどういうリズムで何をどのように資料に刻んでいるのかをわかっていないと、資料を「読む」ことも難しい。

平野　難しいですよね。海外では、アーカイブズが教育と組む場合、教員との間でシラバスを作るところからしっかり話し合う。一回一回の授業で何を達成するか、しっかりと目標を立てる。授業をアーキビストと教員が共同で作るわけです。タフツ大学などのアーカイブズには教育専門コーディネーターがいたりもします。そうした対応はセンターでは難しいわけで、そうなると学生たちは運動の資料の読み方やとらえ方について、いまひとつよくわからないまま終わってしまう。また、「資料を見に行けばわかるよ」と先生に言われてセンターを訪れ、古い資料と向き合う体験をする学生も相当数いるのですが、読んで、そこから先どうしていいかわからない。それを私が指導できるわけでもないので、そのへんが難しいですね。

──教員が「資料を見ればわかる」と言って送り出してもわからない。資料をそのまま学生にぶつけるんじゃなくて、学生にわかる形で資料を一度「翻訳」するというか、資料と学生との「橋渡し」をする作業が重要なんですね。

平野　そう思います。

──そもそも平野さんは社会運動との接点があったのですか。

平野　村井ゼミだったということもあって地域ではちょこちょこボランティアをやったりしていました。埼玉大学で埼玉べ平連の資料を整理をした時、そのなかに「ウラワ・ロックンロール・センター」のビラが入っていて、「あれ、中学生の時このビラを中山道でまいたわ」と気づきました。

運動を遠いと感じる学生たちを前にして

──センターでは大学の教育活動とも連携されているんですね。

平野　そうですね。センターを授業に巻き込んでくれる先生が何人かおられます。

二つのパターンがあって、一つは半期とか通年の授業でセンターの資料を読むというようなパターン。センター長の沼尻晃伸先生（文学部）がそういう形でゼミを展開してくださっています。その結果、学生が資料を卒論に使って書いてくれるケースも出てきました。

もう一つはスポット型の連携です。15コマの中の1コマぐらいをセンターで担当し、授業に資料を持って行き、学生にちょっとした作業をしてもらう。たとえば、石井正子先生（異文化コミュニケーション学部）の開発系NGOに関するクラスでは、そうしたNGOのニューズレターを読んでグループワークをしてもらいました。逆に、クラス全員でセンターに来てもらう場合もあります。

──自分が生まれるはるか前の運動資料と出会って、学生の反応はどうですか。

平野　なかなかピンとこないのではないかと。とくにスポット型ですと、なんだかわからないうちに終わってしまうようです。一年ぐらいかけて資料を読む場合は、それぞれに感じるところはあるみたいですが。

──今の学生にとっては過去の社会運動は遠いし、社会運動自体がそもそも遠い。

平野　すごく遠いですよね。やっぱり「運動は怖い」って。

――平野さんがですか。

平野　ええ。浦和の中山道にあった輸入レコード屋さんに、ロックの新盤がすぐ入るので通っていたら、その店のお兄さんから「今度こういうライブやるから、ビラをまこうよ」と言われて。日曜日にビラを折って、中山道のホコ天でまいたんです。それに「ウラワ・ロックンロール・センター」って書いてあったなと。埼玉べ平連の人たちの活動の一つで、田島ヶ原で大きなフェスを企画して、四人囃子(10)とかすごいミュージシャンたちを呼んだりもしていたようです。

――最初の運動体験なんですね。

平野　運動体験かどうかは微妙ですが、最初のビラまき体験ではありました。他には「アパルトヘイト否（ノン！）国際美術展」の手伝いをしたりとか、障害者の人とスキーに行く活動に関わったこともありました。何か気になることがあればとりあえずやってみていたという感じですね。

アーカイブズを持つことの価値

――アーカイブズがあることによって、研究者は資料にアクセスしやすくなり、ここに来れば資料を閲覧できて、論文も書けます。その一方で、そこにある資料だけで読んで、書いてしまうという危険性もあると思います。

平野　そうですよね。ただ、今は当事者の方がご存命なのでインタビューもできますが、当事者が全員いなくなったら、書かれたものを読むしかなくなるわけです。結局は研究者側が書かれたものをどう読むかという問題に尽きるのかなと。また、もっと多くの機関が運動の記録を持つようになれば、それらを相互に参照し、批判的に読み、考えられるようになりますよね。

さらに、いろいろな人が同じ資料を読み、先人の研究成果を再検討し、乗り越えていくことも、もっと容易になります。そうした価値を社会運動の研究者が強く感じるようになれば、「うちの大学でもアーカイブズ資料を持とう」という動きも、もっと出てくるのではないでしょうか。アメリカではそれがアーカイブズ設立の原動力の一つになっています。良い研究、個性のある教育をするために、他の大学が持っていないような資料を持とうとする。日本ではそのような考えや仕組みが弱いのかもしれませんね。

――弱いと思います。良い研究をするためにはどうしたらいいかという議論自体がなくなっていると思います。このセンターは本当に貴重です。

平野　でも、センターが貴重な存在のままでは本当にまずい。

――それぞれが自前のアーカイブズを、どんなに未整備な形からでも立ち上げる努力が必要ということですね。

平野　大学がそれをやるべきだと思います。運動をやっていた人は、政府機関である公文書館には資料を提供したくないと感じている場合もあります。でも身近な所にある、地域に開かれた大学がアーカイブズを持てるなら、当事者も安心して預けられるはずです。もちろん大学にも渡したくないという方もおられますが。

――当事者や運動体が、いざ残すとなると面倒くさい、残せなくてもしょうがない、と思ってしまう場合も多いと思いますが、何か助

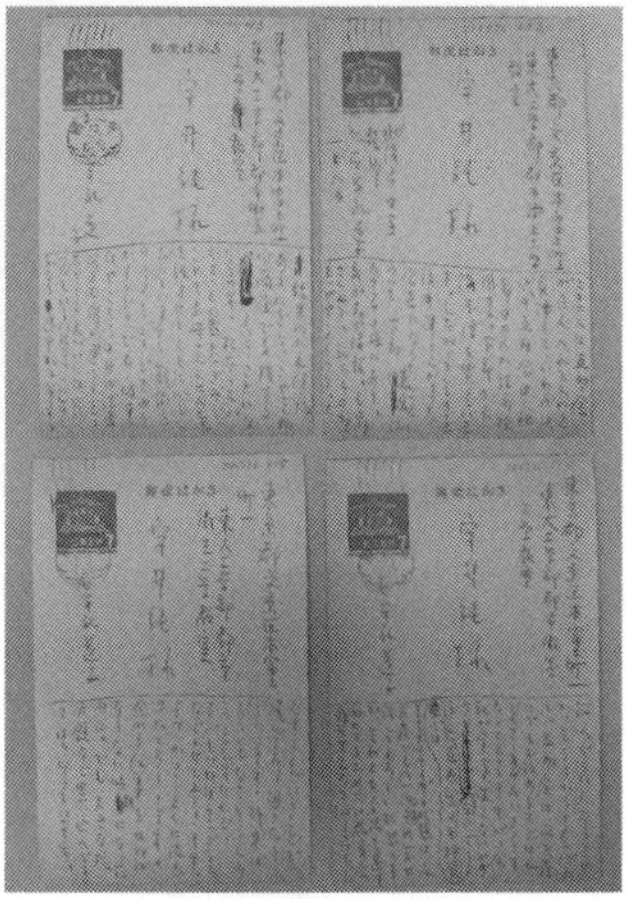

宇井純公害問題資料コレクションより。石牟礼道子による宇井宛ての手紙

言はありますか。

平野　そう思ってしまうのはしかたないと思います。決してすべては残せないですし。また、他の団体が発行したもの、よそから集まってきた資料のコピーのようなものはむしろ捨てていいと思います。自分たちが作った、自分たちしか持っていないものに絞ったらいい。

　個人的には、資料をアーカイブズとして持続可能な形で残すことを考えるなら、核となる資料だけをたくさん残すほうが大切だと思います。たとえば、ある運動が保管していた膨大な資料群を三つ、完全な形で保存するのか、核となるものに絞った小規模な資料群を百残すのか、という選択ができるとしたら、私は後者のほうが後世の人々にとっては役に立つのではと思います。

——平野さんは海外のアーカイブズの状況についてもよくご存知です。海外と比較して、日本のアーカイブズにはどのような特徴や課題がありますか。

平野　日本は歴史的に見て、文書をきちんと残してきたと思います。しかし、そのための特別な機関を作って管理するという体制ができたのは戦後で、近代的な意味での公文書館設立は一九五九年の山口県が最初です。これは世界的にはかなり遅いのではないかと。社会運動のアーカイブズも、ヨーロッパでは一九世紀後半から二〇世紀初めには作られ始めています。日本は近代的なアーカイブズの設立や方法論の確立に関しては出遅れたというのが通説です。

　しかし、たとえば、ドイツでは国立公文書館や州レベルの公文書館では市民運動の資料をまったく受け入れないという状況が近年まで続いていたようです。が、日本は県や市など自治体の公文書館も社会運動の資料をたくさん持っています。歴史家が頑張って作った資料館も地域のなかにたくさんあります。地域の歴史を残したいと願う人々がアーカイブズを作り、そこにさまざまな資料が残っている。その意味では、日本のアーカイブズの状況はそれほど悪くはなくて、草の根からアーカイブズを作り上げてきた歴史があるのはいいことだと思うのです。

　日本での課題は、自分の活動の記録を自ら保存し、管理し、公開するという、アーカイブズのプロトタイプ（原型）がしっかりイメージされていないことなのかな、と思います。どこかの機関が集めて持つのがアーカイブズだというイメージのほうが強いのではないかと。

市民社会の財産を引き継ぐ

——平野さんは運動の記録を保存することの意味について、積極的に発言・発信されています。たとえば、その意味は「様々な時と場所に生きた人々の「問い」が、空間と時間を超えて出会う可能性を開いておくことにある」とありました(11)。また、「社会の多声性（ポリフォニー）を確実に社会の中に位置付けていく力」がアーカイブズにはあるのだとも述べていて、とても印象的でした(12)。社会運動アーカイブズのこのようなポジティブな意味を考えていきたいです。

平野　そうですね。運動に取り組んだ人たちが記憶されない社会は恐ろしい。運動が起こる時には、誰かが痛みを覚え、傷つき、苦しんでいる。つまり、誰かの人権が侵害されているということですよね。運動することを通して、人権を侵害された人のことを忘れてはいけないという義務のようなものが社会に生じて、記録を残すことによって心に刻もうとする。そのことはとても重要だと思います。

また、運動というのは大変だし、嫌なこともいっぱいあるのですけれども、取り組んでいる人たちは人間的に充実していたり、民主主義がいわば「現前」するようなすごい経験をしていたりする。そういったポジティブな感情や経験がアーカイブズの中に表現されているので、それを市民社会の財産として、きちんと引き継いでいくことが大切だと思います。

——市民社会の財産。

平野　はい。運動の資料は市民社会の公文書みたいなものですよね。自分たちの運動の武器としても、次の世代に伝えるためにも使える。ただ、運動の側も過去の資料を活用しきれてはいません。現在と過去をつなぐのは研究者の皆さんの役割なのかな。

——世代と世代のあいだにアーカイブズが存在しうる。

平野　アーカイブズがあることによって継承が生まれればすごく嬉しい。以前、あおぞら財団(13)の林美帆さんと「運動の人は忙しいから、わざわざ時間をかけて資料なんか読んでくれない。だから、マラソンの給水みたいに『あれが欲しい！』って言われたら『はい！』って渡せるようなアーカイブズになるにはどうしたらいいのか？」と話したことがあります。「いま、あなたに必要なのはこれだ」ってさっと出せるようになれたらいいよね、と。

——資料のままだと「原材料」ですね。その栄養素を整えて、飲み物の形に変えたり、入れ物に入れたり、飲みやすい形にしないといけないのかもしれません。その作業を研究者、アーキビスト、市民が一緒になってやらないといけないのだと思います。本書の読者には研究者だけでなく、さまざまな人がいます。今後の共同作業に向けての提案やメッセージがあれば、ぜひお願いします。

平野　いろいろと制約はありますが、センターの所蔵資料をめぐって、さまざまな人ともっといろいろなことをやれたらいいと思います。たとえば、研究者が過去の運動について調べ、当事者にインタビューをして、論文を書いて終わり——ではなくて、いま運動している人やふつうの市民と、過去の運動について語り合ってみる、フィールドワークをやってみるというような形で、研究者が多世代をつなぐことができたらよいのではないでしょうか。経験・情報・ノウハウの交流を進めるというか。社会運動研究の論文を読むのはものすごくハードルが高いので、もう少し一般向けの仕事もしていただいて、間口を広げていただけるとうれしいです。

す。

――対話や交流の場があれば、アーカイブズの価値も上がってきます。

平野 そうですね。たとえばセンターでは昨年から「ビラを歌おう！」という試みを始めました。佐藤壮広さんという宗教人類学者の方にご協力いただいて、グループでビラを読み、短い歌詞にまとめて、その場で歌にする、というワークショップを企画しています。とても楽しいですよ。

――その楽しさは言葉にするとどう表現できるんでしょう。

平野 自分がビラをまいていて、その時に隣でギターを弾いて歌ってくれている人もいる、みたいな気持ちになるんですよね。

――あるビラを自分の言葉に言い換えることにもなるわけですね。

平野 そうです。自分で咀嚼して短い言葉でつむぎ直していく。

――楽しそうです。歴史資料との新たな対話という感じですね。

平野 頭で理解しようというのではなく、どういうところで自分の気持ちが動いたか？に注目して言葉にしていくのがカギのようです。共感的に読むというか。若い世代の人もすごく楽しめるようなので、運動経験の継承にも役立つかもしれません。

――アーカイブズは歌を作ることもできる（笑）。未来に向けて。

平野 そう。いい取り組みだと思うんですけど、やってみた人にしか楽しさが伝わらないのが悩みです（笑）。

（2019年6月7日　立教大学共生社会研究センターにて）

立教大学共生社会研究センター

東京都豊島区西池袋3－34－1

http://www.rikkyo.ac.jp/research/laboratory/RCCCS/

利用資格はとくになく、希望者は無料で利用できる。開館時間は、月～金曜日（祝日を除く）10:00～12:00, 13:00～16:00．臨時閉館あり。ウェブサイトでは所蔵資料の概要や新着資料の紹介、資料検索のためのデータベースが公開されている。

注

（1）PARC（アジア太平洋資料センター）は、一九七三年設立。現在は特定NPO法人。一九六〇～七〇年代のベトナム反戦運動や反公害運動などを通じて生まれたアジア太平洋地域への関心を背景に設立された。南と北の人々が対等・平等に生きることのできるオルタナティブな社会を作ることを目指し、調査研究、政策提言、自由学校の運営などを実施している。

（2）住民図書館は、一九七六年に丸山尚らによって設立され、市民の会費とカンパで運営されたアーカイブ。市民運動・住民運動グループや個人が継続的に発行していたミニコミを収集・公開・保存した。二〇〇一年一二月に閉鎖。

（3）一九六〇年代後半から日本全国で展開した反アパルトヘイト運動の資料群。写真の「事務局ノート」は、東京に事務所を置き、全国の運動をつなぐ役割も果たしていた「日本反アパルトヘイト委員会」（JAAC-Tokyo）のもので、同委員会の中心人物の一人だった楠原彰氏からの受贈分に含まれている。

（4）横浜新貨物線反対運動は、神奈川県の鶴見と戸塚の間の住宅地を横切る形で、新たな貨物線を敷設する計画への反対運動。一九六六年、当時の国鉄が住民に説明もなく計画を決定したことを受けて、付近住民は「横浜新貨物線反対同盟連合協議会」を結成、反対運動に取り組んだ。

（5）PCSは、一九六九年三月にアメリカ・カリフォルニア州に設立されたベトナム反戦グループ。徴兵対象となった若者や入隊中の兵士に対し、合法的な徴役拒否や除隊のためのカウンセリング活動などを実施。七〇年四月以降、東京、沖縄、岩国、フィリピンなどアジアにも事務所を開設。その資料はカリフォルニア大学バークレー校のバンクロフト図書館で整理、公開されている。アーカイブは、以下を参照。http://pdf.oac.cdlib.org/pdf/berkeley/bancroft/m86_89_cubanc.pdf

（6）『脱走兵通信』は、「イントレピッド四人の会」が一九六九年八月から七一年一月まで一六号にわたって発行し、反戦米兵支援の運動を拡大することを目的としたミニコミ。終刊後、『ジャテック通信』へ改題、七三年三月まで発行。

（7）村井吉敬（1943～2013）は、東南アジア経済史を専門とする経済学者。東南アジアを歩き「小さな民」の声から、援助や資本が人々に与える影響を研究。PARCなどの市民運動にも参加。おもな著作に『スンダ生活誌』（NHKブックス 1978）、『小さな民からの発想』（時事通信社 1982）、『エビと日本人』（岩波新書 1988）など。

（8）練馬母親連絡会は、日本母親大会が契機となって一九五七年に結成され、東京・練馬における女性たちの諸運動・団体のセンター的な役割を担った。一九七六年から二〇〇〇年まで『豆ニュース』の発行を通じて、情報の共有と発信も行った。

（9）レズビアン・ハーストーリー・アーカイブズ（Lesbian Herstory Archives）は、一九七五年にアメリカ・ニューヨークに開設された世界最大のレズビアンとそのコミュニティに関するアーカイブズ。ウェブサイト　https://www.lesbianherstoryarchives.org

（10）四人囃子は、一九七一年に結成された日本のプログレッシブ・ロック・バンド。詳細はウェブサイト http://www.4nin.com を参照。

（11）平野泉（2015）「問いが出会い、響き合う空間へ」『歴博』192: 19.

（12）平野泉（2017）「あの時代の資料をいまに、そしてこれからも」『Muse』30: 3.

（13）あおぞら財団は、正式名称は公益財団法人・公害地域再生センター。大阪西淀川大気汚染裁判の和解金の一部を基金として一九九六年に設立。公害からの地域再生のための調査・研究、情報発信、環境学習活動などに取り組んでいる。ウェブサイト http://aozora.or.jp

【書評】

難病患者運動

葛城　貞三

「ひとりぼっちの難病者をつくらない」滋賀難病連の歴史（生活書院　２０１９）

松尾　隆司

A5判308頁
税別3500円

筆者との出会い

平和を守る市民運動の中で、私は著者・葛城貞三氏に京阪電車の駅前で、偶然出会った。二〇一九年、彼が「訪問介護事業所もも」を運営していることを聴き、「もも」を訪問して雑談をした。

そのとき私は、一九六八年からの大学時代、サークルの仲間と、京都市伏見区・南区を中心に「就学猶予・免除児の実態調査運動」をした時のことなどについて話した。「座敷牢」を思わすような押入れの中で、毛布をかぶり目だけ動かしている水頭症の重度障害児に出会った時の衝撃、肢体障害で学校も行けず「風呂に入れるのも大変になってきた」と老夫婦から訴えられたことなど、実態調査運動の中で学んだことを話した。また、どんなに障害が重くてもはいれる養護学校づくりを進めるなかで、私が養護学校の教師になったこと、障害のある子どもと取り組むなかで正岡子規の生き方に励まされたことなども話した。

私が障害児教育に、葛城さんが難病患者運動に取り組んできたなかに、共通の友人がいたことにも互いに驚いた。私たちはいっぺんに親しくなった。そんなことがあったからか、彼からこの本の書評を頼まれた。

本書の内容について

この『難病患者運動』という書は、難病という原因も未解明で概念もきわめて難しい領域、難病患者という絶対的な少数者と取り組み、その実践・運動・研究を重ね合わせた希少で貴重な書である。

書の構成は、序章、第1章「地域難病連の歩み」、第2章「滋賀難病連の結成」、第3章「組織の基礎形成の時代」、第4章「滋賀難病連の展開期」、第5章「滋賀難病連の課題と対応」、第6章「滋賀難病連と滋賀県の「協働」（二〇〇八年度総会〜）」、第7章「日本ALS協会滋賀県支部と介護事業の運営」、終章、あとがき、謝辞、文献、資料、年表、となっている。量的には３０８頁にも及ぶ労作である。

この書の全体の内容を理解する上で、序章が的確な道筋をつけている。以下、序章に沿って紹介する。まず本書の目的は、「滋賀難病連絡会（以下、滋賀難病連）の運動に着目して、運動及び活動の歴史を詳述する」（本書：9）とした上で、「地域難病連に共通する課題や特徴を導出して、難病患者運動の発展に寄与することである」（同：10）と述べている。

序章・第2節「難病の定義」では、その定義の難しさを、国会でのやりとりを中心に紹介している。たとえば、一九七二年八月一〇日、第六九回国会社会労働委員会で厚生省は

「難病の定義」について以下のように答弁している。

「いわゆる難病とは、原因不明で治療法が未確立である等のある種の疾病群を漠然と指すものにすぎず、したがって厳密な定義はもとより不可能」としている。一九七〇年代初頭、厚生省の特定疾患の選定は特定疾患対策懇談会で行われた。

一九七二年一〇月、難病対策要綱が策定された。厚生労働省の難治性疾患克服事業の対象疾患以外にも多くの疾患が考えられる。難病は五〇〇〇から七〇〇〇疾患あるといわれ、その原因も不明であるといわれ、多くの難病患者が医療や福祉などの制度の谷間に置かれている。（本書：10-1）

「難病」という概念は医療面やその生活における困難から規定されている側面が強く、そのことから、難病患者運動は、制度のあり方やその運用をめぐっての行政との交渉や対立などさまざまな関係を検討する必要が出てくるのである。本書では、結核やハンセン病などのさまざまな「日本の患者運動の諸研究」をその先行研究として参照しながら、「一九六〇年代後半から一九七〇年代に盛んとなった患者運動のうち、難病患者運動に焦点を当て」た（本書：11-2）。

なぜこの書が書かれたのか、書くことができたのか

あとがきで、本書を執筆した動機は、一つは著者の家族が重症筋無力症を発症したことで氏が難病連の結成に関わったこと、二つめには実姉がALSを発症し、その介護に関わったことだと述べられている。

一九七六年筆者が大津市職員として働き、労働組合の役員をしていた三七歳の頃、妻が風疹に罹り体調を崩し仕事を休んでいた。翌一九七七年重症筋無力症（MG）と診断され難病患者の仲間入りとなった。家族が入退院を繰り返すもとで支援を求めていた筆者に滋賀難病連結成の誘いは願ってもなく、一九八四年九月の結成にむけた活動に参加した。本書第2章でも少し触れたが、妻のMG発症から在宅での生活が可能となってきた経過を記す。

二〇〇一年一月、実姉が筋萎縮性側索硬化症（ALS）を発症し、筆者は二人の難病患者と直接的な関わりを持つことになった。実姉のALS発症は筆者にとって体験したことのない、過酷な命に関わる疾病との出会いであった。二〇〇五年一〇月、実姉が亡くなった。生きる手段がありながら生かせられなかった実姉への思いから、翌年からALS患者・家族に関わることとなった。

二人の女性と二つの難病疾病は、筆者に本書執筆の機会を与えてくれた。（本書：246）

二人の難病患者と出会い、その介護を体験する人は現代でも少ないであろう。しかし、私はそのことを、本書のような形で書きのこす人は、もっと稀で貴重であると思う。

私は本書を読んで何を学んだか

著者のあとがきにある、著者と難病を抱えた家族との取り組みに、私が障害のある子どもの教育現場で働いていた頃に学び、励まされた正岡子規のこと、子規とその周辺の人の

ことを思わずにはいられなかった。

　子規は、『墨汁一滴』『仰臥漫録』『病牀六尺』などで、自らの障害との闘いをさまざまに触れている。子規の最後の随筆となった『病牀六尺』は、つぎのような書き出しで始まる。


　病牀六尺、これが我世界である。しかもこの六尺の病牀が余には広過ぎるのである。僅かに手を延ばして畳に触れる事はあるが、蒲団の外へまで足を延ばして体をくつろぐ事も出来ない。甚だしい時は、極端の苦痛に苦しめられて、五分も一寸も体の動けない事がある。苦痛、煩悶、号泣、麻痺剤、僅かに一条の活路を死路の内に求めて少しの安楽を貪る果敢なさ、それでも生きて居ればいひたい事はいひたいもので、毎日見るものは新聞雑誌に限って居れど、それさへ、読めないで苦しんで居る時も多いが、読めば腹の立つこと、癪にさはる事、たまには何となく嬉しくて、ために病苦を忘るるやうな事がないでもない。年が年中、しかも六年の間世間も知らずに寐て居た病人の感じは先ずこんなものですと前置きして……（正岡［1902］1986: 7）

何とも凄まじい世界である。

　子規の病は、カリエス（結核によって骨質が次第に溶け、膿が出るようになる骨の病気）であった。子規は二十三歳で結核になり、二十九歳ごろまでに結核がカリエスに進行し、「障害」の視点からいうと「肢体不自由」という状態に移行していった。「障害」とたたかう子規、そしてその姿を書き写しているもう一人の子規、そのまわりには、子規を介助する妹の律、子規の俳句仲間がいた。

　新聞社が子規の病状を心配して休載の日をつくったことがあった。そのとき子規は古嶋一雄に宛てた手紙の中でこう訴えた。


　拝啓、僕の今日の生命は「病牀六尺」にあるのです。毎朝寐起きには死ぬるほど苦しいのです。その中で新聞をあけて「病牀六尺」を見ると僅かに蘇るのです。今朝新聞を見た時の苦しさ、「病牀六尺」がないので泣き出しました。どーもたまりません。

　もし出来るなら少しでも（半分でも）載せて戴いたら命が助かります。

　僕はこんな我儘を言わねばならぬほど弱っているのです。（柴田 1986: 315）

　子規は「書く」ことを通して障害とたたかい、「書く」ことを通して「社会的な生き甲斐」を失わなかった。そして書くことを通して、自らの生命の世界を豊かに再生産した。

　障害児教育においては、一九七九年「養護学校の義務制」が実施された。まさにそのとき京都府の教育行政は、「子どもが主人公の教育」を「校長が中心の教育」に、大きく変えようとしてきた。教育現場における自由と民主主義は危機に直面していたのである。

　私たちの職場には、「教師」はもちろんのこと「給食をつくる人」「通学バスで重い障害のある人の通学を保障する人」、用務員、事務員など、実にさまざまな職種の一五〇人余りの教職員がいた。

　教育現場に対する日々の厳しい管理統制や締めつけのなかで、一五〇人余りの教職員集団で、職場の自由と民主主義を守ることは並大抵のことではなかった。私たちは職場新聞『るつぼ』（それまでは週に一回発行していた）を日刊化し、民主的な職場づくりを発展させようとしていた。日刊化された『るつぼ』は十数年にわたって毎日発行され数千号にもなった。職場には、民主主義と文章を書くという気風、伝統が生まれていった。

私は、先にあげた子規の本から学びつつ、日刊化された職場新聞に大きなこと、小さなこと、社会のこと、個人のこと、ありとあらゆることを文章に書いた。仲間の共感と連帯の中で、私は生きる力の再生産をおこない、この時期に直面した「発達の危機」を乗り越えていった。

著者のあとがきを読んで、私は子規から学び、『るつぼ』に励まされていた頃の事を思い出さずにはいられなかった。

子規は一九〇二年九月一九日に死んだ。

子規のこれらの書と、『難病患者運動』という書の間に、一〇〇年を越える時空間がある。同時にその時空間を越えて、通底していることがある。それは、「文字・文章を書いて表現する」そのことを通しての「社会的な連帯の創造という生き方」である。そしてそれは「生き甲斐の創造」でもある。

もうひとつ、本書を通じて、田中昌人氏が『障害のある人びとと創る人間教育』(2003)に書いていたことを改めて考えた。

一九六七年八月、「障害をうけている人を権利の主体」とし、「発達保障」の理念を掲げて「全国障害者問題研究会」が結成された。田中昌人氏はその初代委員長となり、「発達保障」の理論を形成していく上で、大きな役割を果たし、二〇〇五年一一月一八日、亡くなった。

私たちは一九九〇年代、障害を受けている高校生と障害を受けていない高校生との共同教育の取り組みをよくした。私は、その打ち合わせを高校の先生とする時に「障害を受けていない人が、障害を受けている人のことを知ったり、また共同の取り組みに参加することは、障害を受けていない人の権利です」ということをよく言った。この「権利です」という考えに高校の先生は驚いた。

重症心身障害児の療育に取り組んだ糸賀一雄氏は「この子らに世の光を」から「この子らを世の光に」と訴えた(糸賀[1965]2003)。そして私たちは田中昌人氏らにも学びながら「この子らを世の光に」とあわせて「この子らと世の光に」と訴え、取り組んでいた。思想的には、「哀れみの対象」→「権利の主体」→「連帯・共同の主体」へと進めていったのである。

田中昌人氏は、この本の中の「二十一世紀の後半に向けて」でこう提起していた。

> かなりの人びとがその生涯において何年間かは障害があるという体験をすることになると見込まれています。先の健康寿命と平均寿命の差を見ると、平均して女性は約八年、男性は約六年は生活上の支援に障害のある場合を考慮する率が高くなるのかもしれません。障害のある場合の人権を守り、発達を保障して、人権が奪われないように、損なわれるところがあっても人間を取りもどしていく生き方を追求していく生き方が、すべての人がその生涯において取り組む課題になる時代がやってくるでしょう。(田中 2003: 285)

私が教育実践の中でつかみ、考えていたことを、田中昌人氏は「二十一世紀の後半に向けて」で課題として位置づけていた。

正岡子規の生き方と、田中昌人氏の訴えた「障害のある人びとと創る人間教育」、そして葛城貞三氏の「ひとりぼっちの難病者をつくらない」難病患者運動は、あい響きあい、重なりあっていることに考えさせられる。

参考文献

糸賀一雄（[1965] 2003）『この子らを世の光に――近江学園二十年の願い』ＮＨＫ出版

柴田宵曲（1986）『評伝正岡子規』岩波文庫

田中昌人（2003）『障害のある人びとと創る人間教育』大月書店

正岡子規［1902］（1986）『病牀六尺』岩波文庫

上原こずえ
共同の力
一九七〇～八〇年代の金武湾闘争とその生存思想

（世織書房 ２０１９）

大畑　凛

A5 判 326 頁
税別 3500 円

思想史としての運動史

米軍占領下で始まった沖縄の戦後史を叙述するうえで、新崎盛暉は沖縄闘争における「三つの波」を定義した（新崎 1996）。第一の波は、島ぐるみ闘争に結実する、一九五〇年代半ばの米軍による土地強制収容に対する全島的抵抗運動、第二の波は、施政権返還が既定路線となるなかで祖国復帰の意味を問い出す一九六〇年代末からの沖縄闘争、第三の波は、一九九五年の米兵レイプ事件への抗議運動に端を発するとされる反基地闘争をそれぞれ指す。そして、この第三の波はいま現在にもつづいているとひとまずはいえる。

同時代の沖縄に伴走するべく、新崎は無権利状態の軍事占領下にある沖縄民衆による多種多様な抵抗運動を中心にして、沖縄の戦後史を描いてきた。新崎の歴史叙述を先駆的な仕事として受け止めながら、一九九〇年代以降の沖縄研究は占領期を中心に沖縄の戦後史や社会運動史の見直しを進めてきた。しかしながら、こと施政権返還後から九〇年代前半、新崎がいうところの第三の波以前の時期は、沖縄の反基地／社会運動全体の停滞期とも考えられがちであり、研究上の焦点が当てられることは少なかった。

この傾向に対しては、上原こずえによる本書『共同の力』の序章で言及されているように、施政権返還後の一坪反戦地主運動や後の「基地・軍隊を許さない行動する女たちの会」に至る女性運動、そして本書で取り上げられる金武湾闘争と石垣島・白保の空港建設反対運動が果たした意義を論じたミユメ・タンジの研究がある（Tanji 2006）。第二の波と第三の波を架橋しようとしたタンジの試みは重要だが、個別の運動・闘争については語られるべき論点がいまだ多く残されている。また、タンジ自身が運動史の展開を「波」に例えた新崎の歴史区分自体を再考しているとはいいがたい。

　したがって、本書の意義とはまずもって、ともすれば空白期のように認識される施政権返還後の時期において、基地依存経済からの脱出のための施策として「平和産業」の名のもとに、石油備蓄基地（CTS）建設を推し進める当時の革新県政を批判しながら、資本、国家、県行政との対立のなかでも反公害・反開発を掲げた金武湾闘争の歴史過程や実践の内実を当時の新聞や住民運動の資料、また関係者への豊富な聞き取りから掘り起こし詳細に叙述した点に認められる。しかし本書の最も重要な点と評者が考えるのは、闘争それ自体としてはCTS建設を阻止できたわけではない金武湾から、近代（化）に抗する「生存思想」と「共同の力」という思想的次元を導き出し、同時にそこに込められた反開発＝反資本主義の射程を浮き彫りにしたことである。上原もまた本書の課題を、「金武湾闘争の背景にある政治経済状況を明らかにし、刻々と変化する運動の局面において交わされた言葉や実践を詳細に記述していくこと」、そして、「資本によるコモンズの収奪とエネルギー開発に抗し「生存」を希求した同時代の世界における民衆運動の具体的な経験と思想の系譜に金武湾闘争を位置づけ、彼ら／彼女らの言葉に通底する「どのように生きるか」ということをめぐる思想の水脈を見いだしていくこと」（本書：4-5. 傍点引用者）においている。

金武湾闘争とは何か

　本書はまず第一・二章で金武湾闘争に至る前史を、近代以降における金武湾地域の産業構造の変化に始まる人びとの移動・離散経験から描き出している。ここで強調されるのは、帝国の海外進出に起因する海外移民の増加や、戦局の悪化と敗戦に伴う復員・引揚、米軍収容所への収容による「基地難民」といった経験が、戦後の開発や産業構造の変化による「開発難民」の経験と連続性のもとにある点だ。連続する流動的な移動経験に金武湾地域の人びとが、曝されつづけてきたことを指摘するなかで、上原は国策に翻弄されてきた金武湾から近代（という原理）を問う視座を提示する。そして、この視座こそが、金武湾闘争の経験を思想的に読み込むことを可能にしている。CTS建設に直面するなかで人びとがそれぞれの過去の経験を「生き直し」ていく過程こそが金武湾闘争だったのであり、のちには戦中および戦後の人びとの生存体験が語られ始めることになる。

　つづいて、第三・四・五章では、金武湾闘争の結成に至る経緯とその組織原理や運動方針が紹介される一方、当時の革新県政がCTS建設に与していく過程がつまびらかにされている。復帰後の経済政策においてエネルギー政策をめぐる開発と国策に「自ら取り込まれていく「沖縄」」（本書：118-119）が露わになるなかでは、保革の区別は本質的なものになりえない。直接行動を武器とし、既存の組織的基盤に依拠せず、代表者による〈ボス交〉を拒否して「一人びとりが代表」を掲げる「金武湾を守る会」の組織原理に対して、戸惑いを隠せず対話を拒絶していく革新県政の姿がそこでは浮かび上がる。守る会は住民に広く開かれた形で会の討議をおこなうとともに、金武湾の汚染調査やその記録も独自に実施していった。

そして第六章以降では、金武湾闘争が法廷闘争へとその舞台を移していくなかで、資本や国家、法そのものが闘争を担う人びとによって問いに付されていく過程が記されるが——時に人びとは法廷を占拠するまでに至った——、同時に上原はそこに、法廷闘争によって住民運動が法律論や技術論に切り縮められる危険性を指摘する、石川高校公害研の教員らや、裁判の傍聴から排除・疎外されていった子づれの女性たちの姿をも書き留める。だがこうした人びとの存在をも含み込みながら、金武湾周辺の人びとが近代を生き抜くなかで体得してきた「生存思想」に基づく「生存権」の主張は徐々に言語化され、国家や資本からの「自立／自律」（この言葉については後述）が目指された。またこの時期以降、ミクロネシア地域の反開発・反公害・反核運動などとの出会いや「琉球弧の住民運動」といった沖縄にとどまらないネットワークも生まれていった。

ここでは金武湾の人びとの近代以降の離散経験が、琉球弧の諸地域やミクロネシアとの接続を促したのである。そして、この過程でも反開発・反公害を日常的に実践するための生き方や表現が様々な形——琉歌や営農、自治運動、ハーリーなど祭事の復興——で模索され始めたことに触れて、上原は同時代のイヴァン・イリイチや玉野井芳郎らの議論を参照しながら、「コモンズ」（イリイチ）を守ろうとする人びとの「共同の力」を導き出していく。

上原は、連続する難民経験を生き抜くなかで生活の糧である海との共存を果たしながら人びとが培ってきたサブシステンスやコモンズ、また人びととの関係性そのもののなかに「共同の力」のありかを読み込みながら、同時にこの共同性はあくまでも「一人びとり」が代表」という理念のもとに「個」の存在を疎かにすることはなかったとする。そして、それぞれの「個」において金武湾闘争とは何かが鋭く問われつづけられたが故に、「共同の力」は金武湾闘争を越えて「一人びとり」のなかで生きつづけ、問われつづけていったという。こうした「思想の水脈」は勝利や敗北といった尺度からではけっして見えてこないものであり、本書は金武湾闘争の運動史をひとつの思想史として描き出したといえる。

そのうえで、本書は反開発・反公害の運動であった金武湾闘争を反資本主義のたたかいとしても読み取った。土地やコモンズの容赦ない囲い込み、労働力の商品化など、国策に絡め取られた革新県政が屈服していったのは資本の論理でもあった。こうした「軍事資本主義」（本書：155）を肯定する、ないしは否定できない次元において、保革の区別は本質的なものにはなりえないのである。この点をある書評は、本書が沖縄における反資本主義の視点を打ち出したと評価し、曰く「パンドラの箱」をあけたとする（西脇 2019）。だがこれはかえって、沖縄での資本主義批判を

「パンドラの箱」に閉じ込めてきたのはなにかを不問にする点で、いかに現在の沖縄で反資本主義の視座が不可視化されているかを物語っている。そして本書は、反資本主義という「思想の水脈」を、金武湾闘争の人びとがあくまで日常の細やかな実践のなかですでに生きてしまっていたことを描き出す点で、現在に深く規定されたわたしたちの想像力を刺激し拡張してやまないのである。

近代を問い直す——沖縄と筑豊

ところで本書は、一九五〇年代後半から始

まる戦後日本における石炭から石油へのエネルギー政策の移行過程の延長線上に、沖縄のCTS建設が位置づけられることを記している。第二章では、石炭から石油への移行における開発政策上の人的連続性に貫かれるなかでCTS建設が国策的に構想される一方、石炭から石油への移行にとどまらず、沖縄でさらなるエネルギー施設として原子力発電所計画まで構想されていたとされる。また、CTS建設によってもとより潜在的な失業者であった周辺漁民は完全失業者となり、「金武湾に生きる人びとの生が」CTS関連の業務に従事する「労働力として切り縮められていった」（本書：153）。ここにかつての炭坑離職者がやがては原発労働者になっていった事実を重ね合わせるとき、エネルギーをめぐる一連の国策と「軍事資本主義」が引き起こした人的移動と社会変動に、ひとつの連続線を読み込むことできるだろう。

本書では原田正純や石牟礼道子といった人びとをはじめ水俣病闘争と金武湾闘争とのつながりが指摘されているが、ここでは石牟礼とともに「サークル村」で活動した森崎和江や上野英信らが、炭坑地帯の筑豊に居を構えながら、それぞれの視点に基づいて流動する人びとの群れを描き出しつつ、そこから近代を問う視座を獲得していったことが想起されてよい。上野は、炭坑の合理化・閉山後も筑豊に留まった／取り残された人びとの存在を書き留めながら、七〇年代以降にはかつての炭坑離職者を追いかけて南米に足を運び、その後に、近代以降に沖縄から南米へと流亡したある一家の歴史を叙述することで、筑豊・沖縄から世界史への架橋をなした。また森崎は、植民地朝鮮に生まれた植民二世である自らを〈流民〉と認識しながら、閉山後の筑豊から各地を転々と渡り歩く若い労働者たちの群れを〈流民型労働者〉と呼びならわすことでこの時代の労働力編成の変化を察知しつつ、かつて日本の近代化の動力源であった炭坑で坑夫たちがその集合と離散によって形成した特異な精神史を掘り起こしていった。

その森崎は一九七〇年前後のある時期、周囲の労働者たちとともに沖縄闘争との批判的な連帯を追求するべく「おきなわを考える会」を立ち上げ、会の機関紙『わが「おきなわ」』を発行していた。この8号（1970.3）に中部地区反戦青年委員会の名で、本書第三章でも触れられる金武湾闘争の前史の一つである、東洋石油基地建設反対闘争の抗議活動で逮捕された若者たちの救援を呼びかける文章が掲載されていた事実は興味深い。

沖縄／金武湾と九州／筑豊は、国家と資本に翻弄されながら、それゆえともに近代を問い直す視座を共有しえていたはずである。この交差を想像することは、本書の次のような視点をより多層的に深化させることにつながるだろう。

> 離散経験としての越境をめぐる彼ら／彼女らの語りに見出される痛苦や悔恨、そして戦後の「生き直し」への思いをみていくことで、沖縄で組織された金武湾闘争を、沖縄に限ったもの、沖縄という場所において取り組まれたもの、培われたものとみるのではなく、越境経験を有する個人の言葉や実践によって構成された、世界史に接続されうるものとしてみていく視座をえられる。（本書：14）

残された課題

そのうえで、本書にも残された課題がいく

つか存在する。そのひとつは、「自立」の両義性という問題である。上原は本書で金武湾闘争が国策の強制からの「自立／自律」を求めたとする。自律 autonomy と自立 independence は決して同一の概念とはいえないが、これが金武湾闘争においては重なりをもちながら未分化なままに志向されていたことを、上記の表現は示唆している。その一方で、自立には排他的な含意が少なからず含み込まれるだけに、それはいかなる主体にとってのどのような自立であるかがつねに問われざるをえない。また自然環境や動植物と人間との共存関係を具体的に実践しようとしていた金武湾闘争において、その意思決定は人間にのみ託されてはいないだろう。だとすれば、金武湾闘争の「自立／自律」はどのように独自であったのか。この言葉は自己決定権や自治といった近年の沖縄近現代史研究のキーワードとも関連するだけに、概念的な定義も含めた詳細な議論が必要であったのではないか。

また、金武湾闘争の経験や実践がどのように現在の反基地闘争に引き継がれてきたのかについて、第八章で言及はあるものの、依然として本書は十分な見通しを提示しえていないことも気にかかった。沖縄環境ネットワーク、沖縄・生物多様性市民ネットワークが果たしてきた役割はもとより、現在の沖縄では、米軍基地による甚大な環境汚染等の基地公害に対して、ジャーナリストのジョン・ミッチェルによる粘り強い調査報道（ミッチェル 2014, 2018）、ならびにＩＰＰ（The Informed-Public Project）による情報公開請求運動などが展開されている。また、市民と研究者の共同による米軍基地の騒音調査のなかで練り上げられている独自の科学批判は、金武湾闘争での民衆調査の経験を想起させる（この騒音調査については、「〈座談会〉被害を測定、記録し、伝える力」（2017）を参照）。こうした現在形の取り組みと、金武湾闘争のさらなるその後 afterlives を結びあわせることで、新崎が提起したものとは異なる沖縄戦後史／社会運動史の時期区分も垣間見えるのではないか。

とはいえ、これらの点をもってしても、本書の意義と重要性が損なわれることはまったくない。本書は、沖縄戦後史／社会運動史研究にとって、間違いなく画期となる一冊であると同時に、近代（化）に批判的に向き合い、資本主義の廃絶を志すすべての人びとにも開かれた一冊である。

参考文献

新崎盛暉（1996）「沖縄闘争――その歴史と展望」『情況』1996.4
西脇尚人（2019）「金武湾闘争が問う豊かさ」『沖縄タイムス』2019. 7. 6.
ジョン・ミッチェル（2014）阿部小涼訳『追跡・沖縄の枯れ葉剤』高文研
――（2018）阿部小涼訳『追跡　日米地位協定と基地公害』岩波書店
崎濱秀正・雨宮節・泉忠信・石原理絵・石原岳・阿部小涼・渡嘉敷健（2017）「〈座談会〉被害を測定、記録し、伝える力――米軍機に民間地上空を飛ばさせないために」『けーし風』96号（2017. 10）
Tanji, Miyume (2006) *Myth, Protest and Struggle in Okinawa*. Routledge.

浅倉むつ子・萩原久美子・神尾真知子・
井上久美枝・連合総合生活開発研究所
編著

労働運動を切り拓く

女性たちによる闘いの軌跡

（旬報社 2018）

牧野 良成

四六判425頁
税別1800円

〈バトン〉継承の機運の昂揚

近年、女性がみずからの運動経験を語った、あるいは綴った記録類の編纂・制作が相次いでいる（松井編2014など）。ここではその画期を、二〇一一年に求めてみたい。この年の一月、全12巻のアンソロジー『新編 日本のフェミニズム』（岩波書店）が二年越しで完結を迎え、「（第二波）フェミニズム」の「世代」間継承を一大論点として、記念シンポジウムが開かれた（全記録は後述のWANウェブサイトより取得可能）。編者のひとりである上野千鶴子は、七月の東京大学退職記念講義でも同アンソロジーについて言及、編纂の狙いは「次の世代にバトンを受け取ってもらう」ことにあると語った（上野2011: 351）。同アンソロジーは各地で催されたシンポジウム「拡がるブックトーク」の素材となり、その模様は二〇〇九年発足の総合情報サイト「ウィメンズ・アクション・ネットワーク」（公式略称「WAN」）で伝えられた。〈バトン〉という比喩を媒介とした、かつての運動への関心の触発と醸成——女たちの運動にとっての二〇一〇年代はある面、このように約言できるかもしれない。

ただしここには、見過ごせない前史がある。一九七七年から八一年にかけて刊行された『日本婦人問題資料集成』全10巻（ドメス出版）を起点とする、女性運動に照準をあわせた資料集の刊行や、活動記録のアーカイヴ化の取り組みである（藤目2018）。同集成が出版される数年前には、女性の経験を知る手がかりを示す既存の文書資料の乏しさを乗り越えるべく、叙述に聞き書きを取り入れた成果が現われ始め、戦後二度目の女性史ブームが喚起されている（伊藤1992）。このように、女性の足跡の検証と継承はそれじたい、女たちの運動の重要な一角を成してきた。そうである以上、〈バトン〉なる問題設定は、運動史的関心の幾度目かの再昂揚として把握されなくてはならない。

本書『労働運動を切り拓く』もまた、帯文に「バトンを未来へつなぐために」の一節を掲げる。本書の叙述は、先述の動向と軌を一にして労働界の女たちが編纂・刊行を進めた、年史類や資料集も下敷きとしている。問題設定のうえでも資料的条件のうえでも同時代の機運に支えられた、満を持しての刊行と言ってよい。それでは本書は、いかなる〈バトン〉として編まれたのか。

「連合結成以前の女性労働運動」最後の焦点としての〝雇用平等法〟

本書は、日本最大のナショナル・センター日本労働組合総連合会（連合）のシンクタンク、連合総合生活開発研究所（連合総研）が二〇一五年十月に立ちあげた「戦後労働運動の女性たち――闘いの歴史と未来への提言研究委員会」（公式略称「戦後女性労働運動史研究会」2015.10～2017.9）の成果物である。同研究会の「問題意識」は、戦後労働運動史における女性の活動を総括的にとりあげた文献の不在を、聞き取りと資料収集をつうじて補い、「過去の女性組合リーダーの経験や女性労働運動の歴史的成果」を後進の女性たちに継承することにある（本書：422）。ちなみに同研究会は、連合総研にとって一九八七年の発足以来「女性労働運動をテーマとする初のプロジェクト」（同：423）でもある。

本書の中核を成すのは、「連合結成以前の女性労働運動」（同：422）という記述からもうかがえるとおり、連合結成に加わった労組で活動してきた「女性組合リーダー」をはじめとする、一二名の女性の「聞き書き」である。その焦点は、一九七〇年代後半から八〇年代前半にかけての〝男女雇用平等法〟（以下「雇用平等法」）制定を求める闘いにあてられている。

研究会が始動した二〇一五年、男女雇用機会均等法（以下「均等法」）は成立して三〇年を迎えたが、同年八月には官邸主導で女性活躍推進法が成立したこともあり、多方面で〝均等法体制〟の再検討が試みられたのは記憶に新しい（フォーラム「女性と労働21」2016など）。周知のとおり均等法は、女性差別撤廃条約批准のための国内法整備の一環として、立法化が検討され始めた。労働側として法制化論議の最前線に立った女たちは、雇用の全段階における差別的処遇の禁止規定など、実効性を備えた〝雇用平等法〟の実現を追求したものの、経営側のキャンペーンや審議過程での背信行為に苦しめられ、数多の妥協を余儀なくされる。こうして一九八五年、女たちの要求からはかけ離れたかたちで、均等法は成立をみる。

しかしながら一連の闘いは、国連婦人の十年（1976～85）という国際的潮流の後押しを受けながら、ナショナル・センターの別を越え、さらには労働界の枠に収まらない団体も含む、幅広い共闘の経験を女たちにもたらした。この共闘の輪は均等法成立後も、施行までの省令をめぐる攻防や、同法に依拠した裁判闘争、そして改正運動などの基盤となった。一二の聞き書きは、こうした共闘経験が労組と女性の関係にもたらしつつある、「敵対」関係から「共存」関係への転換の先触れとして位置づけられている（本書：49）。その間の記録として従来広く認知されてきたのが、赤松良子らもっぱら行政関係者の証言であることを思えば、本書の意義は第一に、労働側の、それも女たちの視点を、オーラルヒストリーとして新たに提供する点に求められる。

ふたつの周辺化にあらがって

本書は、編著者らによる論点の解説（第一・三・五章）とともに、本編として聞き書き（第二・四・六章）を収める。末尾には、雇用平等法制定運動にかかわる政労使の資料7点、関連略年表が配置され、聞き書きを立体的に把握できるよう、便宜が図られている。

第一章「労働組合運動と女性の要求」と第三章「男女雇用平等に立ちはだかった「保護と平等論」」は、労働法・社会保障法領域でジェンダー視角の確立を模索してきた浅倉むつ子と神尾真知子が、それぞれ執筆を担当している。第一章では、均等法制定過程を軸として戦後女性労働運動史が検討に付され、均等法以後残された最大の課題として、労働時間の「男女共通規制」が見出される。第三章では、当時経営側が提示した「保護と平等論」（均等法制定と引き替えの、労働基準法における女性保護規定の緩和・廃止）をめぐって交わされた議論について、今日的な評価が試みられる。第五章「過去の運動を次の世代へ」は、連合にて総合男女・雇用平等局総合局長を務める井上久美枝の執筆で、連合のジェンダー政策の推移が最近年にいたるまで紹介される。

聞き書きに目を転じよう。第二章「高度成長期からオイルショックへ」では、法案審議のため設置された政労使会議に労働側代表として参加した四名（多田とよ子・松本惟子・高島順子・山野和子）が、第四章「経済大国ニッポンと労働運動再編の時代」では、各種連合組織のなかで制定運動と同時代の女性労働運動を主導した四名（坂本チエ子・伍賀偕子・長谷川裕子・熊崎清子）が、第六章「ポスト均等法の労働世界と運動の広がり」では、制定運動以後労組の枠を越えた共闘の輪のなかで男女平等の実現を目指した四名（城間佐智子・高木澄子・柚木康子・鴨桃代）が、それぞれ登場する。各章冒頭では、労働組合のジェンダー政策の研究で知られる萩原久美子が、時代背景の解説を加える。

かつて萩原は、女性の活動組織が、日本の「フェミニスト史、主流労働運動史双方からの周辺化」にさらされてきたのではないかという提起を行っている（萩原 2011：13）。とりわけ、一九七五年の国際婦人年に先立つ時期から活動を積み重ねてきたはずの婦人部組織の実績は、以後の運動の画期性との対比のなかで単純化されて描かれ、過小評価される傾向にあった。七五年以前の女性組織の再評価という萩原の問題意識は、本書の聞き書きにも少なからず反映されているものと思われる。

ひとつには、繊維産業における寄宿舎問題対策や母性保護の「統一要求」（全繊同盟：多田、熊崎）、地域を巻き込んでの保育問題への取り組み（安川電機労組：松本）や、育児休業制度など労働協約の積み重ね（全電通：坂本）など、七〇年代までの多彩な実践である。わずかな例外（早川 2018など）を除けば注目されてきたとは言いがたい、非総評（日本労働組合総評議会）系労組についても、ジェンダー視角からの考察の必要性が示唆されている。

加えて象徴的なのは、制定運動のさなかに全日本労働総同盟（同盟）青年婦人対策部に身を置いていた高島順子が、国際婦人年連絡会を介して出会った総評の女性たちとの連携態勢を振り返るさいに発した、「絶対、分裂しない」という一言である（本書：119）。雇用平等法制定要求の闘いは、労働界にとってはナショナル・センターの再編（労働戦線統一）とほぼ同時に進行した。連合結成にいたるこの経過は、主導権を握ったのが労使協調的な民間労組であるがゆえに、労働運動史においても否定的に扱われる例が少なくない。本書に登場する女性たちのあいだでもその評価は微妙に分かれるが、女たちの共闘が労働界主流における統一の動きとは良くも悪くも独立に展開したという点では、おおむね一致する。本書はその積極面に力点を置くのである。これじたいは本書の出自や目的上とうぜんだろう。とはいえ、この時代の運動の両義性をいかに評価するかは、読者に委ねられている。

同時代像のなかの均等法

一九八五年は、「女性の貧困」または「女性の分断」の「元年」として語られることもある。第六章の解説でも触れられているが（本書：298-300）、大企業におけるコース別雇用管理の脱法的導入、派遣法や労基法における規制撤廃、第三号被保険者制度や配偶者特別控除の新設などが、均等法成立後、堰を切って進められてゆく。いわゆるネオリベラリズム的政策のもと、均等法は女性差別の解消というよりは再編成の転機となったという評価である。

労使関係のネオリベラリズム的後退と、女たちの運動における連携の進展。この両義的な事態を考えるにあたっては、伊田久美子（2017）がサスキア・サッセンの「国際人権レジーム」論に着想を得た分析が示唆に富んでいる。七〇年代に顕在化した経済のグローバリゼーションは、各国のネオリベラリズム的政策を後押しする一方、国際機関が国家の主権に「干渉」する余地をもたらし、「国際的な場における非政府組織やマイノリティの発言力を拡大し、女性の地位の課題を国際法のテーマとして台頭させ、国境を超えたフェミニストの連帯の形成を促」した（伊田2017: 41）。つまり、雇用平等法を求める闘いを可能ならしめた「女性の人権」という国際的課題の浮上そのものが、ネオリベラリズムと表裏一体を成しているという考察である。グローバリゼーションを源とするこの転換は、日本各地の女たちが自分たちの闘いをいかにして組み立てたかにも、大いに影響を及ぼしたはずである。本書が読者に投げかけた問いを、評者はたとえば以上のように受け止めてみたい。

さいごに、本書が編集上じゅうぶんには扱えなかったと思われる点について触れておきたい。立法化運動という主題ゆえか、本書の聞き書きに登場する女性たちの大半は、活躍の場を最終的に各組織の中央機関に移している。このため、地方の運動状況がいささか後景に退いてしまっているのだ。この点、大阪の伍賀偕子（第二章）の聞き書きは貴重である。とりわけ伍賀の次の語りは、地方連合組織のオルグとしての経験から、地方における運動が中央にたいして持つ意義を誇らかに示している。

「政策提案や法律制定は中央組織が担うもの。地方組織は中央の要請に応じて支援すればいい」。そういう考え方もあるでしょう。しかし、私は決してそう思いません。もともと大阪には「中央、何するものぞ」という、権力への反骨精神がありますし、地方組織の活動家は「現場を知っているのは私たちだ」という気概があります。霞が関に対して本部が対等に立ち向かえるのは、地方の活動の積み上げがあってのことです。

（本書：237）

もちろん本書には、数多の個人名や組織名が随所にちりばめられている。これらはおそらく地方運動史の空白（堀ほか2017など）へと読者を誘う架け橋となりうる。それだけに、本書に索引が付されなかったのはじつに惜しまれる。

参考文献

伊田久美子（2017）「新自由主義とフェミニズム――女性主体の視点から」『ジェンダー研究』20: 35-43.
伊藤康子（1992）『女性史入門』ドメス出版
上野千鶴子（2011）『生き延びるための思想 新版』岩波現代文庫
萩原久美子（2011）「労働運動のジェンダー主流化と女性の自主活動組織――英米の先行研究に見るジェンダー分析の視点と日本

への含意」『大原社会問題研究所雑誌』632: 1-17.
早川紀代（2018）「全繊同盟加盟組合にみる女性労働運動の展開――女性労働者と組合」木本喜美子編著『家族・地域のなかの女性と労働――共稼ぎ文化のもとで』明石書店
フォーラム「女性と労働21」（2016）「公開シンポジウム　均等法は白鳥になれたのか――男女平等の戦後労働法制から展望する」『女性と労働21』94: 6-68.
藤目ゆき（2018）「『日本婦人問題資料集成全一〇巻』――第一波フェミニズムの遺産を継承する第二波フェミニズム」『日本史研究』670: 82-98.
堀あきこ・関めぐみ・荒木菜穂（2017）「男女雇用機会均等法が取りこぼした「平等」を問い直す――大阪の女性労働運動に着目して」『女性学研究』24: 116-36.
松井久子編（2014）『何を怖れる――フェミニズムを生きた女たち』岩波書店
「『新編　日本のフェミニズム』全12巻完結記念シンポジウム」
http://img.wan.or.jp/reading/wpcontent/uploads/2011/07/78572f4a9d961c51d75695f87edbe477.pdf（最終閲覧2019. 7. 18）

安藤丈将　脱原発の運動史

チェルノブイリ、福島、そしてこれから

（岩波書店 2019）

柴垣　顕郎

四六判334頁
税別2700円

歴史の掘り起こし

福島第一原発の事故は、人々の原子力発電に対する意識を一変させた。本書の冒頭で「国民の間で関心が薄れ、風化しつつある」という世論調査の結果が紹介されているが、人々の持つ原発への忌避感自体は、どの調査によっても今もなお強く残り続けている。日本国内で原発の新設はもはや不可能であるといわれる状況は、今後長期にわたって揺らぐことはないだろう。その意味で私たちは、今もなお二〇一一年三月一一日の「事故後」の世界を生きている。脱原発運動への関心もまた、3・11以降のものに集まりがちである。

一方で著者は、事故の起こった三月一一日以前の運動が、「原発現地の運動を除けばほとんど語られていない」（本書:41）と感じる。そしてとりわけ一九八六年のチェルノブイリ原発事故後から3・11までの脱原発運動に着目する。著者によれば、それらの運動の中には、将来につながる多くの「宝箱」が散りばめられているのだという。それが本書執筆の動機ともなっている。

本書を書くにあたって著者は、雑誌、新聞、書籍などにとどまらず、ビラ、ニュース、パンフレットなどを含む多様な資料を参照した。同時に多くの脱原発運動の活動家、アクティヴィストたちにインタビューなどの直接取材を積み重ねていった。その人数は四〇人にも及ぶという。多くの資料を組み合わせた歴史の掘り起こしを行うことで、著者はこの時代の脱原発運動を多面的に再現していった。浮かび上がってきた各時代の実相は、たしかに重厚で読み応えのあるものになっている。

民主主義という補助線

しかし脱原発運動には、単一の司令部や一貫した指導理念などがあったわけではない。思いがけない分野や個人を起点にして、ある日突然に全く新しい運動が現れたりするのが脱原発運動の特徴だ。政府や電力会社による原発の立地計画が持ち上がれば、それに応じた新たな反対運動が組織されることになる。運動同士の関連も、明確に存在するとは言いがたい。そんな中心のない脱原発運動を統一した歴史として記述するには、どうしたらいいのだろうか。

そのために本書の採った手法は、「民主主義」という「補助線」を引くことだった。著者によれば、それぞれの時代の脱原発運動は必ずといってよいほど民主主義の課題をはらんでいる。それは自治、参加、あるいは熟議や生活の民主主義とさまざまだが、民主主義の問題は脱原発運動の歴史を通じて一貫して問われ続けてきたのだという。また著者は、脱原発運動は脱原発が「どのように実現されるかにも注意を払っていた」（本書：8）とも述べている。原発は巨大な利権と結びつき、露骨で醜悪な権力構造を伴いながら立地が進められた。高浜原発をめぐって巨額の賄賂が関電幹部に流れ、それが常態化していた事件はまだ記憶に新しい。脱原発運動の側は、それに対抗して「民主主義を守る」、「民主主義の側に立つ」という要素をつねに意識せざるを得なかったのではないだろうか。

本書を読み進めていけば、さらに別の「補助線」が引かれていると感じる読者が多いのではないか。二本目の補助線は「近代産業社会の組み替え」という課題に関するものである。冒頭の文章の中で、高木仁三郎の「原子力は中央集権型のエネルギーであり、国家や大企業の影響力が強い」という言葉が紹介されているが、そこには、権力構造の問題とあるべき社会編成という二つのテーマが含まれている。

食と農を扱った章や、本書の最後で紹介されている三人の活動家の生き方の実例も含めて、脱原発運動の系譜の中には、民主主義の再生というテーマと同時に、大量生産・大量消費に支えられた近代産業社会の組み替えというテーマが一貫して引き継がれていることが読み取れるだろう。

さらには著者自身も意識的に言及しているない。それは「女・女性」というテーマである。本書では、これまで女性の領域とみなされてきた生活、家事、育児や、弱さなどの女性の特徴が、民主主義やあるべき社会像を追求していく上で、欠くことのできない重要な要素だとされる。これも本書全体の記述の中に繰り返し登場するテーマである。これらの補助線をベースとしながら、本書の章立てに従って読み進めてみる。

第二章　放射能測定運動

本書において、チェルノブイリ以降の脱原発運動の歴史は、地域における食品の放射能測定運動から始まる。その先駆けとなったのは、生活クラブ神奈川の組合員だった。一九八七年、彼女らは食品の測定を行政に求め、あるいは自前で測定器を購入し、測定を運動として組織化していった。そこから、自主的で自律的な運動、地域や生活と結びついた運動、女性を中心とする運動、また環境保護運動とのつながり等の脱原発運動の基本性格がスタートしていることがわかる。

第三章　反原発の「新しい波」

著者によれば、脱原発運動の一つのピークは、一九八八年の伊方原発の出力調整実験に対する抗議行動である。ニューウェーブと呼ばれた運動を扱ったこの章のキーワードは「オルタナティブ」という言葉である。言葉自体の原義は「もう一つの」「また別の」という意味だが、本章では「経済成長を至上とする社会の行き詰まりから生まれた」（本書：74）と述べられている。

この「オルタナティブ」という言葉にはもう一つ別の系譜もある。かつての古典的な世界観では、社会の中心的な対抗軸は保守か革新かをめぐる攻防だった。それ以外の闘争は、せいぜい周辺的な「シングルイシュー」の課題だとみなされていた。しかし、国際的な社会主義・共産主義潮流の退潮の中で、社会主義や共産主義の欠陥や抑圧性が次第に明らかになり、それらのイデオロギーへの幻想が消え、人々は目指すべき社会像を新たに作り出さなければならなくなったのである。

それは未だ呼び名のない理念であったため「オルタナティブ」という言葉があてられたのだが、逆にプラスの面もはらんでいた。それまでは、ただ保守か革新かの立場を選択すればそれで済んでいたものが、これからは新たな社会の具体的な構想を含めて考えていくことを余儀なくされた。描かれる社会像は政治制度にとどまらず、文化や生活のスタイルまで含む必要があった。

「ニューウェーブ」運動の中では、自主的な小グループが闘争をリードし、歌や踊りなどの新しい表現が解放感を沸き立たせ、独特のファッションや音楽ライブなどが展開された。

このスタイルの新しさも、単に奇をてらったわけではないだろう。闘争が単に立場を選択するだけではすまなくなり、社会や文化の新しいイメージを作り出していかなければならなくなったことによって生み出された「新しさ」だと受け止めるべきだと思う。これらの運動について著者は「測定運動と「オルタナティブ」との間に化学反応が生じ、それが一九八八年の運動の波を生み出した」（本書：267）と総括している。

第四章　脱原発運動と国政選挙

一九八九年に「原発いらない人びと」が取り組んだ参院選の経緯も取り上げられる。

著者は「原発いらない人びと」の選挙は「予示的政治」という特徴を持っていたという。「予示的政治」とは、運動のプロセスの中に、あるべき社会の姿がすでに体現されているような政治のあり方のことである。そのため選挙の候補者に「著名なシンボル的な人格を擁立するか、自分たちの代表を擁立するか」など、いたるところで理念と現実がぶつかった。政党のネーミングからもうかがえるように、誓約集団的な一枚岩でピラミッド型の序列を内包する従来の政党のスタイルも、ここでは当初から拒絶されていた。

これらの理想主義は、合意形成のハードルを上げて各潮流間の共闘を難しくし、選挙体制は分裂を余儀なくされ、結果として議席を獲得することなく終焉していった。「民主主義の徹底が政治的効果を減じ」てしまった、と本書では分析されている。

現在、左翼ポピュリズムともいうべき政治傾向が広がっていて、これとどう向き合うかということが私たちの課題の一つになっている。本章で論じられている理想の実現と現実的な効果との二律背反は、今も問われ続けているテーマである。

おんなたちのキャンプ

運動の聞き書きの最後に、一九九一年に六ヶ所村で繰り広げられた「おんなたちのキャンプ」が民主主義の貴重な実験として考察される。

「おんなたちのキャンプ六ヶ所村」は、この年の九月から一〇月にかけて一ヵ月に渡り女性限定で開催された。このキャンプでは、連日のように、多くの話し合いや非暴力トレーニングが行われたのだという。友情や「私」を尊重し「良き聞き手」になるなどの技法が、多様な参加者によって提唱され実践された。

著者は、これらの実践は全体として「「弱さ」から始まる民主主義」なのだと捉える。従来の男的な強さとは違い、「弱さ」を肯定することが逆に抵抗の強さにつながっていくのだという。ここにも主体像の組み替えがある。

チェルノブイリ事故以前

巻末のプロフィールをみれば、チェルノブイリの事故当時、著者はまだ十歳である。著者にとってはすでに歴史事象となった出来事の史資料を、丹念に掘り起こしていく作業は、並大抵ではなかったに違いない。著者より年長の評者は、脱原発運動の最中に、一九七九年のスリーマイル島の原発事故に遭遇した。脱原発運動の歴史の掘り起こしに際しては、ぜひとも、チェルノブイリ以前を含めて検証してほしかったと思う。

このスリーマイル島の事故の数年前には、原子力資料情報室も設立されている。当時は「原子力明るい未来のエネルギー」、「原子力の平和利用」等の標語に代表されるように、一般的には原発は科学技術の成果の象徴でもあり、反原発は近代科学に対する偏見ぐらいに思われていた。そんな時代の中で、脱原発・反原発運動はその後の運動の原型となる理念や方針を創り出していった。

たとえば、原子力発電が出現した時代を思い起こすと、核兵器を持たない日本では、反核と反原発は「原子力の平和利用」という言葉にも象徴されるように、当初から別々の課題として私たちの前に登場してきた。同一の課題であるのにそこに分断線が引かれてしまった、というわけでは必ずしもない。本書では「反核兵器と反原発とが切り離されることなく」などと何気なく書いてあるが、それをつなぐこともまた当時は大きな作業だった。「原発は核武装に向けた策謀である」といった、間違いではなくても安直な接合を試みる潮流もあったが、運動の側は原発そのものに対抗するための独自の理念を模索していった。

堀江邦夫の『原発ジプシー』（1979）や樋口健二による『闇に消される原発被曝者』（1981）等の衝撃的な著作は、原発の生み出す格差構造や、差別構造を浮き彫りにした。また中央集権的な巨大技術に対して、小規模で分散的な地域システムを対置する理念も深められていった。さらに、原発はいつか事故を起こすから危険だ、というだけではない。ロベルト・ユンクの『原子力帝国』（1979）は、決して事故を起こすわけにはいかない原発が必然的に管理社会や管理国家を招き寄せてしまう姿を見事に描き出している。

これらは先に挙げた本書の補助線の一つ、「来たるべき社会の在り方」の理念を豊かに広げることにもつながっていった気がする。この時代を「脱原発運動の前史」（本書：38）

として扱うべきではないと思う。それは脱原発の理念や思想の大切な部分を見落とすことになりかねない。また一九六〇年代から七〇年代にかけての反公害闘争との関連も切り離されてしまうおそれがある。

脱原発運動は「歴史」の対象か

本書を読めば、評者は本書で扱われている時代を生きてきたにもかかわらず、個人的な体験の範囲だけでは多くの事実を見落としていたのだと反省させられる。またさまざまな角度からの時代に対する検証を読んで、これまでにない新たな視点を数多く発見することもできた。

ここから先は個人の体験からくる感想の域を出ないのだが、本書を読み終えて残った思いは、脱原発運動はすでに「歴史」の対象かどうかということだ。評者の地域では、福島で暮らす子どもたちに、夏休みの間だけでも、被曝の少ない生活を送ってもらおうと、毎年保養キャンプを実施している。その晩の交流会で、参加者の方から福島で今も続く被曝をめぐる緊張感にあふれる話を聞いた後、一人のお母さんから「皆さんは福島産の食材を食べていますか」と聞かれたことがある。私は「なるべく避けている」と正直に答えたが、それを聞いた彼女は、おそらく自分たちが切り捨てられたと感じたのではないかと思う。

原発の是非をめぐる議論は、福島第一原発の事故によってひとまずは決着した形になっている。原発にそれまで必ずしも反対ではなかった新聞や政党も、こぞって脱原発に転換した。しかし歴史的に決着がついたからといって、理念や論争にも答えが出たわけではない。食品汚染の問題だけではなく、被曝自体の人体への影響もいまだ論争が続いている。低線量被曝をどう受け入れるかで立場の分岐も生まれており、それが運動の発展を深いところで阻害している。そもそも「安全」とは何かというテーマも、いまだに解けていない問題の一つだ。

本書では、脱原発の運動を丹念に追跡しながら、脱原発の理念自体を正面から論じる箇所はほとんどなかった。脱原発運動の歴史の中に何本かの補助線を引くことができたように、運動の中で民主主義が深められ、新たな社会像が膨らみ、フェミニズムが豊かに展開されてきた。そうだとするなら、それらの成果は、今度は脱原発の理念の側を豊かに変容させているはずだと思う。そちらもぜひ論じてほしかった。

脱原発派にとっても、脱原発の理念やスローガンは決して所与の前提ではない。先に挙げた、予示的政治における理想と現実の矛盾や、低線量被曝の受容の問題等についても、これらの二項対立を解いていくためには、新たな思想を生み出していくことが不可欠だと思う。脱原発の理念や思想は、何度でも論じ返す必要があるだろう。「脱原発の運動を論じること」が、「脱原発自体を論じること」にどうつながっていくのか。評者の中では、脱原発をまだ「歴史」として扱いたくない、いまだに「現在」進行中の事象であるという思いがなお強い。

編集後記

『運動史とは何か』の刊行から約一年がたち、無事に続刊を出すことができた。それがもともとの展望だったとはいえ、このメディアを続けられたのは、『運動史とは何か』を手に取ってくださった皆さん、合評会を編者と共催してくれた戦後研究会とエル・ライブラリー、そして本書の執筆者、A3BCの皆さん、装幀の川邉雄さん、新曜社の小田亜佐子さんのおかげである。深く感謝したい。

二〇一九年は一九六九年から五〇周年にあたり、大学闘争をはじめ「1968」の運動がさまざまな機会にふりかえられた。並行して香港では、大学キャンパスが若者たちと政治権力・警察との衝突の現場になった。一九六〇年代日本の大学闘争と現代の香港の若者たちの運動では、社会環境も訴えも異なる。しかし、かつての大学闘争と同じように、香港の運動もきっと、関わった若者の生や大学、社会に、今後数十年にわたってさまざまな影響を残すだろう。過去の社会運動と現在がつながっていることを強く感じるなかで、本書はつくられた。（K）

「三号雑誌」という言葉は知られていて、メディアを継続することの苦労は私もわかっていたつもりだったが、たった年一冊のメディアの二冊目が、これほど大変だとは思わなかった。だから、前回以上に周囲に助けられたという実感は強い。編者相互の叱咤激励はもとより、寄稿者の力のこもった原稿は大変ありがたく、同時に尻叩かれる思いだった。関わった皆さんに感謝したい。

今回、諸般事情で掲載に至らなかったものも含め、投稿希望者は少なくなかった。「社会運動史」という研究領域の再興が感じられる。また、運動当事者たちがとりくむ運動史の営みも日本社会に広がりつつあるように思われ、私たちもそうした動きとつながり始めている。流行を意識したつもりはなかったが、時代の鉱脈を掘り当てた手応えはある。

しかしまだ二冊目を出しただけだ。引き続き、多くの人々を巻き込んで、運動史を色鮮やかにしていきたい。（M）

『運動史とは何か』刊行後の一年をふりかえると、香港、スーダン、ハイチ、エクアドル、レバノンなど世界各地で大規模な民衆反乱がつづいている。気候変動対策を要求する「未来のための金曜日」と呼ばれるストライキやデモの広がりにも注目が集まっている。そういった動きを横目に見ながらの本書の編集作業だった。本メディアでは「日本の社会運動史」という枠にとらわれず、国境を越えるつながりに注目していきたい。

創刊後、さまざまな出会いに恵まれ、思わぬところで「読みましたよ」と声をかけられることがあった。合評会では厳しい批判もいただいた。本書の、ひいては私自身の課題がはっきりした。その喜びや悔しさによって本書を編みつづけていきたい。

刊行間近になって新型コロナウイルスが世界を席巻する状況となった。人との「接触」が困難となり社会が押しつぶされるなか出版できたのは、ご協力いただいた方々のおかげである。本書に関わったすべてのみなさんに心から感謝申し上げます。（O）

なぜ私たちは『社会運動史研究』を始めるのか

近年、日本では社会運動への関心が高まりつつある。実際に生じた社会運動の動向に注目が集まり、それらに対する研究の進展にも期待がかけられるようになった。

しかし、こうした社会運動の「再発見」の過程で、現在の運動の「新しさ」や「画期性」を強調せんがために、過去の運動を矮小化・平板化して議論が展開されることも、目に付くようになった。かつての社会運動の営みが、安易なイメージで固定され、それに基づいて現代社会の分析が展開される。こうした現状に違和感あるいは危機感をもつ者は少なくないはずだ。

過去をないがしろにすることは、未来を枯れさせることだ。そこで、社会運動史の研究者である私たちは、新しいメディアをつくろうと集まった。メディアの目的は、社会運動史についてのこれまでの知見の共有、さらに現在進行形の調査・研究の成果の公開とそれによる運動史のいっそうの蓄積である。単に、社会運動の過去を恣意的に修正しようとする言説に抗するだけでなく、社会運動史をめぐって研究者がネットワークをつくり討論を重ねる場となるような、プラットフォームづくりをめざす。私たちは埋もれた種を掘りかえし、この社会に改めて蒔き直すことを試みたい。

私たちはこのメディアを『社会運動史研究』と名付けた。ここで想定する社会運動史は、基本的には二十世紀以降の日本を対象とするが、時間的にも空間的にも、そこにのみ厳格に議論を限定させることは社会運動史をかえって貧しくするだろう。むしろ国境を越えていく動きについては、社会運動史のテーマとして自覚的に見出していきたい。また、「研究」という語を、大学等に属する職業的研究者の専有物とは考えてはならない。社会運動の現場で、運動の未来のためにその過去を再検討しようとする営みも、社会運動史の研究である。社会運動史研究の成果は、大学教員の「業績」として消費されるものではなく、運動自体の継承や発展のために生かされうるような知であることが求められている。よって私たちは、このメディアをアカデミズムと運動現場との有機的な結合の場にすることをめざしたい。

こうして『社会運動史研究』は、単なる「書物」にとどまるのではなく、それ自体運動的に展開するものとなる。付け加えるならば、私たちは運動史研究の権威や第一人者を名乗ろうとしているわけではない。運動史研究の進展のための踏み石となることも覚悟して、開かれたメディアをつくることに思わず身を投じてしまったにすぎない。この企ての将来は確約されていない。『社会運動史研究』という始まったばかりの「運動」に、多くの方々に参加していただけることを心から願っている。

二〇一八年一二月

『社会運動史研究』発起人
松井 隆志・大野 光明・小杉 亮子

続刊予告

社会運動史研究３
2021年7月刊行予定

特集：運動とメディア

論文・インタビュー・書評・資料・社会運動アーカイブズ紹介ほか

投稿募集

『社会運動史研究３』の原稿を募集します。原稿の種類は，論考・手記・調査報告・インタビュー記録・史資料紹介・書評などです。掲載の可否は編者が判断します。
投稿希望者は投稿の申込みが必要です。以下の『社会運動史研究』のウェブサイトに掲載されている投稿規定を確認し，下記のメールアドレス宛にご連絡ください。

https://socialmovementhistories.jimdofree.com

socialmovementhistory2018@gmail.com

投稿申込み締切　2020年6月末日

平野　泉（ひらの　いずみ）

1963年生まれ。立教大学共生社会研究センター　アーキビスト
訳書・論文　エリザベス・シェパード，ジェフリー・ヨー『レコード・マネジメント・ハンドブック――記録管理・アーカイブズ管理のための』（共訳）日外アソシエーツ 2016;「市民活動記録のコンティニュアム――「賞味期限切れ」から「ヴィンテージ」へ」『アーカイブズ学研究』22号 2015　ほか

松尾　隆司（まつお　たかし）

1948年生まれ。「戦争法の廃止を求める日吉中学校区・住民の会」事務局長「市民と政治をつなぐ@大津・高島の会」共同代表
著書『風雨強けれど光り輝く　検証！京都の民主教育 1978-2010』（共著）つむぎ出版 2010

大畑　凜（おおはた　りん）

1993年生まれ。大阪府立大学大学院博士後期課程
著書・論文『軍事的暴力を問う』（共著）青弓社 2018;「鎮圧と回帰――反革命としての現在」『福音と世界』74巻9号 新教出版社 2019;「流民のアジア体験と「ふるさと」の「幻想」――森崎和江『からゆきさん』からみえるもの」『女性学研究』25号 2018

牧野　良成（まきの　よしなり）

1991年生まれ。大阪大学大学院文学研究科博士後期課程
論文「“女たちだけの労働組合”をつくる――ローカルな運動史的文脈のなかの発明あるいは奪胎」大阪大学人間科学研究科博士前期課程修了論文 2019

柴垣　顕郎（しばがき　あきろう）

1953年生まれ。社会運動や労働運動に携わった後，現在，農業に従事。エントロピー学会会員，脱成長ミーティングメンバー
論文「大盤振る舞いの金融・財政政策は野党の対案たりうるか」『季刊ピープルズ・プラン』74号 2018

徐　翠珍（じょ　すいちん／Xú Cuìzhēn）

1947年生まれ

著書・論文　『華僑二世徐翠珍的在日――その抵抗の軌跡から見える日本の姿』東方出版 2020;「資料　抗日こそ誇り――指紋裁判における意見陳述」『中国研究月報』472号 1987　ほか

大槻　和也（おおつき　かずや）

1984年生まれ。同志社大学大学院グローバル・スタディーズ研究科グローバル・スタディーズ専攻博士後期課程

論文　「「国境をまたぐ生活圏」概念の起点――梶村秀樹による金嬉老裁判への関わりを手がかりに」日韓次世代学術フォーラム『次世代人文社会研究』13号 2017;〈調査報告〉「朝鮮人強制連行 静岡，大井川，名古屋」『アリラン通信』56号 2016;〈書評〉「梶村秀樹『新書東洋史10 朝鮮史 その発展』」『アリラン通信』50号 2013　ほか

加藤　一夫（かとう　かずお）

1941年生まれ。1960年代からさまざまな社会運動（べ平連，全共闘運動，図書館運動など）に参加。90年代から静岡県焼津市で「ビキニ事件」に関係。「ビキニ市民ネット焼津」代表。現在，埼玉県熊谷市「熊谷空襲を忘れない市民の会」で活動中

著書　『東欧――革命の社会学』作品社 1991;『歴史の転換と民族問題』御茶の水書房 1993;『ビキニ・やいづ・フクシマ――地域社会からの反核平和運動』社会評論社 2017　ほか

天野　恵一（あまの　やすかず）

1948年まれ。大学の闘争生活終了後，土方生活1年を経て，大書店洋書部で1年強サラリーマン生活，その後，病気でリタイアするまで40年ほど小さな古書店主人生

著書　『危機のイデオローグ――清水幾太郎批判』批評社 1979;『皇室情報の読み方』社会評論社 1986;『マスコミじかけの天皇制』インパクト出版会 1990;『全共闘経験の現在』インパクト出版会 1989;『「無党派」という党派性』インパクト出版会 1994;『反戦運動の思想』論創社 1998;『無党派運動の思想』インパクト出版会 1999;『災後論――核（原爆・原発）責任論へ』インパクト出版会 2014　ほか

黒川　伊織（くろかわ　いおり）

1974年生まれ。会社員，神戸大学協力研究員，大阪産業労働資料館特別研究員

著書・論文　『戦争・革命の東アジアと日本のコミュニスト―― 1920-70』有志舎 2020;「反戦平和運動における抵抗と文化／抵抗の文化――神戸港から見た世界」『歴史学研究』989号 2019;『〈原爆〉を読む文化事典』（共著）青弓社 2017　ほか

伊藤　綾香（いとう　あやか）

1988年生まれ。公益社団法人国際経済労働研究所準研究員

論文　「知的障害者就労支援施設間での「支援」の多様性――異なる障害者運動をルーツに持つ三団体の比較から」『保健医療社会学論集』29巻1号 2018;「障害者運動における障害者と健常者の連帯的活動の展開―― 1970年代の「わっぱの会」の活動を事例に」『福祉社会学研究』13巻 2016　ほか

執筆者紹介（執筆順）

山本　崇記（やまもと　たかのり）

1980年生まれ。静岡大学人文社会科学部教員

著書・論文　『いま、部落問題を語る――新たな出会いを求めて』（編著）生活書院 2019;「差別研究の課題――現代の差別の理解に向けて」『社会学年報』48号 2019;『大学的静岡ガイド――こだわりの歩き方』（編著）昭和堂 2019　ほか

嶋田　美子（しまだ　よしこ）

1959年生まれ。アーティスト　東京大学非常勤講師

著書・論文　*Anti-Academy*（co-author）Cornerhouse 2013;『中島由夫シンドローム』（編著）中島由夫シンドローム委員会 2015; “Matsuzawa Yutaka and the Spirit of Suwa,” *Conceptualism and Materiality,* Brill 2019;「ニルヴァーナからカタストロフィーへ」オオタファインアーツ 2017;「現代思潮社・美学校」「1968年」展カタログ 千葉市美術館 2017　ほか

阿部　小涼（あべ　こすず）

1967年生まれ。琉球大学人文社会学部教員

論文など 「占領と非戦の交錯 / 脱臼するところ――帝国のヴェトナム反戦兵士と沖縄」『政策科学・国際関係論集』18号 2018;「ジェンダー研究＝運動――沖縄で闘い届ける平和の課題」『神奈川大学評論』90号 2018;「人々による査察の権利宣言」『越境広場』4号 2017;「座談会　社会運動史をともにつくるために――問題意識と争点」『運動史とは何か　社会運動史研究1』新曜社 2019　ほか

山本　義隆（やまもと　よしたか）

1941年生まれ。68 69を記録する会代表　10・8山﨑博昭プロジェクト発起人

著書　『知性の叛乱　東大解体まで』前衛社 1969;『磁力と重力の発見』みすず書房 2003 韓国語版 2005 英語版 2017;『一六世紀文化革命』みすず書房 2007 韓国語版 2010;『世界の見方の転換』みすず書房 2014;『福島の原発事故をめぐって』みすず書房 2011 韓国語版 2011;『私の1960年代』金曜日 2015 韓国語版 2017;『近代日本一五〇年』岩波新書 2018 韓国語版 2018 中国語版 2020　ほか

古賀　暹（こが　のぼる）

1940年生まれ。『情況』第一期・第二期編集長

著訳書・論文　『北一輝――革命思想として読む』御茶の水書房 2014; アレックス・デミロヴィッチ『民主主義と支配』（共訳）御茶の水書房 2000;「日本ナショナリズム論への一視角」『情況』11月号 2003;「辛亥革命から見た2・26事件」『情況』8，9月号 2004;「ロンドンタイムスから見た日露戦争」『情況』4月号 2010;「陶庵公と北一輝」『情況』春号 2019　ほか

富田　武（とみた　たけし）

1945年生まれ。成蹊大学名誉教授

著書　『スターリニズムの統治構造』岩波書店 1996;『戦間期の日ソ関係』岩波書店 2010;『シベリア抑留者たちの戦後』人文書院 2013;『シベリア抑留』中公新書 2016;『日本人記者の観た赤いロシア』岩波書店 2017;『歴史としての東大闘争』ちくま新書 2019;『シベリア抑留者への鎮魂歌』人文書院 2019　ほか

編者紹介

大野　光明（おおの　みつあき）

1979年生まれ。滋賀県立大学人間文化学部教員

著書・論文　『沖縄闘争の時代 1960 / 70』人文書院 2014;『戦後史再考』（共著）平凡社 2014;「太平洋を越えるベトナム反戦運動の軍隊「解体」の経験史――パシフィック・カウンセリング・サーヴィスによる沖縄での運動を事例に」『立命館平和研究』20号 2019　ほか

小杉　亮子（こすぎ　りょうこ）

1982年生まれ。日本学術振興会特別研究員（PD）

著書・論文　『東大闘争の語り――社会運動の予示と戦略』新曜社 2018;「東大闘争の戦略・戦術に見る1960年代学生運動の軍事化――ジェンダー的観点からの1960年代学生運動論との接続をめざして」『国立歴史民俗博物館研究報告』216号 2019　ほか

松井　隆志（まつい　たかし）

1976年生まれ。武蔵大学社会学部教員

著書・論文　『戦後日本スタディーズ 2』（共著）紀伊國屋書店 2009;『戦後思想の再審判』（共著）法律文化社 2015;「1960年代とベ平連」『大原社会問題研究所雑誌』697号 2016　ほか

新曜社

「1968」を編みなおす
社会運動史研究 2

初版第1刷発行　2020年4月20日

編　者　大野光明・小杉亮子・松井隆志
発行者　塩浦　暲
発行所　株式会社　新曜社
101-0051　東京都千代田区神田神保町3-9
電話03（3264）4973（代）・FAX03（3239）2958
Email: info@shin-yo-sha.co.jp
URL: https://www.shin-yo-sha.co.jp
印刷製本　中央精版印刷

ISBN978-4-7885-1664-9　C1036